中國學術思想 研究輯刊

三二編

林慶彰 主編

第18冊

六朝山水畫論美學研究

易 菲 著

花木蘭文化事業有限公司

國家圖書館出版品預行編目資料

六朝山水畫論美學研究／易菲 著 -- 初版 -- 新北市：花木蘭
文化事業有限公司，2020〔民 109〕
目 4+238 面；19×26 公分
（中國學術思想研究輯刊 三二編；第 18 冊）
ISBN 978-986-518-290-8（精裝）
1. 繪畫美學 2. 畫論 3. 水墨畫 4. 中國
030.8   109011252

ISBN-978-986-518-290-8

中國學術思想研究輯刊
三二編 第十八冊   ISBN：978-986-518-290-8

六朝山水畫論美學研究

作　　者　易菲
主　　編　林慶彰
總 編 輯　杜潔祥
副總編輯　楊嘉樂
編　　輯　許郁翎、張雅淋　美術編輯　陳逸婷
出　　版　花木蘭文化事業有限公司
發 行 人　高小娟
聯絡地址　235 新北市中和區中安街七二號十三樓
　　　　　電話：02-2923-1455／傳真：02-2923-1452
網　　址　http://www.huamulan.tw 信箱 hml 810518@gmail.com
印　　刷　普羅文化出版廣告事業
封面設計　劉開工作室
初　　版　2020 年 9 月
全書字數　220667 字
定　　價　三二編 24 冊（精裝）新台幣 60,000 元

六朝山水畫論美學研究

易菲 著

作者簡介

易菲（1984～），女，漢族，湖南邵陽人。博士畢業於武漢大學哲學學院美學專業，師從劉綱紀先生。現為中南林業科技大學傢具與藝術設計學院講師，碩士生導師。研究方向為繪畫美學和生態美學。主持國家哲學與社會科學青年基金一項（《六朝山水精神中的生態審美智慧研究》），另主持湖南省哲學與社會科學基金、湖南省省情與決策、湖南省十三五教育科學規劃、湖南省學位與研究生教育改革研究項目各一項，在中文核心期刊上發表論文十餘篇。

提　要

　　中國山水畫的獨立發展始於南朝劉宋時期。同時也開始出現系統的山水畫論。東晉顧愷之的畫論雖然不是專論山水，但其中的「傳神」觀念深刻地影響到山水畫的創作和實質。宗炳的「以形媚道」、「澄懷味象」、「暢神」，以及王微「效異山海」、「明神降之」、「寫心」等主張抓住了山水畫的核心，從深層哲理層面探討了山水畫的本質意義、山水畫的審美精神，也涉及了山水畫的功能、觀察表現等具體經驗層面上的問題。六朝以後山水畫都是在不同層面上對六朝畫論的實踐和補充，所論及的問題都繞不開六朝畫論所提出的基本理念。

　　過去的近一個世紀裏，學術界對六朝山水畫論的研究基本以一種美術史的方法將六朝山水畫論作為中國山水畫史的一部分來處理，重在研究顧愷之、宗炳、王微等人的生平、畫作以及辨析畫論中字詞的正誤，忽略了這一時期山水畫論總體的思想建構，在一定程度上將六朝山水畫論的研究孤立起來，沒有注意到六朝山水畫論前後的傳承關係。因此，本書從社會、哲學、美學背景出發，具體闡釋六朝山水畫論產生的思想根源和文化動因，發掘其中的美學內涵。力圖從整體上把握六朝山水畫論的美學思想和精神脈絡及其對後世山水畫及畫論的影響，以期對過去的研究進行補充和完善。

2018 年國家社科基金青年項目：
六朝山水精神中的生態審美智慧研究
（項目號：18CZX066）階段性成果之一

目

次

導　論

一、六朝山水畫論美學研究的依據

　　「六朝」是中國歷史上孫吳、東晉，以及南朝的宋、齊、梁、陳六個朝代的合稱，在中國，這一時期是繼先秦之後思想上最為活躍的時代，也是最富有藝術精神的一個時代。在繪畫藝術上，六朝的繪畫承上啟下，為後世的藝術創作奠定了基礎，並提供了許多值得借鑒的寶貴經驗。

　　六朝的繪畫以人物為主，受玄學人物清談的影響，這一時期的人物畫不再是單純地以圖畫鑒戒為創作目的，而開始關注人本身的內在精神氣質，哪怕是畫於壁上的宗教人物畫，也傳達著靈動的生命意味，這標誌著藝術自身重大的覺醒。隨著人物畫的發展，山水畫也作為人物畫的背景出現在人物畫中，然後又脫離人物畫而獨立起來，這在中西繪畫史上是一致的。如西方文藝復興時期達・芬奇的《蒙娜麗莎》、喬爾喬涅的《睡著的維納斯女神》均以自然風景為背景，而且描寫甚為細緻。至十七世紀的荷蘭畫派，風景畫開始獨立。在中國，開始以自然風景為人物畫的背景，且至今有畫作留存者（後人摹本），為顧愷之的《洛神賦圖》。由於顧愷之所處的時代遠遠早於西方文藝復興時期，也由於中西繪畫的差異，因此顧作對自然山水的描繪還給人以稚拙之感，也不及後來更成熟的中國山水畫。張彥遠評價他所看到的早期山水畫，說：「其畫山水，則群峰之勢，若鈿飾犀櫛，或水不容泛，或人大於山，率皆附以樹石，映帶其地，列植之狀，則若伸臂布指。」〔註1〕這指的正是最

〔註1〕〔唐〕張彥遠著，俞劍華注釋：《歷代名畫記》，上海：上海人民美術出版社，
　　　1964年版，第26頁。

初作為人物畫背景出現的山水畫，如他所說的「人大於山」就明顯見於《洛神賦圖》，其中的洛神和朝見洛神的天子群臣都畫得比山還高大。但從顧作是以自然山水作為刻畫人物的背景來看待的，因此也就並不是一個缺點。

中國山水畫的獨立發展始於南朝的宋代（公元 420 年～477 年），遠遠早於西方風景畫的獨立。這一時期，也開始出現系統的山水畫論。東晉顧愷之的畫論雖然不是專論山水，但其中的「傳神」觀念深刻地影響到山水畫的創作和實質，而後宗炳的「以形媚道」、「澄懷味象」、「暢神」，以及王微強調山水畫「效異山海」、「明神降之」、「寫心」等主張無疑抓住了山水畫的核心，即從深層哲理層面探討了山水畫的本質意義、山水畫的審美精神，同時也涉及了山水畫的功能、觀察表現等具體經驗層面上的問題，反映了六朝的整體美學要求。因此可以說，六朝以後的傳統山水畫，都是在不同層面上對六朝畫論的實踐和補充，即便是後來的山水畫論，如荊浩「心隨筆運」、沈括「奧理冥造」、郭熙「山水有體」、石濤「山川與予神遇而跡化」、沈宗騫「平中之奇」等，所論及的問題都繞不開六朝畫論所提出的基本理念。

在過去的近一個世紀裏，學術界對六朝山水畫論的研究多數是以一種美術史的研究方法將六朝山水畫論作為魏晉南北朝繪畫史，或者中國山水畫史的一部分來處理，重在研究顧愷之、宗炳、王微等人的生平、畫作以及辨析畫論中字詞的正誤，重複的研究較多，並且尤其偏重顧愷之研究，這些固然是重要並且必要的工作，但卻忽略了這一時期山水畫論總體的思想建構。這在一定程度上將六朝山水畫論的研究孤立起來，沒有注意到六朝山水畫論前後的傳承關係，甚至忽略了同時代山水畫家之間思想的異同。畫論的價值和意義更在於其反映了一定時期人們的價值觀念，進而影響到一個民族藝術審美觀念的形成。因此，本書從社會、哲學、美學背景出發，具體闡釋六朝山水畫論產生的思想根源和文化動因，進而發掘其中的美學內涵。力圖從整體上把握六朝山水畫論的美學思想和精神脈絡及其對後世山水畫及山水畫論的影響，以期對過去的研究進行補充和完善。

二、六朝山水畫論美學研究的現狀

現存的六朝山水畫論共四篇，即顧愷之的《畫雲台山記》、宗炳的《畫山水序》、王微的《敘畫》以及傳為南朝梁元帝蕭繹所作的《山水松石格》（附錄 1 對該畫論有疑議，乃託偽之作，故本書不做具體討論），對於這四篇最早

的山水畫論，古典文獻中有一定的記載和評述，如唐代張彥遠的《歷代名畫記》最早收錄了《畫雲台山記》、《畫山水序》和《敘畫》，此外，《宋史》、《山水純全集》、《宣和畫譜》等書中均有對顧愷之等人及其畫論的相關記載。

但山水畫在當時僅處於萌芽狀態，並不是繪畫藝術創作的主流，流傳下來的畫作屈指可數，因此，系統研究六朝山水畫及山水畫論美學思想的專著並不多見，多半是以論文的形式來探討相關的美學問題或某個代表人物的美學思想，以下主要從國內外兩個方面對這一問題的研究現狀進行分析和總結。

（一）國內研究現狀

在國內，對六朝的山水畫論進行學術意義上的研究始於20世紀初。20世紀以來，傅抱石、俞劍華、潘天壽、馬采、于其灼、陳傳席、金維諾、溫肇桐、劉綱紀、朱狄、伍蠡甫、陳保真、陳綬祥等專家對六朝的繪畫、畫論做了大量的考證和研究工作。即便如此，關於六朝山水畫論的專題性著作依然是空白，國內學者對此的研究散見於各種史論和美學論文集中，且大部分是關於顧愷之的研究，下面分而述之。

1. 關於六朝山水畫論的宏觀研究

關於六朝的山水畫論，國內出版的中國美術史、繪畫史和繪畫美學史中都有所論及，但大部分將其作為中國繪畫史的一部分來探討其特點及發展演變，並未形成專門領域。相比較而言，以下兩本著作對六朝山水畫論的美學思想有比較深入和系統的分析：

（1）陳傳席：《六朝畫論研究》，天津：天津人民美術出版社，2006年版。

該書對六朝的重要畫家及其畫論做了系統的考證和分析，全書共十六小節，其中一至四節為顧愷之研究。現有的美術史、繪畫史對顧愷之的畫評價甚高，稱他是「第七世紀以前的惟一大家」〔註2〕，而陳傳席先生對此持懷疑態度，因此在第一節中，陳先生從謝赫的《古畫品錄》、張彥遠的《歷代名畫記》出發，詳細分析論證古文獻中對顧愷之繪畫的品評，並將顧愷之與同時代畫家戴逵、陸探微、張僧繇的畫風進行比較，認為顧愷之的畫風並沒有體現出六朝繪畫的最高水平。在此基礎上，作者重評顧愷之及其三篇畫論（《論畫》、《魏晉勝流畫贊》、《畫雲台山記》），認為顧愷之的主要貢獻在畫論，他

〔註2〕傅抱石：《中國古代山水畫史的研究》，上海：上海美術出版社，1960年版，第12頁。

的繪畫理論標誌著中國畫在藝術理論上的徹底覺醒，同時，在這一節中，作者有意借評顧愷之以清理六朝繪畫發展的一些經過，包括對唐以及唐以後的影響。

第五、六節研究宗炳的《畫山水序》。在前四節分析顧愷之三篇畫論時，陳傳席先生認為顧愷之的《畫雲台山記》是一段記錄創作構思的文字，而非嚴格意義上的山水畫論，宗炳的《畫山水序》才是我國正式山水畫論的第一篇。陳傳席先生從「道」、「理」、「神」、「靈」、「聖」幾個關鍵概念入手，充分發掘《畫山水序》的思想背景，認為佛、道在宗炳的思想中占主導地位，其中佛國最偉，但通往佛國乃是用道家之路，但也不排除儒家的影響，其對儒家的態度有兩面性和矛盾性。作者認為這一思想背景直接決定了宗炳對山水畫功能以及山水之「神」的認識，對後世的繪畫和畫論亦產生深遠影響。

第七、八節討論王微及《敘畫》。宗炳和王微的畫論一向並提，在這兩節中，陳傳席先生首先考證王微《敘畫》寫於宗炳《畫山水序》之後，其次分析王微寫山水之神的內涵，比較宗、王在山水之神問題上的異同，最後重點論述王微「明神降之」的理論，認為其道出了藝術構思活動和精神活動對藝術創作的重要作用。此外，王微不遺餘力地抬高繪畫的地位，並明確地將山水畫與圖經、軍事指示圖區分開來，極大地提高了山水畫的地位，對此，陳傳席先生在書中給予了很高的評價。

第九節專論中國畫之韻；第十至十三節分別論述了謝赫與《古畫品錄》的幾個問題，以及姚最和《續畫品》的幾個問題；第十四、十五節是關於《山水松石格》的相關問題研究，最後一節談玄學與山水畫的關係。

由於陳傳席先生認為六朝的畫論價值大於繪畫，因此書中鮮有六朝畫作的分析，而是著重研究了六朝時期最有影響力的五位畫家及八篇畫論，並對這八篇畫論一一做了點校注譯，是關於六朝畫論比較全面而系統的著作。該書雖然不是專門探討六朝山水畫論，但是對顧愷之、宗炳、王微等人及其畫論均做了細緻的考證和分析，對六朝山水畫論的研究有重要的參考和借鑒價值。但筆者認為，陳先生對顧愷之繪畫成就的評價、對《山水松石格》作者的考證有待商榷。

（2）韋賓：《漢魏六朝畫論十講》北京：中國社會科學出版社，2009年版。

《十講》收錄十篇文章，都是圍繞早期繪畫思想中的重要問題展開，其中五講屬於開創性的工作，這包括第一講：漢代造像巫術通神觀念考察；第

二講：漢代禮樂文化與繪畫；第三講：早期畫人地位對畫論的影響；第八講：孫綽《遊天台山賦》解讀；第十講：本土文化對佛教造像的影響。

　　另有第四、五、六、七、九講，分別是關於「形神」觀念的演變與魏晉畫論的問題、「六法」的問題、顧愷之三篇畫論辨偽問題、清談玄學對六朝畫論的影響以及宗炳《畫山水序》與佛教的關係問題，這些是在前人基礎上的進一步研究。

　　《十講》的內容看似簡單零散，其實是作者用心推敲的結果，因為研究魏晉的畫論，單就事論事是遠遠不夠的，畫論中某種思想觀念的形成往往有對傳統的繼承、有大的時代背景和藝術實踐前提，如「形神」觀念的產生就離不開漢代造像巫術通神觀念，而漢代禮樂文化、畫人身份地位的變化也對魏晉畫論的形成產生了不言而喻的影響，

　　當然，韋賓先生的《漢魏六朝畫論十講》的重點也不是研究六朝的山水畫論，其中關於顧愷之的章節主要是對其三篇畫論進行辨偽，而關於宗炳的部分，也是重在闡述宗炳的佛教思想對其畫論的影響。但是，該書注重背景的溯源和分析，以一種歷史的方式為六朝山水畫論的研究提供了新的思路和參考。

　　（3）美學史、繪畫史、畫論中關於六朝山水畫論的研究

　　李澤厚、劉綱紀：《中國美學史・魏晉南北朝編》，合肥：安徽文藝出版社，1999 年版。該書第十三、十四、十五章詳細論述了顧愷之、宗炳和王微的繪畫美學思想。在該書中，劉綱紀先生運用歷史與邏輯相結合的方法，從哲學、美學、文化的層面分析魏晉畫論的美學思想，他將顧愷之的「形神觀」置於特定的歷史背景中，認為顧愷之所說的「神」「不僅僅是一般所說的精神、生命，而是一種具有審美意義的人的精神，不同於純理智的或單純政治倫理意義上的精神，而是魏晉所追求的超脫自由的人生境界的某種微妙難言的感情表現。」﹝註 3﹞在這種理論前提下，不僅是人物，顧愷之的《畫雲台山記》對山水環境的處理同樣是竭力追求一種特殊的精神氛圍，這是顧愷之「傳神」理論的關鍵。在此基礎上，劉綱紀先生進一步指出，顧愷之第一次將東晉以來玄、佛學思想以及人物品藻中的「神」、「骨」觀念應用於繪畫理論，使之直接與藝術相連，「創造了體現魏晉精神和風度的畫風，符合東晉門閥士族們

那種和玄學、佛學思想滲透在一起的審美趣味、審美要求」〔註4〕，從而將繪畫理論提高到一個前所未有的高度。

關於宗炳《畫山水序》以及王微《敘畫》的研究，該書也是採取歷史與邏輯相結合的方法，從魏晉以來人們對自然山水美的普遍認識、以及宗炳和王微個人的生平、思想背景出發，提出宗炳的《畫山水序》是魏晉「以玄對山水」到「以佛對山水」這一發展過程中的產物，因而具有明顯的佛學烙印。而《畫山水序》最大的貢獻則是對魏晉以來形神問題的進一步解決，並提出「澄懷味象」、「暢神」等觀點，凸顯了藝術的獨立價值，比顧愷之的畫論更為系統深入。

和顧愷之、宗炳一樣，王微的《敘畫》也是圍繞形神問題而展開的，只是「神」到了王微這裡，以一種微妙而生動的「靈」來表述，在審美趣味上有別於魏晉玄學和佛學，強調了審美感受中「心」的能動作用，表現出一種新的美學傾向。因此劉綱紀先生認為，王微「既不把自然山水美看作抽象玄理的表現，也不再從中去領悟解脫超昇的佛理，而傾心於山水的生動飛揚之美，並把它和主體對現實人生的情思的抒發結合起來」〔註5〕，因而可稱之為「以情對山水」〔註6〕具有超越山水畫的美學意義。

總的來說，該書論述考證的材料豐富廣博，對相關山水畫論的闡述亦深刻而全面，雖然不是關於六朝山水畫論的專題研究，但是其縝密的理論論證和獨到的見解，無疑將六朝山水畫論的美學研究提高到一個歷史水平的高度。

吳功正：《六朝美學史》（江蘇美術出版社，1994年版）。該書是關於六朝美學的斷代史研究，其中前四章論述六朝美學的基本形態、歷史動因，分析六朝美學中的核心範疇，第五章第一節專講六朝繪畫，關於宗炳、王微等人的山水畫論，書中只是做了提綱挈領式的介紹和文字上的解讀，在思想上和內容上均未超出劉綱紀先生關於此問題的分析，甚至許多觀點有重合之處，但仍可做一參考。

〔註4〕李澤厚、劉綱紀：《中國美學史》（魏晉南北朝編），合肥：安徽文藝出版社，1999年版，第425頁。

〔註5〕李澤厚、劉綱紀：《中國美學史》（魏晉南北朝編），合肥：安徽文藝出版社，1999年版，第510頁。

〔註6〕李澤厚、劉綱紀：《中國美學史》（魏晉南北朝編），合肥：安徽文藝出版社，1999年版，第510頁。

陳綬祥：《魏晉南北朝繪畫史》，北京：人民美術出版社，2000 年版。該書比較全面地探討了魏晉南北朝的繪畫，全書共六章，第一章介紹魏晉時期繪畫的多方面發展和產生的新變化，第五章專講疏密二體與多種繪畫樣式的出現，第六章是墓室繪畫與石窟壁畫，而其中第二、三、四章是關於顧愷之及其形神論的形成和發展，並且重點探討了山水畫的產生和獨特貢獻，但由於是史論性的著作，該書沒有對相關的山水畫論做具體的闡釋。

楊成寅：《中國歷代繪畫理論評注・先秦漢魏南北朝卷》，武漢：湖北美術出版社，2009 年版。該書對包括顧愷之、宗炳、王微、蕭繹在內的八位畫論家及其十一篇畫論分別做了注釋和評析。該書在參閱大量的古典文獻資料之上，對魏晉南北朝時期有影響力的畫論做了扼要的梳理、解釋、分析和評論，具有很好的理論價值和史料價值。

何楚熊：《中國畫論研究》（北京：中國社會科學出版社，1996 年版）。該書分上、下篇，對歷代有影響力的畫論做了理論上的分析和評判，其中上篇詳細論述了顧愷之畫評畫論的貢獻、宗炳與中國早期的山水畫論以及王微與《敘畫》，該書的上篇在潘天壽、徐復觀、劉綱紀等人研究的基礎上，重點闡述六朝山水畫論的思想內涵，包括從「傳神論」出發，進一步挖掘顧愷之繪畫理論的整體結構及其在我國繪畫藝術發展進程中的必然走向；從哲學思辨的角度解讀宗炳的《畫山水序》、王微的《敘畫》及其對中國山水畫的影響，並認為《敘畫》較《畫山水序》和顧愷之的畫論而言，在表達思想上有很大的進步，反映了中國山水畫論隨時代而發展的軌跡。然書中除顧愷之以外，對宗炳、王微二人的論述不夠充分，給人意猶未盡的感覺，但全書頗多新見，有一定的啟發性。

除此之外，其他的中國繪畫史和畫論著作中也有關於六朝山水畫論的研究，如傅抱石：《中國古代山水畫史的研究》（上海：上海人民美術出版社，1960 年版），溫肇桐：《中國繪畫批評史略》（天津：天津人民美術出版社，1982 年版），潘天壽《中國繪畫史》（上海：上海人民美術出版社，1983 年版），童教英《中國古代繪畫簡史》（上海：復旦大學出版社，1991 年版），李來源、林木：《中國古代畫論發展史實》（上海：上海人民美術出版社，1997 年版）潘運告：《漢魏六朝書畫論》（長沙：湖南美術出版社，1997 年版），俞劍華《中國繪畫史》（北京：商務印書館，1998 年版），何延喆編著的《中國繪畫史要》（天津：天津人民美術出版社，1998 年版），王伯敏的《中國繪畫通史》（北京：三聯書店，2000 年版），殷偉《中國畫史演義》（昆明：雲南人民出版社，2001 年版），還

有陳傳席《中國繪畫美學史》（北京：人民美術出版社，2009 年版。）、《中國
山水畫史》（天津：天津人民美術出版社，2008 年版。）兩本書中也有關與六
朝山水畫論的內容，但和他的《六朝畫論研究》觀點基本是一致的。

　　從宏觀上研究六朝山水畫論的期刊論文數量不多，其中孫若風《劉勰的
擬物論與六朝的山水畫論》（載《西北大學學報》1990 年第 3 期）從人們對「自
然美」的發現出發，比較山水畫論家與山水文學家在認識自然美問題上的異
同，並認為山水畫論在發掘山水內涵、抒發畫家情志方面比文學家更勝一籌。
王荔《山水文化的社會屬性——東晉名士的山水詩及山水畫》（載《美術研究，
2001 年第 4 期》）將山水文化置於整個社會背景之中，認為山水文化涵蓋了六
朝時期的詩詞文學、書法繪畫，乃至雕塑建築，是一種特有的文化現象，在
這樣一種氛圍中，山水畫的產生也就不足為奇了。黃應全《魏晉玄學與六朝
山水畫論》（載《文藝研究》2001 年第 4 期）以宗炳、王微的畫論為依據，闡
述魏晉玄學與山水畫產生之間關係，認為宗炳、王微心目中的山水畫不是玄
學情調的表現，只是追求玄學情調（隱逸情調）的手段，他們所理解的山水
畫是「寫形」而非「寫意」的。持類似的觀點還有周奕希《論六朝山水畫論
的寫形指向》（載《中國礦業大學學報》（社會科學版）2010 年第 4 期），文章
通過對六朝時期詩文和藝術的研究，認為自顧愷之始，山水畫論並未形成形
神對舉、重神輕形的思維模式，形神關係還處在爭論和探索的階段，寫形在
這一時期還不是傳神的工具，而是具有與傳神共存的獨立價值。張新龍《魏
晉南北朝山水畫的發展——兼對兩晉南北朝山水畫「水不容泛，人大於山」
的質疑》（載《文藝研究》2010 年第 10 期）從山水畫論以及畫史兩個方面對
魏晉南北朝時期山水畫的發生及地位做了簡要的考證，認為「當時的山水畫
已經脫離了作為人物畫陪襯之景物的早期幼稚階段。」具有一定的獨立的意
味，並認為顧愷之既是人物畫家，也是山水畫家。

　　由以上分析可知，六朝山水畫論是美學史、繪畫史和畫論研究中繞不開的
話題，國內已出版的美學史、繪畫史對該問題基本上都有所涉及，但從宏觀角
度對六朝山水畫論進行綜合分析研究的專著和論文並不多，近五十年來，對六
朝山水畫論的研究主要集中在對單個人物及其畫論思想的分析上，基於此，以
下對顧愷之、宗炳、王微以及《山水松石格》的研究現狀分別予以分析。

2. 關於顧愷之的專題研究

　　在整個六朝畫論研究中，對顧愷之的研究是最為豐富翔實的，除美學史、

繪畫史和古典文獻對他的記載之外，還有相當數量的研究專著和論文，到 2020 年止，關於顧愷之的研究專著共九本，論文有千餘篇，所研究的範圍，大致為以下四個方面：

第一，顧愷之的生平事蹟考。這包括顧愷之的生卒年代的確定、活動年限以及相關事蹟的考證。歷史上有三條材料涉及到顧愷之的生歲問題，一是《晉書・顧愷之傳》記載「年六十二，卒於官。」〔註 7〕二是《歷代名畫記》第五卷引用《京師寺記》載顧愷之於「興寧中」（即公元 364 年）在瓦棺寺作畫〔註 8〕，三是《世說新語》注引丘淵之《文章錄》云：「義熙初為散騎常侍。」〔註 9〕由於這三條材料都沒有完整地記載顧愷之生卒年，所以後來的研究者競相探索，得出的結論也不完全一致。具體說來，姜亮夫先生定在公元 341 年～402 年（見姜亮夫：《歷代人物年里碑傳綜表》，北京：中華書局，1959 年版）；馬采和溫肇桐先生認為其生卒年為建元二年（公元 344 年）至義熙元年（公元 405 年）（見馬采：《顧愷之研究》，上海：上海人民美術出版社，1957 年版。溫肇桐：《顧愷之的生卒問題》，出自《中國繪畫藝術》，上海：上海出版公司，1955 年版）；潘天壽先生定為公元 345 年～406 年（見潘天壽：《顧愷之》，上海：上海人民美術出版社，1979 年版）；郭味蕖、劉凌滄定為公元 346 年～407 年（見郭味蕖編：《宋元明清書畫家年表》，北京：北京人民美術出版社，1982 年版；劉凌滄：《唐代人物畫》，北京：中國古典藝術出版社，1958 年版）；劉綱紀先生定為公元 345 年～408 年（見李澤厚、劉綱紀：《中國美學史・魏晉南北朝編》，合肥：安徽文藝出版社，1999 年版）；鄭振鐸先生定為公元 384 年～410 年（見鄭振鐸：《中國古代繪畫概述》，出自張薔編：《鄭振鐸美術文集》，北京：人民美術出版社，1985 年版）。

此外，劉綱紀先生根據歷史文獻分七個階段詳細考察了顧愷之一生的事略。由於顧愷之一生和當時的權貴恒溫、恒玄、劉裕等人交往甚密，他的生活和事蹟與這些人有密切關係。因此，劉先生根據恒溫、恒玄、劉裕等人的官場活動來劃分顧愷之的生活動態，這七個階段分別是永和二年（公元 345

〔註 7〕〔唐〕房玄齡等：《晉書》，北京：中華書局，1974 年版，第 2406 頁。

〔註 8〕〔唐〕張彥遠著；俞劍華注釋：《歷代名畫記・卷第五》，上海：上海人民美術出版社，1964 年版，第 99 頁。〔唐〕許嵩撰；張忱石點校：《建康實錄》（上、下），北京：中華書局，1986 年版，第 242 頁。

〔註 9〕〔南朝宋〕劉義慶著；〔南朝梁〕劉孝標注；余嘉錫箋疏：《世說新語箋疏》，北京：中華書局，2011 年版，第 127 頁。

年）、隆和二年（公元 363 年）、太和四年（公元 369 年）、寧康元年（公元 373 年）、太元十七年（公元 392 年）、義熙元年（公元 405 年）、義熙四年（公元 408 年）。俞劍華、潘天壽、袁有根先生也對此做過研究。

第二，顧愷之繪畫作品的考證和辨偽。顧愷之是東晉時期最著名的畫家之一，《世說新語》、《古畫品錄》、《歷代名畫記》、《續畫品》等文獻中對其有諸多記載和嘉許，顧愷之的作品真蹟，今已無傳，只有若干流傳已久的摹本，如《維摩圖》、《洛神賦圖》、《女史箴圖》、《列女仁智圖》等。

東晉興寧二年（公元 364 年），顧愷之於瓦棺寺內首創維摩詰像，在當時引起很大的轟動。唐會昌五年（公元 845 年）該像移至甘露寺，大中七年（公元 853 年）轉入內府，唐亡後不知所終。但後人卻競相模仿，出現東福寺宋摹本、炳靈寺維摩壁畫、龍門維摩壁畫等。近代以來，學者們對這些壁畫進行考察，認為最接近顧愷之維摩詰藝術面貌的乃東福寺宋摹本，馬采、俞劍華、莊申、溫肇桐等人均持此意見。〔註 10〕而陳綬祥、宮大中、宿白等人則認為炳靈寺 169 窟、龍門賓陽中洞東壁維摩和顧愷之維摩像更為接近。〔註 11〕

《洛神賦圖》被認為是顧愷之的代表作，唐裴孝源《貞觀公私畫史》，明茅維《南陽名畫表》、汪珂玉《珊瑚網》等都有記錄。現存的《洛神賦圖》有三個版本，都是宋摹本，即北京故宮博物院收藏的摹本、遼寧省博物館藏的圖卷以及美國弗利爾美術館館藏的本子。近現代學者對此也做了很多研究工作，儘管都是摹本，但學者們都傾向於將這幅作品看做是顧愷之的可信之作，〔註 12〕存在爭議的地方主要是這些摹本創作的年代以及歷史傳承，如韋正先生從現有的考古材料出發，考證《洛神賦》的創作時代，認為這幅作品的時

〔註 10〕馬采：《顧愷之的「維摩詰」——圖像的流傳和圖樣的演變》，載《顧愷之研究》，上海：上海人民美術出版社，1957 年版，第 67 頁。俞劍華、羅尗子、溫肇桐：《顧愷之研究資料》，北京：北京人民美術出版社，1962 年版，第 155 頁。莊申：《北魏石刻維摩變相圖考》（下），載《大陸雜誌》1958 年第 9 期，第 23 頁。

〔註 11〕陳綬祥：《顧愷之》，北京：北京文物出版社，1998 年版，第 2 頁。宮大中：《龍門石窟藝術試探》，載龍門石窟研究：《龍門石窟研究論文集》，上海：上海人民美術出版社，1993 年版，第 438 頁。宿白：《張彥遠和〈歷代名畫記〉》北京：北京文物出版社，2008 年版，第 40 頁。

〔註 12〕如唐蘭先生說：「《洛神賦圖》目前所見都是宋摹本，……從繪畫的作風來看，突出人物情節，山水樹木鳥獸等背景還很古拙，可信它的原本是 4 世紀的，就是這幾個摹本也已經六、七百年了。既然宋人臨摹如此之廣，既然歷代相傳認為這幅是顧愷之本，我們就可以把它看做是顧氏的作品。」唐蘭：《試論顧愷之的繪畫》，載《文物》，1961 年第 6 期。持此觀點的還有金維諾先生。

間限度在六朝時期是可信的，但更多的特徵與南朝出土的文物相符，說其誕生在顧愷之生活的時代，在邏輯上和考古材料上得不到支持。〔註13〕當然，也有學者質疑顧愷之對《洛神賦圖》傳播的影響力，如石守謙先生則指出：「《洛神賦圖》在形成"傳統"的發展過程中，雖然也攀附上大師顧愷之的名號，但顧愷之在其整個實際傳遞的演變中，卻沒有扮演什麼重要的角色。」〔註14〕除此之外，石守謙、陳葆真、楊新等學者還對《女史箴圖》、《列女仁智圖》的時代和作者做了考證，對人們重新認識顧愷之及其作品的影響提供了新的參考〔註15〕，這也說明繪畫藝術在歷史傳承的過程中的複雜性。

　　第三，顧愷之畫論的研究。現存顧愷之畫論三篇，即《論畫》、《魏晉勝流畫贊》、《畫雲台山記》，張彥遠在摘錄這三篇畫論的時候就意識到其中的紕漏，「自古相傳錯脫」〔註16〕，學界對於這三篇畫論的研究是從辨偽、校釋開始的，具體的研究大致集中在三個方面：

　　（1）作品真偽。由於顧愷之生活的時代距離現在太遠，因此，他的畫論和繪畫作品一樣受到質疑，溫肇桐先生認為《畫雲台山記》與六朝山水畫發展規律不符。陳傳席進一步指出，《畫雲台山記》的構圖完全脫離了六朝山水畫的形式，〔註17〕伺廔指出，《畫雲台山記》未必是顧愷之所作、張彥遠所收，也不是畫前的構思，而是畫作完成後別人的評論。〔註18〕韋賓先生從現存顧愷之文學作品出發，指出顧愷之畫論三篇的文風與顧愷之不合，皆偽。〔註19〕

　　（2）《論畫》與《魏晉勝流畫贊》名實考證。最早對其進行考證的是金維諾先生，他認為《論畫》與《魏晉勝流畫贊》篇題是相互錯置的。〔註20〕

〔註13〕韋正：《從考古材料看顧愷之〈洛神賦圖〉的創作時代》，載《藝術史研究》2005年第7期，第269～279頁。

〔註14〕石守謙：《洛神賦圖：一個傳統的形塑與發展》，見《美術史研究集刊》2007年第23期，第70頁。

〔註15〕陳葆真：《從文本到圖像：大英博物館藏〈女史箴圖〉的個案研究》，載《美術史研究集刊》2002年第12期，第35～61頁。

〔註16〕〔唐〕張彥遠著；秦仲文、黃苗子點校；啟功、黃苗子參校：《歷代名畫記》，北京：人民美術出版社，2016年版，第121頁。

〔註17〕陳傳席：《六朝畫論研究》，南京：江蘇美術出版社，1986年版，第1～45，87～97頁。

〔註18〕伺廔：《〈畫雲台山記〉考辨》，載《朵雲》第14期，第78～85頁。

〔註19〕韋賓：《〈歷代名畫記〉中顧愷之三篇畫論皆偽》，載《美術觀察》2004年第6期，第89～91頁。

〔註20〕金維諾：《顧愷之的藝術成就》，載《文物參考資料》1958年第6期，第19～24頁。

俞劍華也認為張彥遠的《歷代名畫記》在引用顧愷之畫論的時候將其內容混淆了。〔註 21〕而唐蘭、俞陳傳席先生又有不同看法，唐蘭認為《論畫》乃評畫之文，《魏晉勝流畫贊》是顧愷之對其所繪魏晉勝流的讚語，故篇名沒有誤倒。〔註22〕陳傳席先生根據張彥遠多次引用顧愷之《論畫》內容進而判斷《論畫》、《畫贊》「文」、「題」不誤。〔註 23〕

（3）畫論的校注和繪畫美學思想的發掘。在顧愷之的研究過程中，學者們對其畫論的注釋是比較突出的，尤其是對《畫雲台山記》的錯別字、人名的校正，做了許多有意義的工作。在國內，傅抱石先生於 1935 年發表文章，認為《畫雲台山記》中的「超昇」可能是「趙升」之誤〔註24〕，而黃純堯則認為文中的「王趙趨」應該是「王趙越」〔註 25〕，此外，馬采先生在對《畫雲台山記》進行校釋的時候也指出了其中幾個關鍵性錯誤，並探討了其中所描述的繪畫的空間結構及其在中國畫學思想史上的意義。〔註 26〕由於時代久遠，《畫雲台山記》是不是顧愷之的原作還值得推敲，但是作為中國早期的山水畫論，其意義和內涵值得進一步探索。此外，顧愷之繪畫美學思想的核心是「傳神」理論，對此學界看法比較一致，研究者從典型環境、人物關係、情景交融等多個方面進行研究，並將「傳神」論納入整個中國哲學和中國美學體系之中。

顧愷之的畫論在內容上並不連貫，其中《畫雲台山記》也不是一篇成熟的山水畫論，只是一篇創作劄記，並且仍是將山水作為人物的背景來看待。然而三篇畫論之間卻蘊含著一個相對完整的美學思想，在過去的研究中，有的學者只把他的畫論拆開來看，簡單地歸納為若干點，而沒有具體闡述其內在的邏輯聯繫，而這正是顧愷之畫論美學思想的重點與難點所在，值得進一步研究。

〔註21〕俞劍華、羅卡子、溫肇桐：《顧愷之研究資料》，北京：北京人民美術出版社，1962 年版，第 51～54 頁。

〔註22〕唐蘭：《試論顧愷之的繪畫》，見《文物》1961 年第 6 期，第 12 頁。

〔註23〕陳傳席：《六朝畫論研究》，南京：江蘇美術出版社，1986 年版，第 30～33 頁。

〔註24〕傅抱石《論顧愷之至荊浩之山水畫史問題》，《東方雜誌》1935 年第 32 卷第 19 期，第 177～183 頁。

〔註25〕黃純堯：《顧愷之〈畫雲台山記〉研究》，載《黃純堯美術論文集》，成都：四川美術出版社，2000 年版，第 49～63 頁。

〔註26〕馬采：《藝術學與藝術史文集》，廣州：中山大學出版社，1997 年版，第 243～258，295～304 頁。

3. 關於宗炳的研究

宗炳沒有傳世的畫作，在當時的影響也不及顧愷之，因此國內僅有一本陳傳席先生譯解的《畫山水序·敘畫》（人民美術出版社，1985 年版），沒有系統研究宗炳的學術專著。但是，作為早期山水畫論的代表人物，宗炳美學思想在中國美學史、美術史和美術理論史上有巨大的影響，其意義不容小覷，所有的美術史、繪畫史，但凡涉及到山水畫、畫論的，無一例外地會涉及到宗炳並充分肯定其畫論的價值。自 20 世紀 70 年代以來，從各個方面研究宗炳及《畫山水序》的論文已有兩百餘篇，此外，劉綱紀、徐復觀、葉朗等學者在研究中國繪畫美學問題時對宗炳亦有詳細的分析論述。從總體上來說，國內的宗炳研究主要集中在以下四個問題上：

第一，宗炳《畫山水序》的思想淵源。學術界在這個問題上基本上形成了三種觀點，第一種觀點以劉綱紀先生為代表，認為宗炳的《畫山水序》主要受到佛教的影響，劉先生在《中國美學史》中談到：「以佛統儒道是宗炳的根本思想，也是他的《畫山水序》的根本思想。」〔註 27〕「……這超越和解超也通於道家的思想，但在根本上是佛學的。」〔註 28〕之後，張晶、謝磊、劉道廣、楊志等人相繼發表論文闡述佛教對宗炳思想的影響，張晶《宗炳繪畫美學的佛學底蘊》（載《學術月刊》1990 年第 10 期）認為，宗炳是虔誠至篤的佛徒，但又決不排斥儒、道，因此，他的理論中有以佛理融匯儒、道的傾向。謝磊的《「觀道暢神」宗炳〈畫山水序〉正讀》（載《美術研究》，1999年第 2 期）在對《畫山水序》、《明佛論》進行文本解讀的基礎上，分別分析了儒家、道家以及佛家之「道」的特徵，認為儒之「道」在弘仁，道之「道」在抑動，而佛之「道」在涅槃，而宗炳是不屑於周孔之道和養生之道，而是養神，即涅槃之道，因此《畫山水序》之「道」乃佛家之「道」無疑。劉道廣的《〈金剛經〉與〈畫山水序〉》（載《美術研究》2002 年第 4 期）可謂《畫山水序》研究的新突破，作者認為宗炳所以能對山水的觀覽、山水畫的創作、鑒賞作出系統的認知，從「理入」、「行入」達到「暢神」的領悟，主要是受惠於佛學的修養。此外，楊志的《〈畫山水序〉中的佛教思想——兼與陳傳席教授商榷》（載《齊魯藝苑》2006 年第 4 期）、蔡彥峰的《慧遠「形象本體」

〔註27〕 李澤厚、劉綱紀：《中國美學史》，合肥：安徽文藝出版社，1999 年版，第 473頁。

〔註28〕 李澤厚、劉綱紀：《中國美學史》，合肥：安徽文藝出版社，1999 年版，第 492頁。

之學與宗炳〈畫山水序〉的理論建構》（載《南京師範大學文學院學報》2011年第 2 期）等多篇文章都很有代表性。

　　第二種觀點以陳傳席先生為代表，認為宗炳的思想主要來自老莊之道，他認為「宗炳對儒、道、仙、佛各家的『道』，俱有研究，這些『道』對他都有不同程度的影響，但他的『道』指的還是老莊之道」、「《畫山水序》中的道主要是指老莊之道」；〔註29〕葉朗在《中國美學史大綱》中也提出，「《畫山水序》，就是老莊美學思想的體現。」〔註30〕何楚熊《中國畫論研究》中講道：「只有將莊子的道落實於生活之中，成為人生的方式，才會有以自然為對象的藝術，宗炳就是這樣的藝術家。」〔註31〕持相同意見的學者還有劉亞璋、邱興雄、鄭曉芳等人。其中劉亞璋在《澄懷現道——論宗炳繪畫思想中的莊學因素》（載《湖北美術學院學報》，2005 年第 1 期）一文中指出：「莊子思想在魏晉玄學中的復興，對山水審美在這一時期突然間流行起來起到了決定性的作用，因此不但宗炳本身卻是一個隱士，而且在他所列舉的聖賢多是道家隱逸一流的人物，宗炳說：「山水以形媚道」，這「道」，實際上更加接近於莊子之道。」邱興雄的《「道」與宗炳山水畫美學》（載《新美術》2005 年第 4 期）認為宗炳雖然崇釋，但是骨子裏是個不折不扣的道教徒，道家的思想始終左右他的言行，佛學追求不過是他永遠達不到的人生理想，文中，作者甚至認為宗炳是把老莊之道與中國山水畫結合起來的第一人。鄭曉芳《從〈畫山水序〉看宗炳的道思想以及對後世的影響》（載《當代藝術》2009 年第 3 期）認為《畫山水序》中的「道」就是老莊之道，老莊之道就是從一切具體事物中抽象出來的自然規律或法則。關於道和自然的關係，老子明確地說「人法地，地法天，天法道，道法自然」。即道來自自然又在萬物上有所對應，而這正是宗炳說的「含道映物」。持類似觀點的還有徐曉偉《宗炳〈畫山水序〉中的「道」》（載《藝術研究》2011 年第 2 期），作者從「含道應物」、「澄懷味象」的概念出發，認為所謂道家的「道」就是從一切具體事物中抽象出來的自然規律或法則，其特徵是「不爭」、「柔」、「弱」、「處下」、「無為」、任自然等，道「先天地生」，本來就存在，但並不是人人都能夠悟到，聖人從自然萬物中發現並總結了道，才為世人所知，這叫「聖人含道」。聖人之道又通過物象體

〔註29〕陳傳席：《中國繪畫美學史》北京：人民美術出版社，2000 年版，第 22 頁。
〔註30〕葉朗：《中國美學史大綱》，上海：上海人民出版社，2005 年版，第 169 頁。
〔註31〕何楚熊：《中國畫論研究》，北京：中國社會科學出版社，1996 年版，第 47 頁。

現出來，賢者可以品味這個物象而得道，此乃「味象」。此外，鄒民生《宗炳山水畫思想考源》（載《上海大學學報》（社科版）1995 年第 3 期）、呂玉嬌、肖丹《〈畫山水序〉中的道家思想》（載《美術教育研究》2011 年第 1 期）也是支持這一觀點的。

　　第三種觀點則是折衷於上述兩種觀點之間，認為宗炳的繪畫美學思想是佛、道、玄相融的結果。崔迎春《宗炳繪畫理論來源小議》（載《陰山學刊》2003 年第 6 期）認為，簡單地將宗炳的思想定位為道家或者是佛家都是片面的，二者在他的思想中很難有明確的分界。他進一步指出其中的原由：「正如兩晉時期的名僧與名士們研習老莊學，用老莊、玄學來解釋佛理，他們往往既是名僧，同時也是玄學清談的名士，他們共談玄理，切磋大乘佛典，形成了在兩晉時期的一股佛、玄合流的思潮，或把這一時期稱作為佛教玄學時期。在大的佛、玄合流的歷史背景下，宗炳是佛道相融的思想也就不難理解了。」〔註32〕姚義斌《即色、無心和澄懷味象——宗炳〈畫山水序〉理論來源再議》（載《南京航空航天大學學報》（社會科學版）2010 年第 1 期）從宗炳《畫山水序》一文中的核心命題「澄懷味象」和「含道映物」入手，追究該命題與當時佛教宗義以及玄學理想的關係。作者認為，魏晉時期，佛教「玄學化」，而玄學對老莊美學、儒家思想又有繼承和發展，這一思想背景對宗炳思想的形成有極大的影響，宗炳的思想中有相當部分看似佛教，其實是深受玄學思想的影響，所證雖是佛教問題，所用的卻是玄學方法。

　　第二，《畫山水序》核心思想闡述。這一類的文章構成宗炳研究的重點，有的從整體上把握宗炳的繪畫美學思想，如，這些文章從山水畫本體論、山水畫創作論、作品論、欣賞論、功能論等幾個方面對《畫山水序》的整體美學思想進行解讀。比較有代表性的如楊成寅《宗炳〈畫山水序〉的山水美學思想》（載《南都學刊》（人文社會科學版）2008 年第 3 期）；張晶《宗炳繪畫美學思想新詮》（載《江淮論壇》2010 年第 3 期）；徐俊東《芻議宗炳〈畫山水序〉中的美學思想》（載《藝術評論》2011 年第 5 期）；肖壽林《論宗炳山水畫藝術創作的美學思想》（載《美術大觀》2007 年第 11 期）；馮立《宗炳山水畫的美學思想》（載《華夏文化》2006 年第 4 期）。

　　除此之外，也有的專門分析宗炳《畫山水序》中某一個概念的美學意義，如、「澄懷味象」、「暢神」、「以形媚道」等。施榮華在《宗炳「澄懷味象」的

〔註32〕崔迎春：《宗炳繪畫理論來源小議》，載《陰山學刊》2003 年第 6 期。

美學思想》（載《雲南師範大學學報（哲學社會科學版），2004 年第 5 期）一
文提出幾個問題：一，宗炳最早把「傳神論」應用到山水畫藝術之中，從而
提升了表現自然美的山水畫的藝術地位。二，同一種自然現象因不同時代和
不同的審美主體會有不同的審美態度。這表明自然山水的美感是建立在審美
主體對象化了的美的情感體驗基礎之上的。三，從現代美學的眼光來審視魏
晉時代慧遠有關「神」的思想。可以發現：「神」一方面是意味著主客體之間
合乎規律的微妙關係「美」是「神」表現於「形」的結果，美是精神性的感
性存在物；另一方面是「神」與藝術創作有著密切的關係，山水畫要以形寫
神，而神是無形的，形質是神的寄託之體，表現了山水之形，從形中方能得
到山水之神。神在物體上有所寄託和顯現，則成為「靈」。這是宗炳「澄懷味
象」美學思想的主要理論基點。唐虹《澄懷味象——宗炳的本體論藝術直覺
觀》（載《廣西師範大學學報》（哲學社會科學版）2009 年第 4 期）一文則從
藝術直覺角度分析「澄懷味象」，認為「澄懷味象」這一命題中的澄懷之「味」
揭示的是藝術創作中藝術直覺思維方式的特徵，而「味象」之「象」是本體，
是藝術創作對象的本體，不是表象而是本質。所以宗炳的「澄懷味象」命題
比較完整地體現了藝術直覺的特徵，是具有深刻美學意義的藝術直覺思想。
李健《「應會感神」：宗炳的感物美學》（《深圳大學學報》（人文社會科學版）
2008 年第 1 期）認為宗炳闡發的「含道應物」與「澄懷味象」是兩種感物方
式。由這兩種感物方式所創造出來的作品，一種好比哲理詩，一種就像抒情
詩，雖然給人的視覺效果不一樣，但是在使人心性靈明上卻達到了同樣的效
果。「應會感神，神超理得」的意義不僅為山水畫家提供了一整套技法，更重
要的是提供了一整套尋求藝術精神的方法。張金燕《宗炳的畫學之思——「澄
懷」》（《成都大學學報》（社科版）2005 年第 5 期）就「澄懷」這一概念進行
了具體的分析，認為「澄懷」說的提出便觸及到了審美活動和審美心理活動
中的第一環節，即審美心態的營造問題，「澄懷」就是一種審美心境，是整個
審美活動能得以開展的基礎。此外，張玉勤《宗炳「澄懷味象」論與審美靜
觀理論》（載《徐州師範大學學報》（哲學社會科學版）2003 年第 2 期），張建
軍《在「以形寫形」與「畫山水之神」之間——宗炳〈畫山水序〉中觀念的
同構與間隙》（載《南京藝術學院學報》（美術及設計版）2003 年第 4 期），施
榮華《宗炳「澄懷味象」的美學思想》（載《雲南師範大學學報》（哲學社會
科學版）2004 年第 5 期），劉德燕《論宗炳「澄懷味象」之「象」》（載《濰坊

教育學院學報》2006 年第 1 期），李新華《含道映物，澄懷味象——論南朝宗炳〈畫山水序〉的寫作背景及其理論貢獻》（載《山東社會科學》2006 年第 9 期），潘曄《淺析宗炳「澄懷味象」理論的美學思想》（載《美術界》2009 年第 11 期），胡牧《從「澄懷」到「味象」——從宗炳「澄懷味象」看審美條件》（載《長安大學學報》（社會科學版）2011 年第 2 期），這些文章也都從哲學、美學的角度分析了「澄懷味象」的美學內涵。

　　第三，宗炳與其他人的比較研究。對宗炳的比較研究也是最近幾年的一個熱點，其主要方式是將宗炳的宗教觀、山水觀與同時代的畫家、詩人和文學家相比較，如宗炳與王微（這一點將在下文談「王微的研究綜述」時具體討論，在此不展開）、戴逵、劉勰、謝靈運。張總、牛鶴《戴逵與宗炳》（載《佛教文化》1995 年第 3 期）一文從佛教對藝術的影響出發，闡述二人在繪畫等藝術中的成就，當然，文中也指出，戴逵在藝術上最傑出的成就是在佛像雕鑄方面，而宗炳的成就在繪畫，尤其是畫論，此外，二人在「因果報應」、「形神」這些問題上有著明顯的分歧。胡遂《謝靈運與宗炳佛學理論之異同及其對文藝理論與創作的影響》（載《三峽大學》2003 年第 3 期）重在比較宗炳和謝靈運對於佛法與山水自然之關係的認識，宗炳認為自然山水皆為佛之神明所感生，只有在澄懷息慮的精神狀態下，才能「應目會心」，故提出「暢神」之說。謝靈運則認為山水與佛法的關係乃是色與空的關係，觀照幽靜空靈的自然山水之境即是體認自己朗然清淨的真如佛性，因此通過觀照山水體悟佛理，遂形成山水詩中的「玄言尾巴」。樂婷《淺析宗炳、劉勰「虛靜說」》（載《南方論刊》2008 年第 4 期）分析並比較了宗炳和劉勰的「虛靜說」，認為宗炳的虛靜說是以「澄懷味象」來表述的，指的是審美觀照中美感心理機制獲得的一種「與道合一」的完美愉悅和藝術享受，儘管其「澄懷味象」還侷限在自然山水，但它強調「味象」，即審美觀照中的愉悅的美感體驗，觸及了審美心理的一般規律和特點。劉勰則認為「虛靜」是文藝創作過程中最為關鍵和重要的環節，它不是藝術創作前「喚起想像的事前準備，作為一個起點而是貫穿著藝術創作中審美感知的心態變化的全部流程。

　　第四，《畫山水序》在中國繪畫史上的地位及影響。美術史上一般將《畫山水序》視為中國山水畫獨立的宣言，這似乎沒有太多的爭議。王瓏《山水畫的產生和宗炳的〈畫山水序〉》（載《美術研究》1983 年第 4 期）認為《畫山水序》使後人深入地理解了六朝山水畫家對於「自然」、「道」、山水和山水

畫的思想認識，因而對於瞭解山水畫之所以能在當時得到迅速的發展提供了
有力的證據。陽先順《論宗炳對中國山水畫發展的影響》（載《美術觀察》2005
年第 5 期）認為宗炳最早提出了中國山水畫所重視的精神和理性，其《畫山
水序》可謂是中國山水繪畫的起點及基礎，也是中國抒情寫意山水繪畫理論
的典範。劉玲、李治國《釋山水畫論之始——宗炳的〈畫山水序〉》（載《美
術大觀》2009 年第 5 期）認為，山水畫論最早人們推崇的是顧愷之的《畫雲
台山記》，但文中所描述的都出自理想化的構想，與任何真山無關聯，其用心
主要是以雲台山作為道家超度故事的背景，並不在於雲台山自身的意味，因
此並不能算真正的山水畫論，中國真正的山水畫論者當首推宗炳。賈濤《宗
炳〈畫山水序〉的理論開創性芻議》（載《美術大觀》2005 年第 2 期）認為《畫
山水序》不僅確立了山水畫創作的基本規範還實現了人們對繪畫功能認識的
轉變。其中所倡導的對繪畫審美性與個性的自覺追求標誌著山水畫理論的提
前成熟，具有里程碑意義。此類論文還有很多，如李文倩《試論宗炳山水畫
理論及影響》（載《時代文學》（雙月上半月）2009 年第 2 期），趙雪《〈畫山
水序〉對中國山水畫的影響》（載《大眾文藝》2010 年第 9 期），戴傑《宗炳
〈畫山水序〉對中國傳統山水畫創作的啟示》（《藝術教育》2009 年第 1 期）。

除此之外，從 2005 年至 2017 年，有十一篇關於宗炳研究的碩士論文，
如楊文斌《宗炳神不滅論思想論述》（蘇州大學，2005 年），張金燕《宗炳繪
畫美學思想研究》（四川師範大學，2005 年），楊柳《廟堂、山林、佛土的美
好結合——對宗炳〈畫山水序〉的創新解讀以及對山水畫教學的啟示》（湖南
師範大學，2007 年），王巧婷《從宗炳〈畫山水序〉看老、莊思想對早期中國
山水畫創作的影響》（陝西師範大學，2008 年），梁興《宗炳美學思想探微》
（吉林大學，2011 年），趙超《「畫山水」觀念的起源——宗炳〈畫山水序〉
研究》（中央美術學院，2013 年），王越《宗炳〈畫山水序〉研究》（河北大學，
2014 年），張豔萍《魏晉玄學影響下的早期山水畫與宗炳的〈畫山水序〉》（浙
江師範大學，2017 年），肖德彬《魏晉玄學與般若學視域下的「山水覺醒」—
—以宗炳〈畫山水序〉為例》（陝西師範大學，2017 年），等等，這些論文分
別從山水自然、佛學、繪畫藝術以及畫論等方面闡述了宗炳的美學思想，具
有一定的參考價值。

4. 關於王微的研究

張彥遠在《歷代名畫記》中將王微的《敘畫》和宗炳的《畫山水序》相

提並論，並且稱讚《敘畫》「意遠跡高。不知畫者，難可與論」。〔註33〕但相比之下，學術界對王微《敘畫》的關注遠遠不如宗炳的《畫山水序》。事實上，《敘畫》對繪畫功能地位、對山水畫藝術創作與鑒賞的規律的認識，有許多超出前人的獨到之處，值得進一步深入研究。從目前的情況來看，對王微及其《敘畫》的研究主要體現在兩個方面，即《敘畫》美學意義的發掘，王微與宗炳的比較研究。

第一、《敘畫》的美學意義。李澤厚、劉綱紀《中國美學史》（魏晉南北朝卷）在考察王微生平與思想、詮釋《敘畫》的基礎上，對《敘畫》的繪畫美學思想做了四個方面的分析：首先，《敘畫》對形神問題做了進一步解決。形神問題是魏晉美學關注的一個焦點，劉先生認為《敘畫》中「本於形而融靈」之「形」並不是單純的「形」，實質上是通於「靈」而含有「神」的，它指出了自然山水也包含著某種可以訴之於人的情感體驗的精神性的東西。其次，「本與形而融靈」中貫穿著「生動」的觀念，這就突破了魏晉玄學和佛學都強調「靜」的觀點，從繪畫的角度強調了美與生命的運動變化的關係，從而豐富了中國古代美學強調「美與生命」相聯繫的思想。再次，王微「本乎形者融靈，而動變者心也」和「望秋雲，神飛揚；臨春風，思浩蕩」的思想強調了「心」在審美感受中的作用，強調了想像、情感的飛揚高舉和熱烈奮發，這是有別於宗炳的新追求。最後，《敘畫》的美學意義還在於它第一次明確地將山水畫與古代的地理圖區分開來，肯定了山水畫的價值在於審美，而非實用的。並且《敘畫》明確地將畫法與書法聯繫起來，強調了山水畫與文人的情感抒發的關係，成為後世文人畫的先聲。此外，劉綱紀先生進一步強調，《敘畫》的可貴之處在於，它與魏晉玄學、佛學這樣一個大環境背景相關，但是卻已經開始超出了佛學、玄學的觀念，呈現出一種新的美學傾向，這使得王微的美學思想成為魏晉玄學、佛學向齊梁美學過渡的中間環節。

徐復觀在《王微的〈敘畫〉》〔註34〕一文中對王微的美學思想做了簡要的歸納，他認為《敘畫》的意義在於，它將山水畫完全從實用中擺脫出來，使其具有獨立的藝術性。此外，王微很明顯地指出了人們之所以愛好山水，並用繪畫來表現山水，是因為在山水中可以得到「神飛揚，思浩蕩」的精神解

〔註33〕〔唐〕張彥遠著；俞劍華注釋：《歷代名畫記》，上海：上海人民美術出版社1964 年版，第 133 頁。
〔註34〕徐復觀：《中國藝術精神》，上海：華東師範大學出版社，2008 年版，第 146 頁。

放，之所以能得到精神解放，又是因為在山水之形中能看出山水之靈，即能使人精神飛揚浩蕩的山水之美，而這正是中國山水畫得以成立，並且在日後成為繪畫中的主流的根源。

何楚熊《王微與〈敘畫〉》〔註35〕在劉綱紀、徐復觀研究的基礎上提出了一些比較有新意的觀點。首先，何楚熊先生認為《敘畫》中所說的「效異山海」之「山海」並不是徐復觀所解釋的《山海經》一書，而是指自然界的「山川大海」，這樣一來，「效異山海，綠樹揚風，白水激澗」就是一個完整的句子，強調山水畫的效果超過了觀賞真實的山川大海，也超過了觀賞真實的綠林揚風和白水激澗這些美麗的山水風景，因此，實是在為山水畫的功能做進一步的肯定。其次，何楚熊先生認為王微和宗炳一樣，都是從審美的角度闡述他畫山水的動機的，然而王微的論述比宗炳更帶有普遍性、規律性，因而能更接近形而上的理論形態。再次，何楚熊先生指出，王微對「神」的理解較宗炳的「暢神」有所出新。「暢神」來自欣賞山水畫時所得的精神愉悅，是對山水畫「澄懷觀道」的結果。王微所說的「望秋雲，神飛揚；臨春風，思浩蕩」則注意到一種更積極主動的欣賞，是一種誘發神思的鑒賞，王微從人的精神世界中尋求繪畫藝術的價值，這種思想，不僅比顧愷之傳客體之神的思想高明，也比宗炳的《畫山水序》表達的思想有所前進。

論文方面，朱平《王微〈敘畫〉的美學思想研究》（載《理論與創作》，2008 年第 3 期）、《王微《敘畫》對中國山水畫創作的啟示》（載《船山學刊》2009 年第 1 期）兩篇文章內容相差無幾，從山水畫的地位（圖畫與易象同體）、功能（效異《山海》）、構圖（擬太虛之體）、用筆（引書入畫）、山水精神（形者融靈）五個方面論述了《敘畫》的基本框架和美學內涵。田力《重掘王微〈敘畫〉的美學價值》（載《廣西藝術學院學報》2004 年第 4 期）則認為《敘畫》揭示了繪畫藝術和山水畫畫種的獨特價值和本質特徵，賦予畫與書同等的藝術地位，並且還分析了山水畫審美創作鑒賞中的審美心理特徵，因而具有較高的研究價值。

總的來看，以上論文不外乎是從山水畫功能論、山水畫的獨立、山水之神、明神降之、畫與書法等幾個方面來闡述王微的美學思想。夏開豐《王微〈敘畫〉中的「動」》（載《文藝研究》2011 年第 3 期）一文別開生面，從「動」

〔註35〕何楚熊：《中國畫論研究》，北京：中國社會科學出版社，1996 年版，第 62～66 頁。

這一問題入手，對《畫山水序》中「本乎形者融靈，而動者變心也」重新斷句，在句中加一個「動」字，認為句子應為「形者融靈而動，動者變心也」，並且「形」不是指對象，而是指山水畫之「形」，相應地「靈」主要指繪畫本身之靈，而不是指對象之靈，「動」則解釋為「生動」。「靈」的實現與筆法和形狀的變化有著直接關係，繪畫並不是一種對表象的簡單圖繪行為，它追求形的自由靈動、變化多端，這樣，繪畫之形才可能生動，生動了才能夠打動人心，這就是「形者融靈而動，動者變心」的意思。當然，作者的解釋不一定完全符合王微的本義，只是一種建立在自己已有知識上的猜測，事實上，這句話的原文為「本乎形者融靈，而動變者心也」，無論從邏輯上還是義理上都是能解釋通的，因此作者這種任意加字以釋的方法並不可取。

此外，邱光華《王微文藝思想論析》（載《首都師範大學學報》（社會科學版）2011 年第 1 期）是關於王微文藝思想的研究，文章著重討論王微在文學創作上的主張，認為王微要求文學創作以抒寫個性主體深切、真摯的情志意氣為根本，倡導文詞表達應怨思抑揚、情味雋永，崇尚文學情感的審美表達動人心魄，並探討了這一主張與王微個性情志及現實生命遭際的內在關聯性。事實上，不僅在文藝理論，王微的這一創作觀念、審美旨趣在其繪畫藝術創作中均有鮮明的反映。

第二、王微和宗炳的比較。這方面的論文有四篇，其中張義賓《宗炳、王微美學思想的本體意義》（載《東南大學學報》（哲學社會科學版）2005 年第 5 期）一文開宗明義地指出，在中國繪畫史上，宗炳、王微標誌著山水畫自覺意識的覺醒，他們二人的共同點在於均以「道」為自然山水的本質，表現「道」乃是山水畫的使命，在表現「道」的方式上，宗炳提出通過「澄懷」作用來通達「道」，「澄懷」即澄清心靈與思維，由於道是「在」而不是「在者」，不是具體形物，不能對象化，因此觀道的前提是心靈突破識思的侷限，超越先驗的理論理性，使心中沒有任何框框與先見。文章的不足之處在於，作者看到了王微、宗炳二人在繪畫本體意識上的共同點，卻沒有很好地辨析二人在具體理解上的不同之處。而吳瓊《論宗炳與王微美學思想的差異》（《文教資料》2010 年第 31 期）一文篇幅不長，非出自核心期刊，但文中比較全面地比較了王微和宗炳在人生境遇、形神關係、創作情感和審美感受等方面的差異，認為宗炳是逍遙的人生，王微是苦痛的人生；宗炳是「形神分殊」說者，認為形神二體，可以合。王微則反對「形神分殊」說，認為形神一體，

不可分；宗炳的《畫山水序》中的「質有而趣靈」「神本亡端，棲形感類」將形神二分，而王微「本乎形者融靈」則體現了形神不可分割的觀點；宗炳的《畫山水序》以「山水以形媚道」為前提，更多地揭示了自然美，並不注重創作過程中主體情感的投入，而王微因避世以求精神之解脫，他於山水更重寄情；在審美感受上，宗炳的「暢神」是對真山水的代替，是一種較為被動的感悟，是審美主體受到畫面感召而被動接受的結果，而王微則注意到一種融入了審美主體情感的體悟，一種更積極主動的審美過程。這篇文章雖然沒有深入展開，但是對於進一步研究這一問題有很好的啟發作用。此外，祁國榮《論宗炳、王微的山水畫理論及其文化意蘊》（載《天水師範學院學報》2005年第 1 期）在分別分析了宗炳、王微的山水畫思想之後，對二人繪畫思想的文化根源和社會背景進行了綜合闡釋，缺乏橫向的比較研究。張衛峰《解讀山水畫理論的成熟形態——〈畫山水序〉和〈敘畫〉》（載《廣東海洋大學學報》2009 年第 5 期）也只是籠統地描述宗炳、王微二人對山水畫理論的貢獻和歷史地位，並無深入的比較。

　　而事實上，宗炳和王微是魏晉時期有較大影響且極富個性的畫家及繪畫理論家，二人是山水畫論的開創者，這是沒有爭議的，但是二人在創作觀、審美觀上的異同在某種程度上反映了魏晉山水畫審美發展和進步的軌跡，這才是更具研究價值的，因此，這個問題還值得進一步深入研究。

（二）國外研究現狀

1. 日本

　　事實上，日本很多學者早於中國學者寫出了一批繪畫史研究的專著，並且較早地涉及到了六朝的山水畫論，如中村不折、小鹿青雲《中國繪畫史》[註36]，大村西崖《支那繪畫小史》[註37]、金原省吾《支那上代畫論研究》[註38]、小林太市郎《支那畫の構圖と其理論》[註39]、米澤嘉圃《中國繪畫史

〔註36〕〔日〕中村不折、小鹿青雲；郭虛中譯：《中國繪畫史》，中上海正中書局，1937 年版。

〔註37〕〔日〕大村西崖、陳彬和譯：《支那繪畫小史》，上海：商務印書館，1928 年版。

〔註38〕〔日〕金原省吾：《支那上代畫論研究》，東京：岩波書店，1924 年版。

〔註39〕〔日〕小林太市郎：《支那畫の構圖と其理論》，載《支那學》1942 年第 10 卷 1／2 號。

研究‧山水畫論》〔註40〕、堂谷憲勇《支那美術史論》〔註41〕，這些著作中不僅有對顧愷之、宗炳、王微等人畫作和畫論的介紹，甚至連顧愷之生平這樣一些複雜有爭議的問題，也做了詳細的考證。這些著作對中國的繪畫史研究產生了很大的影響，國內專家如陳衡恪、潘天壽、鄭午昌、俞劍華等人在撰寫中國繪畫史時均或多或少地參照了日本學者的研究成果。

此外，日本學者對六朝山水畫論也有具體的研究，如伊勢專一郎寫了專著《自顧愷之至荊浩：支那山水畫史》〔註42〕及論文《顧愷之の山水畫論》〔註43〕，專門探討顧愷之山水畫、山水畫論的相關問題，堂谷憲勇的《維摩圖像考》是對顧愷之維摩圖的探討，文中，堂谷憲勇認為東福寺所藏傳顧愷之所繪國寶《維摩圖》，乃宋代的摹本，但是其著墨施彩及畫趣均頗具古法，因此是可以追溯瓦官寺維摩圖畫的絕佳材料。〔註44〕古原宏伸的《女史箴圖卷》則對顧愷之的《女史箴圖》做了非常詳細的考察，從文獻背景、圖像表現、畫史著錄、印章題跋、器皿服飾、創作年代等方面逐一探討本畫卷的方方面面，是研究該畫的早期的重要的學術著作〔註45〕。此外，1892年，日本人近藤元粹最早開始了對《畫雲台山記》的文字整理，〔註46〕而後，此後，日本學界的研究多依循此路而有所拓展，金原省吾、伊勢專一郎、小野勝年〔註47〕、米澤嘉圃、堂谷憲勇、中村茂夫〔註48〕、岡村繁〔註49〕、小林太市郎等相繼對該文做過校讀。日本學者在這篇畫論上的主要貢獻是對其中幾個關鍵詞做出了糾正，如1942年小林太市郎首先提出《畫雲台山記》中的「王良」應該

〔註40〕 〔日〕米澤嘉圃：《中國繪畫史研究‧山水畫論》，東京：平凡社，1962年版。

〔註41〕 〔日〕堂谷憲勇：《支那美術史論》，京都：桑名文星堂，1944年版。

〔註42〕 〔日〕伊勢專一郎：《自顧愷之至荊浩：支那山水畫史》，京都：東方文化學院京都研究所，1934年版。

〔註43〕 〔日〕伊勢專一郎：《顧愷之の山水畫論》，載《東方學報》第二冊，京都，1931年版。

〔註44〕 〔日〕堂谷憲勇：《維摩圖像考》，載《佛教藝術》，1950年第9號，第78～92頁。

〔註45〕 〔日〕古原宏伸：《女史箴圖卷》，載《國華》，1967年第908號，第17～30頁；《國華》1967年第909號，第13～23頁。

〔註46〕 〔日〕近藤元粹：《螢雪軒叢書‧歷代名畫記》（卷四），青木嵩山堂，1892年版。

〔註47〕 〔日〕小野勝年：《歷代名畫記》，東京：岩波書店，1938年版。

〔註48〕 〔日〕中村茂夫：《歷代名畫記論考‧顧愷之の畫論》，載《中國畫論の展開》（晉唐宋元篇），京都：同朋舍，1965年版。

〔註49〕 〔日〕岡村繁：《歷代名畫記譯著》，上海：上海古籍出版社，2002年版。

是「王長」之誤,「全見室中」應該是「全見空中」之誤,岡村繁認為「王趙趨」應該是「王趙逐」,米澤嘉圃則認為「王趙趨」應該改為「王趙趕」。

以上是日本學者對六朝山水畫論研究的大致狀況,此外,西方學者也比較重視中國畫論的研究,對六朝的山水畫論也有獨到的見解。

2. 西方

西方對中國畫及畫論的研究至今也已經有半個世紀了。美籍華人方聞、巫鴻即是這方面的專家,他們對顧愷之的畫作有比較深入的研究,方聞《傳顧愷之〈女史箴圖〉與中國藝術史》以英國倫敦大英博物館《女史箴圖》(圖 1、圖 2、圖 3)為研究對象,分析了顧愷之作畫的時代背景、製作年代、與佛教的關係,從而探究顧愷之與中國藝術史、現代中國繪畫的發展傳承關係,認為顧愷之所謂的「以形寫神」,以模擬自然物象為出發點,達到表現超自然和不平凡的境地,至今仍不失為現代中國畫家維新創作所取的一條基本道路。〔註 50〕巫鴻對《女史箴圖卷》、《列女仁智圖》、《洛神賦圖》的時代和作者做了顛覆性的考察,認為現存的《女史箴圖卷》不可能直接基於顧愷之的原作,大致產生於 400～480 年之間的一幅作品,很可能是 5 世紀下半葉早期的作品〔註 51〕,此外,巫鴻還認為《女史箴圖》中男性人物的造型,顯示出 6 世紀人物造型有圓柱體積、立體化風格,可以與波士頓美術館所藏的寧懋祠石室浮雕(529 年)上的男性人物相比。〔註 52〕

此外,Susan Bush、Hsio-yen Shih、蘇立文(Michael Sulivan)、Stephen R. Bokenkamp、Kristofer Schipper 等人對《畫雲台山記》做了許多辨析工作,其中 Susan Bush、Hsio-yen Shih 對《畫雲台山記》中的誤字辨析做了進一步研究,認為「王良」乃「王長」之誤、「趙升」乃「超昇」之誤、「王趙趨」應該改為「王趙逐」〔註 53〕。而蘇立文(Michael Sulivan)則對《畫雲台山記》重新

〔註 50〕方聞《傳顧愷之〈女史箴圖〉與中國藝術史》,載《美術史研究集刊》2002 年第 12 期,第 1～33 頁。

〔註 51〕巫鴻:《時空中的美術:巫鴻中國美術史文編二集》,北京:三聯書店,2009 年版,第 321 頁。

〔註 52〕Wu Hong, Monumentality in Early Chinese Art and Architecture. Stanford California: Stanford University Press, 1995, p.263, fig.5, 19.

〔註 53〕Susan Bush and Hsio-yen Shih, Early Chinese Texts on Painting(Cambridge, Mass: Harvard-Yenching Institute, 1985). Susan Bush, The Chinese Literati on Painting: Su Shih(1036～1101 年)to Tung Ch'i-ch'ang(1555～1636 年)(Cambridge, Mass: Harvard-Yenching Institute, 1971)

進行譯注，並引用美國西雅圖藝術館收藏的公元 3 世紀的陶罐上的圖案，認為這一圖案的構圖接近《畫雲台山記》的描述，從而指出，在葛洪《神仙傳·張道陵》成熟前一個世紀，張天師七試趙升的傳說便已經在民間流傳了〔註54〕。此外，Stephen R. Bokenkamp、Kristofer Schipper 也注意到東晉天師道與《畫雲台山記》之間的關係，並對此做了相關的闡述〔註55〕。

　　以上日本學者和西方學者在中國畫方面都有很高的理論水平和鑒賞水平，所作的論文和專著也都是從古籍資料入手，論述嚴謹，具有一定的影響力。

三、六朝山水畫論美學研究的思路

　　本書主體分為五個章節。第一章回顧了六朝的山水審美及山水創作。山水審美意識並非一開始就有的，它的覺醒和成熟經歷了一個極為漫長的歷史過程。六朝特殊的政治經濟環境造就一批有閒的文化階層，他們大多數具有很高的文化修養、敏銳的自然美欣賞能力和藝術創作能力，這正是山水審美意識在六朝時期開始覺醒的心理依據和必要條件。優越的經濟條件、充裕的閒暇時光，使得遊山玩水即所謂「縱情山水」成為士族們日常生活的一部分，並且還成為區分雅俗的一個重要標誌。不僅如此，國家的混亂和政治的黑暗使六朝士人固有的儒學價值觀受到強烈的衝擊，老莊、玄學思想逐漸佔據士人們的心靈，人物品藻和玄學思想使士人與山水之間的關係達到一種親密無間的狀態。宅心玄遠、以玄對山水的風氣增進了他們對自然山水之美的深切體會。在崇山秀水之中，六朝士人獲得一種精神的寄託和感情的慰藉，逐漸發現自然景色中包含的美，並自覺地在藝術創作中再現這種美妙的感受，山水畫便是在這種背景下產生並發展起來的。不僅如此，在哲學思想的影響下，自然山水所具有的靈氣還容易激發人們對宇宙自然的抽象思考，人們通過山水的形質來體悟宇宙自然之「道」，在感受山水之美的同時獲得一種超越了山水本身的深層意義，這也使中國的山水畫從產生之初便具有特殊而深刻的美學內涵。

〔註54〕Michael Sulivan.On Painting thw Yun-tai-shan: A Reconsideration of the Essay Attributed to Ku'Kai-chih. Artibus Asiae, Vol.17, No2, 1954, pp.87～103. Michael Sulivan The Birth of Landscape Painting in China. Berkeley and Los Angeles: University of California Press, 1962, pp.93～101.

〔註55〕Stephen R.Bokenkamp. Into the Clouds: The Mount Yuntai Parish and Early Celestial Master Daoism.（Unpublished manuscript）Kristofer Schipper. The True Form-Reflections on the Liturgical Basis of Taoist Art.

　　第二章論述顧愷之的山水繪畫美學思想。顧愷之所處的時代依然以人物畫為主，由於中國古代思想家普遍將自然看作是與人的心靈相通的存在物，因此，人物畫的觀念常常也通用於山水畫。顧愷之在人物畫論《論畫》和《魏晉勝流畫贊》中高屋建瓴地提出了「傳神」的觀念，並具體化為「以形寫神」、「神儀在心」、「遷想妙得」三個層面，形成了一個相對完整的傳神理論，「神」指的是客觀對象的精神氣質，山水畫同樣具備這一生動的氣質。在《畫雲台山記》中，顧愷之竭力營造一種和道教相契合的特殊的精神氣氛，將山水「傳神」體現為一種險絕之勢，凸顯出大自然造物的力量之美。並且，顧愷之自覺追求山水的獨立表現形式，在構圖、技法等方面對山水畫做出了理論上的總結，《畫雲台山記》也自始至終貫穿了「傳神」的觀念，強調畫人得神，畫山得勢，「勢」又可以看作是人物畫中的「骨法」、「神氣」在山水畫中的應用。這就為「傳神」論從人物畫進入山水畫做了較好的嘗試工作。從這一點來說，顧愷之即便不是山水畫第一人，但並不影響他在山水畫發展過程中的重要地位。

　　第三章分析宗炳的山水繪畫美學思想。和顧愷之《畫雲台山記》相比，宗炳的《畫山水序》在思想上和技法上對山水美的本質有更為深入和自覺的論述。又由於《畫山水序》中沒有摻入人物畫的表現，也不是以故事為主題，因而它是畫史上第一篇純粹的山水畫論。其文字短小，但頗富精義，闡述了山水畫的本體、形神、創作、功能諸問題，開始建立起山水畫的理論體系，因而成為中國山水畫由附庸走向獨立的里程碑。宗炳不排斥儒家思想，也精於道、玄理論，但是對他影響最深的是佛學思想，因此，《畫山水序》中重點突出了山水欣賞中的「含道應物，澄懷味象」以及「法道」、「媚道」等問題，實際上是對山水畫的本體論闡釋，認為山水之所以美，之所以值得聖人、賢者以及畫家去表現它，就在於山水之中隱含了超越於形制之外的「道」。宗炳所說的「道」看上去包含了儒家和道家之「道」，但事實上是佛學的神明之「道」，並且是統領了儒、道、玄三家之「道」。將「道」的概念引入山水、山水畫的創作和欣賞之中，把握到了山水的本體性問題，即自然山水的感性形式之美不僅僅停留在事物的形式本身，而在於它是某種超感性、超自然的精神性的體現，確立了山水畫的「道」本體論。此外，宗炳對「形神」問題作了進一步的拓展，以「神」為中心提出「澄懷味象」、「以形寫形、以色貌色」、「應目會心」、「暢神」等理論，強調山水畫創作是畫家借助自然形象，以抒寫意

境的一個過程，使顧愷之的「傳神」理論從人物畫領域真正進入到山水畫領域。在繪畫技法上，宗炳開始重視山水畫創作中的觀察寫生問題，初步闡釋了中國畫的遠近法和透視原理，可看作是中國山水畫真正的理性起點。

　　第四章闡述了王微的山水繪畫美學思想。王微的《敘畫》繼承和發展了前人的繪畫美學思想。首先，六朝及六朝以前，繪畫的主題以人物為主，在繪畫的功能上主要是鑒戒賢愚，但也與宗教祭祀有關。但是王微卻大膽地提出繪畫當與《易》象同體，從根本上提升了山水畫的地位、功能和價值，並明確揭示山水畫異於地圖，擺脫了繪畫教化意義的束縛，指向了一種審美的心理活動，揭示了山水、山水畫具有調節主體精神和外部客觀世界的關係的重要作用，這是繪畫審美偷悅功能產生的標誌，也使山水畫獨立於其他圖畫之上，具有審美的價值。而且，主體精神、情感在繪畫中的充分能動的抒發也為後世文人畫理論的產生提供了理論基礎。其次，在形神問題上，王微也更側重於「神」的發掘和表達，這和顧愷之、宗炳的看法是一致的，但是不同於顧愷之、宗炳從客觀對象和宗教精神角度闡述「傳神」，王微是從人的精神世界來探求山水畫的藝術價值，將繪畫主體的內在精神作為山水畫的傳神基礎。他所闡述的山水之神落腳點在欣賞主體和創作主體本身的主觀精神與山水之形的情感契合，山水「本乎形者融靈」既包含了山水之形本身的性靈，也包含了主體的情感投入，二者的融合產生出令人神情飛揚的審美愉悅。再次，王微首次將人的主體之「情」納入「神」的範疇，使山水融「靈」，包含了創作者和欣賞主體的情感和想像。並且，王微提出了一種更為積極主動、情感灌注的欣賞過程，這種欣賞過程不僅體現了山水之美，還體現了欣賞者以生命對山水之美的熱烈擁抱，以至於山水畫所帶來的審美愉悅甚至超越了人們對真山真水的欣賞，這是對藝術美與自然美的深刻體認。最後，《敘畫》對山水畫的取象構圖、用筆方法、藝術想像和藝術構思等問題也做了相應的探討，為山水畫成為一門獨立的藝術畫科鋪平了道路。

　　第五章總結了六朝山水畫論的總體美學特徵。在中國的山水畫史上，六朝是山水畫萌芽與探索時期，同時也是劇烈變化的時期，因為它沒有深厚的傳統可以繼承，也沒有成型的規則可以傚仿，因此六朝山水畫論中每一個問題的提出同時也是開拓創新的過程。六朝山水畫論一個突出的特點在於它們不是對山水畫具體技法的羅列和總結，而是體現了哲學思想對藝術的滲透與融合，重在對於山水畫理、山水畫思想的發掘，它們根植於中國的傳統哲學

思想和人們內心深處渴望與自然山水合二為一的原初觀念，因而具有深層的哲理性和邏輯性，體現了中國傳統文化的精神，在思想層面體現出了較高的理論水平，是中國繪畫藝術精神的起點，為後世山水畫的發展奠定了美學基礎並指明了發展方向。六朝以後的傳統山水畫及山水畫論，都是在不同層面上對六朝畫論的實踐和補充，所論及的問題都繞不開六朝畫論所提出的基本理念。基於此，本章總結了六朝山水畫論重道理、重神氣、重性靈的美學特徵，在此基礎上闡述這種美學特徵對後世「文人畫」精神、「三遠法」空間經營的形成帶來的積極影響。與此同時，也對中國山水畫與西方風景畫、傳統山水繪畫美學與現當代中國山水繪畫做了一個簡要的比較。以期在當代條件下，努力繼承中國古代山水畫以天人合一為哲學基礎，以表現人與整個宇宙、自然的和諧統一為最高境界，高度重視通過這種統一去實現人的生命存在的意義與價值，抒發與此相聯的真摯充沛、使人玩味不盡、并與中華民族的生存發展密切相聯的情感。

第一章 六朝的山水審美及山水創作

六朝名士陶弘景在《答謝中書書》中說：「山川之美，古來共談」。[註1]
但他不知道山水審美意識的覺醒和成熟是一個歷史的過程，並非一開始就有的，這經歷了一個極為漫長的歷史過程。

第一節 六朝山水審美意識產生的時代背景

「六朝」是中國歷史上自公元三世紀初至六世紀末的一段時期，這一時期中國南北各地建立了大大小小的政權，因此學術界對「六朝」的界定有不同看法。有學者認為，六朝指具有繼承關係的曹魏、兩晉以及南朝的宋、齊、梁、陳六個朝代，北宋司馬光即以此六朝作為正統編年紀事，這是廣義的六朝，即三國兩晉南北朝。另有學者將六朝分為北方六朝和南方六朝，北方六朝即相繼在北方建都的魏、西晉、北魏、北齊、北周及隋；南方六朝指三國孫吳、東晉、南朝宋、齊、梁、陳這六個朝代，南方六朝均建都於今南京（孫吳稱建業，東晉和南朝時稱建康），屬於南方政權。唐人許嵩的《建康實錄》第一次比較完整地記錄了這六個朝代，「六朝」因此得名，後南宋張敦頤做《六朝事蹟類編》，所記述的也是這南方六朝。總的來說，學術界更認同許嵩的六朝說。

在思想文化方面，西晉末年永嘉之亂以後，王室偏安江左建立東晉，中原士族紛紛南遷，全國的文化中心開始由洛陽轉移到建康，進而使整個江南

[註1]〔南朝梁〕陶弘景撰：《答謝中書書》，引自〔清〕嚴可均輯；馬志偉審訂：《全梁文》，北京：商務印書館，1999年版，第491頁。

地區的文化藝術繁榮起來。繪畫藝術更是在南方地區取得了長足的發展，無論是畫家的數量，還是創作技巧和理論水平，南方均遠遠超出前代以及同時期的北方地區，進而形成了中國繪畫史上第一個高峰。更為重要的是，作為中國畫主流的山水畫萌芽於東晉，在南朝劉宋時期得到進一步深化，其藝術創作和理論建構主要是在南方政權體系下完成的，因此，本文所關注的六朝不是廣義三國兩晉南北朝，而是狹義的六朝，即定都建康的南方六朝。這六個王朝在時間上雖然有西晉橫亙其中，但基本上還是一個連續的單元，並且在文化和地域上具有延續性和一貫性。中國的山水畫及山水畫論之所以在這一時空領域產生並初具雛形，與當時特殊的社會環境、文化氛圍以及南方秀美的自然條件有著不可分割的聯繫。

一、政治環境

六朝之前的兩漢是中國歷史上綿延了四百餘年的統一大帝國，東漢末年的社會動亂結束了國家原有的社會結構和統治秩序。彼時，軍閥四起、戰爭不斷，形成魏、蜀、吳三國鼎立之勢，其中的孫吳於公元 229 年建立政權，定都建業，拉開了六朝的序幕。公元 260 年，魏滅蜀漢，公元 265 年，司馬昭廢魏帝建立西晉，並於公元 280 年滅吳，統一全國。但表面統一的西晉王朝實際上面臨著深重的內外矛盾，公元 307 年，匈奴等族建立政權，引起了持續十年之久的永嘉之亂，致使西晉於公元 317 年滅亡。永嘉之亂過後，北方五胡民族相繼建國，前後出現了二十個割據政權，稱為「五胡十六國」。爾後，北方各個政權相互吞併，最終為北魏所滅，北魏統一北方後又分裂為西魏和東魏，隨後，東魏和西魏分別發展成北齊和北周，在中國歷史上，北魏、西魏、東魏、北周、北齊統稱為「北朝」。在北方各族相互吞併之際，南方也經歷了政權的重建與更替。西晉滅亡後，皇族宗室和大批世家大族流遷江南。公元 317 年，在南遷北方世族及江左世族的擁戴下，西晉皇室疏宗司馬睿在江東重建政權，定都建康，史稱「東晉」。東晉名義上是西晉政治的延續，但是在經濟和文化上與孫吳保有一貫性和連續性，是六朝的第二個發展階段。公元 420 年，東晉恭帝讓位於宋國公劉裕，建立「劉宋」政權，此後又經歷了齊、梁、陳三個朝代，這是六朝發展過程中的南朝時期。

從外部環境來看，北方十六國、北朝政權和南方的東晉、南朝政權在時間上大致是同步的，因此，自東晉立國以來，南北方的戰爭就從未平息過，

南北對峙的局面長期存在。但是，由於北方民族關係複雜，各政權和各少數民族之間本身就矛盾重重，政權的更替大多數是通過殘酷的戰爭和兼併來實現的，因而北方中原地區長期處於動盪之中，人民生活困苦不安。相比之下，南方雖然也在短短三百年間經歷了六個朝代的更迭，但是六朝的更迭是出於禪讓和政變，國家性質基本不變，上層社會政權的轉移和傳遞沒有引發下層社會的激烈鬥爭，由此產生的社會破壞性也比北方小很多，各方面恢復得也快。總體上來看，六朝社會是安定多於動盪，在大環境的不穩定中保持了小環境的相對穩定性，民族矛盾也較北方緩和，因此成為當時中原士族與廣大民眾的嚮往之所。

從內部環境來看，由於東晉是在南北世家大族的扶持下建立起來的，和大一統時期的秦漢相比，其皇權大為削弱，主弱臣強，政治上占主導地位的是門閥世族。這其中又以王、庾、恒、謝為主要力量，輪流執政，東晉的四次北伐戰爭以及淝水之戰都是在世家大族的領導下進行的，民間甚至有「王與馬，共天下」〔註2〕之說。六朝世族肇始於西漢末年，由於漢代推崇儒學，政治上以經學和禮法取士，因此，那些希望「通經取仕」的世家大族非常重視儒家「禮法孝義」，鼓勵子弟修習儒學經文以獲取功名，進而操縱入仕之途，得以享受特權，累世作官。這些世族大家也因此普遍具有很高的文化修養和藝術品位，並形成嚴謹的家學傳統，成為當時知識分子的主體和文化的主要傳承者，故又稱為「士族」。門閥士族與一般豪強最根本的區別就在於文化，這在當時是確定門第高下的關鍵因素。六朝時期也有一些以武功晉升的官僚世族，或者靠經商和土地兼併而發家的地主，這些人擁有財富但文化水平不高，因而不能成為士族，只能稱為豪強，不是門閥世族的核心，對政治沒有產生較大影響。儘管進入南朝以後，由於皇權強化、寒族地位上升，門閥世族族逐漸走向衰落，但是他們在社會生活，尤其是文化和藝術領域中依然擁有強大的號召力。這對六朝審美意識的自覺和繪畫藝術創作及理論的發展產生了重要影響。

二、經濟基礎

六朝以前，中國的經濟重心在北方，當黃河流域成為古代先進文明的代表時，江南地區基本上還處於「火耕水耨」的原始階段，經濟相對來說比較

〔註2〕〔唐〕房玄齡等撰：《晉書》（八），北京：中華書局，1974年版，第2554頁。

落後。司馬遷在《史記》描述楚越、江淮以南地區：「地廣人稀……無凍餓之人，亦無千金之家。」〔註 3〕這具有一定的普遍性，但這種落後的面貌在六朝時期逐漸發生了改變。

漢末大亂以來，中原地區終日動盪不安、民不聊生，相比之下南方戰亂較少，破壞程度低，因而自漢末到整個六朝時期，全國前後出現了三次較大規模的人口南遷熱潮，尤其是西晉滅亡以後，晉室在江南重建政權，原先居住在中原地區的知識分子、農民、手工業者和商賈等紛紛跟隨到南方，以至於「俄而洛京傾覆，中州士女避亂江左者十六七」〔註 4〕且大多數集中在荊、揚、梁、益等州。據譚其驤先生估算，光晉末永嘉喪亂之後，北方南下的人數就多達 90 萬〔註 5〕，而葛劍雄先生則認為有 200 萬左右〔註 6〕，這為南方帶來了比較先進的知識和豐富的勞動力。另一方面，六朝統治者對山越、蠻、俚等土著居民實行「鎮撫」政策，迫使他們遷居平地從事農耕，最大限度地增加了社會勞動力。因此，六朝時期南方的耕地面積較東漢時期大為增加，農田水利設施也得到很好的開發和利用，經濟發展日見成效，逐漸形成「一歲或稔，則數郡忘饑」〔註 7〕、「良疇亦數十萬頃，膏腴土地，畝直一金」〔註 8〕的良好局面。除農業以外，手工業和商業在這一時期也得到較好的發展，「絲綿布帛之饒，覆衣天下」〔註 9〕。到了六朝中期，江東呈現出和諧繁榮的景象，史稱「永明小康」。「永明之世，十許年中，百姓無雞鳴犬吠之警，都邑之盛，士女富逸，歌聲舞節，袨服華妝，桃花綠水之間，秋月春風之下，蓋以百數」〔註 10〕，人民基本能得溫飽，而王公貴戚和世家大族過著豪華奢侈的生活。全國的經濟中心開始出現向南方轉移的趨勢。

六朝經濟的一大特點是自給自足的莊園經濟發達。這種萌芽於西漢末年的莊園經濟是伴隨著世家大族的發展而成熟起來的，到了六朝時期達到極盛。

〔註 3〕 〔漢〕司馬遷撰：《史記》（十），北京：中華書局，1963 年版，第 3270 頁。
〔註 4〕 〔唐〕房玄齡等撰：《晉書》（六），北京：中華書局，1974 年版，第 1746 頁。
〔註 5〕 譚其驤著：《晉永嘉喪亂後之民族遷徙》，載《長水集》，北京：人民出版社，
　　　　1987 年版，第 210～220 頁。
〔註 6〕 葛劍雄著：《中國移民史》（第二卷），福州：福建人民出版社，1997 年版，第
　　　　410～412 頁。
〔註 7〕 〔梁〕沈約撰：《宋書》（五），北京：中華書局，2008 年版，第 1540 頁。
〔註 8〕 〔梁〕沈約撰：《宋書》（五），北京：中華書局，2008 年版，第 1540 頁。
〔註 9〕 〔梁〕沈約撰：《宋書》（五），北京：中華書局，2008 年版，第 1540 頁。
〔註 10〕 〔梁〕蕭子顯撰：《南齊書》，北京：中華書局，1972 年版，第 913 頁。

東晉以前，江南地區的莊園經濟並不普遍，西晉末年北方世族南下後，由於中央集權進一步被削弱，掌握了政權的門閥世族和豪強地主開始大規模地封山占水、兼併土地。秦漢以來一直歸國家所有的土地、山川林澤被世族豪強競相爭奪，並得到政府的默許而逐步合法化，名山大澤最大限度地被轉化為世族們的私有財產。與此同時，政府還頒布了「蔭客制」，為世族開闢山林提供了依附勞動力，以至於當時的地主大族「奴客縱橫，固吝山澤」〔註11〕，「有田萬頃，奴婢數千人，餘資稱是」〔註12〕，形成規模浩大的莊園經濟。六朝時期的莊園大部分集中在今浙江和江蘇省南部，幅員數十里乃至上百里，囊括了周圍的山嶺與湖泊。如東晉宰相謝安有園宅十餘處，其侄兒謝玄有「北山二園」和「南山三苑」（今浙江上虞西南）；孔靈符於永興（今浙江蕭山）修建的莊園，「周回三十三里，水陸地二百六十五頃，含帶二山，又有果園九處」〔註13〕；王騫的鍾山別墅「有良田八十餘頃」〔註14〕。這些世族在莊園裏從事著多種生產經營，從農業、漁業到手工業應有盡有，儼然成為一個個自給自足的小王國。如《顏氏家訓》中記載：「生民之本，要當稼穡而食，桑麻以衣。蔬果之畜，園場之所產；雞豚之善，塒圈之所生。爰及棟宇器械，樵蘇脂燭，莫非種植之物也。至能守其業者，閉門而為生之具以足。」〔註15〕不僅如此，莊園也是世族們財富的重要來源，西晉江統說過：「公侯之尊，莫不殖園圃之田，而收市井之利。」〔註16〕南朝宋大臣沈慶之常常指著自己家的土地對周圍人說：「錢盡在此中。」〔註17〕因此，這些擁有莊園的世族豪強們動輒享有萬貫財富，過著優越甚至奢侈的生活，《宋書》卷五六《孔琳之傳》記載：「於是競收罕至之珍，遠蓄未名之貨。明珠翠羽，無足而馳；絲罽文犀，飛不待翼。天下蕩蕩，咸以棄本為事。」〔註18〕

　　由此可見，六朝的世家大族由於擁有顯赫的政治權力，因而在經濟地位上往往占絕對優勢，這就使出身世族的大批文士以及官員獲得了自由獨立的人格和接觸、欣賞自然美的物質基礎。此外，他們大多數具有很高的文化修

〔註11〕〔唐〕房玄齡等撰：《晉書》（六），北京：中華書局，1974年版，第1846頁。
〔註12〕〔唐〕房玄齡等撰：《晉書》（六），北京：中華書局，1974年版，第1845頁。
〔註13〕〔梁〕沈約撰：《宋書》（五），北京：中華書局，2008年版，第1533頁。
〔註14〕〔唐〕姚思廉撰：《梁書》，北京：中華書局，1973年版，第159頁。
〔註15〕王利器集解：《顏氏家訓集解》，北京：中華書局，1993年版，第43頁。
〔註16〕〔唐〕房玄齡等撰：《晉書》（五），北京：中華書局，1974年版，第1537頁。
〔註17〕〔梁〕沈約撰：《宋書》（七），北京：中華書局，2008年版，第2003頁。
〔註18〕〔梁〕沈約撰：《宋書》（五），北京：中華書局，2008年版，第1565頁。

養、敏銳的自然美欣賞能力和藝術創作能力，這正是山水審美意識在六朝時期開始覺醒的心理依據和必要條件。優越的經濟條件、充裕的閑暇時光，使得遊山玩水即所謂「縱情山水」成為士族們日常生活的一部分，並且還成為區分雅俗的一個重要標誌。這樣，對自然山川之美的欣賞描繪很自然地進入文學創作之中，並進一步融入繪畫，使山水畫的獨立成為可能，為山水畫的產生發展創造了條件。

三、自然條件

六朝的首都在建康（今南京），雖然各朝疆域廣狹無常，但總的來說都是以秦嶺、淮河以南地區為主。從行政區域上看，則包括了以以建康為中心的長江下游，以江陵為中心的荊州地區，以及豫章、淮海、交廣和閩江流域等。

南方自古以來多明山秀水，尤其是吳越、荊楚一帶，山巒逶迤，草木蔥蔥，雲霧變幻，川流生輝，極富靈氣，與北方相對單調而少變化的環境形成鮮明的對比。由於時代和自然的變遷，現在人們雖然無從切身觀賞到當時的明媚風光，但仍然能從現存的詩文中窺知一二。如總覽江南景致稱：「暮春三月，江南草長。雜花生樹，群鶯亂飛」〔註19〕；描寫都城建康「攢樓貫白日，摛堞隱丹霞」〔註20〕、寫臨川古郡「銅陵映碧澗，石磴瀉紅泉」〔註21〕；贊台州天台山「峻極之狀，嘉祥之美，窮山海之瑰富，盡人神之壯麗矣」〔註22〕、永嘉楠溪江「高峰入雲，清流見底，兩岸石壁，五色交暉。青林翠竹，四時俱備。曉霧將歇，猿鳥亂鳴，夕日欲頹，沉鱗競躍，實是欲界之仙都。自康樂以來，未復有能與其奇者。」〔註23〕這種種描寫，既是詩，也如畫。又如鮑照《登廬山》云：「懸裝亂水區，薄旅次山楹。千岩盛阻積，萬壑勢回縈。巃嵸高昔貌，紛亂襲前名。洞澗窺地脈，聳樹隱天經。松磴上迷密，雲竇下

〔註19〕〔南朝梁〕丘遲撰：《與陳伯之書》，引自〔梁〕蕭統編；〔唐〕李善注：《文選》（五），上海：上海古籍出版社1986年版，第1947頁。

〔註20〕〔南朝宋〕鮑照撰：《還都至三山望石頭城詩》，引自逯欽立輯校：《先秦漢魏晉南北朝詩》（中），北京：中華書局，1988年版，第1292頁。

〔註21〕〔南朝宋〕謝靈運撰：《入華子崗是麻源第三谷》，引自逯欽立輯校：《先秦魏晉南北朝詩》（中），北京：中華書局，1988年版，第1178頁。

〔註22〕〔晉〕孫綽撰：《遊天台山賦》，引自〔清〕嚴可均輯；馬志偉審訂：《全晉文》（中），北京：商務印書館，1999年版，第634頁。

〔註23〕〔南朝梁〕陶弘景撰：《答謝中書書》，引自〔清〕嚴可均輯；馬志偉審訂：《全梁文》，北京：商務印書館，1999年版，第491頁。

縱橫。陰冰實夏結，炎樹信冬榮。嘈囋晨鶤思，叫嘯夜猿清。深崖伏化跡，
穹岫閟長靈。乘此樂山性，重以遠遊情。方躋羽人途，永與煙霧並。」〔註24〕
慧遠大師《遊石門詩序》中描述了廬山道人們「眾情奔悅，矚覽無厭」〔註25〕，
興致勃勃地感受廬山石門的奇山異水。《水經注》卷三十四《江水》引東晉袁
山松《宜都記》云：「其疊崿秀峰，奇構異形，固難以辭敘；林木蕭森，離離
蔚蔚，乃在霞氣之表，仰矚俯映，彌習彌佳。流連信宿，不覺忘返，目所履
歷，未嘗有也，既自欣得此奇觀，山水有靈，亦當驚知己於千古矣。」〔註26〕
袁山松以「知己」來形容自己對西陵峽山水的感受，一方面說明人們對於自
然山水的審美包含了真摯的情感，另一方面也說明三峽風光確實具有一種動
人心魄的美。最著名的是會稽地區，這裡風光旖旎，沃野千里，逐漸成為六
朝文人們的匯聚地，在中國文化史上產生了重要影響。《世說新語‧言語》引
《會稽郡記》曰：「會稽境特多名山水，峰崿隆峻，吐納雲霧。松括楓柏，擢
幹竦條。潭壑鏡徹，清流瀉注。」〔註27〕又記載：「顧長康從會稽還，人問山
川之美，顧云：『千巖競秀，萬壑爭流，草木朦朧其上，若雲興霞蔚。』」〔註
28〕顧愷之是六朝最負盛名的畫家，他對會稽山水的感受和品評潛在地影響到
他的繪畫創作和理論。孔靈符《會稽記》記述：「懸溜千仞，謂之瀑布。飛流
灑散，冬夏不竭。」〔註29〕所有這些記述，既是對江南山水的真實描繪，同
時也表達了一種對自然山水的真摯而熱烈的審美情懷。

　　由於外部自然環境優越，六朝很多士族大家紛紛在山澤林川之中修建別
墅，既具自然山水之勝，又兼人工之美。這些莊園主絕大多數是依靠研習經
典起家的門閥士族，很多是當時乃至後世的文化名人，因此也有很高的文化
和藝術修養。他們修建的莊園不僅是用來從事生產經營，還兼具遊玩審美的

〔註24〕〔南朝宋〕鮑照撰：《登廬山詩二首》，引自逯欽立輯校：《先秦漢魏晉南北朝
　　　　詩》（中），北京：中華書局，1988 年版，第 1282 頁。
〔註25〕〔晉〕廬山諸道人撰：《遊石門詩並序》，引自逯欽立輯校：《先秦漢魏晉南北
　　　　朝詩》（中），北京：中華書局，1988 年版，第 1086 頁。
〔註26〕〔北魏〕酈道元撰；陳橋驛譯注：《水經注》，北京：中華書局，2009 年版，
　　　　第 283 頁。
〔註27〕〔南朝宋〕劉義慶著；余嘉錫箋疏：《世說新語箋疏》（上冊），北京：中華書
　　　　局，2007 年版，第 172 頁。
〔註28〕〔南朝宋〕劉義慶著；余嘉錫箋疏：《世說新語箋疏》（上冊），北京：中華書
　　　　局，2007 年版，第 170 頁。
〔註29〕〔梁〕蕭統編；〔唐〕李善注：《文選》（二），上海：上海古籍出版社，1986
　　　　年版，第 496 頁。

功能，是集農業生產、居住、遊賞為一體的生活場所。如東晉宰相謝安「於土山營墅，樓館林竹甚盛，每攜中外子侄往來遊集。」〔註30〕謝玄的莊園也是「傍山帶江，盡幽居之美」〔註31〕。謝玄的孫子、著名山水詩人謝靈運專門寫了一篇《山居賦》：「九泉別潤，五穀異穧。群峰參差出其間，連岫複陸成其阪。眾流溉灌以環近，諸堤擁抑以接遠」〔註32〕，他描寫始寧別墅，稱其：「山行窮登首，水涉盡洄沿；岩峭嶺稠疊，洲縈渚連綿；白雲抱幽石，綠筱媚清漣。」〔註33〕直至梁末，謝家的莊園依然是遊集勝地：「舉宅內山齋舍以為寺，泉石之美，殆若自然。臨川、始興諸王常所遊踐。」〔註34〕除此之外，王羲之、孫綽等六朝名士也都擁有可居可遊的莊園，時謂王敬弘的山宅「林澗環周，備登臨之美，時人謂之王東山。」〔註35〕

由此可見，和北方相比，江南地區具有得天獨厚的自然條件，加上六朝門閥世族們有政治經濟方面的特權，因而得以坐擁山水，並使暢遊山水成為六朝士人的一種風尚。當時的文化名人，如王羲之、王徽、孫綽、謝安等人常常結伴遊山玩水，《世說新語‧言語》載王子敬言：「從山陰道上行，山川自相映發，使人應接不暇。若秋冬之際，尤難為懷。」〔註36〕這種對自然山水之美的歡賞眷戀又使六朝人士獲得了一種精神的寄託和感情的慰藉，甚至通過自然山水來體「道」、悟「道」。所有這一切說明在六朝名士的生活中，對自然山水之美的遊覽欣賞取得了重要地位。這種山水之美既可以通過詩文來描繪，當然更可以通過直接訴之視覺的繪畫來描繪，取得詩文所不能代替的效果。一幅山水畫雖不等於文人雅士們遊過的真山真水，但其美又不下於真山真水。因此，一幅山水畫懸之居室，雖足不出戶，仍能臥以遊之。這就是對自然山水的描繪在六朝開始走向獨立發展，不再僅僅被當作是人物畫的陪襯背景來看待的重要原因。

〔註30〕 〔唐〕房玄齡等撰：《晉書》（七），北京：中華書局，1974 年版，第 2075 頁。
〔註31〕 〔梁〕沈約撰：《宋書》（六），北京：中華書局，2008 年版，第 1754 頁。
〔註32〕 〔南朝宋〕謝靈運撰：《山居賦》，引自〔清〕嚴可均輯；馬志偉審訂：《全宋文》，北京：商務印書館，1999 年版，第 304～305 頁。
〔註33〕 〔南朝宋〕謝靈運撰：《過始寧墅詩》，引自逯欽立輯校：《先秦漢魏晉南北朝詩》（中），北京：中華書局，1988 年版，第 1160 頁。
〔註34〕 〔唐〕李延壽撰：《南史》，北京：中華書局，2008 年版，第 564 頁。
〔註35〕 〔梁〕沈約撰：《宋書》（六），北京：中華書局，2008 年版，第 1732 頁。
〔註36〕 〔南朝宋〕劉義慶著；余嘉錫箋疏：《世說新語箋疏》（上冊），北京：中華書局，2007 年版，第 172 頁。

第二節　六朝以前山水審美意識的產生過程

　　六朝山水畫及畫論的產生需要有兩個歷史前提：首先，人對山水畫已產生了審美意識；其次，這種審美意識已和人對自然山水之外的其他對象的審美意識區分開來，獲得了相對的獨立性。在考察這一歷史過程時，需要充分注意中國先秦時代思想家對人與自然的關係，即人與天地的關係的論述。因為山水不能脫離天地而存在，它所具有的美也不能脫離天地與人的關係而存在。先秦儒道兩家都極為明確地肯定人生於天地之間，不能脫離天地而存在。不僅如此，人的生存（包含人的精神）還能與自然及其運動變化的規律相通、一致，而非相互對立。由此產生了中國所特有的天人相通、一致、合一的思想。這一思想對中國古代歷史文化的發展產生了極其深遠的影響，有別於古希臘對人與自然的關係的看法。後者雖然也不否認人的生存不能脫離自然，但人與自然被嚴格區分開來，自然只是需要通過科學去加以認識的外在對象，不存在中國古代一再強調的那種與人的生存息息相通的關係。這使西方的風景畫不同於中國的山水畫，後文再談。下面，先來考察一下基於天人相通的、中國山水審美意識產生形成的歷史過程，這一過程大致經歷了三個階段：山水通神、山水比德，以及山水悟道。

一、山水通神

　　馬克思在《政治經濟學批判》的導言中曾經講過，希臘的神話是希臘藝術的土壤和素材。這一觀點在中國也是適用的，儘管中國古代神話與古希臘神話有重大差異。中國古代有關山川勝境的神話是人們山水審美意識產生的最初源頭。中國自古是一個農業大國，自然環境對人的生存和發展有著舉足輕重的影響，但由於古代社會生產力和認識水平還很低，人們對自然界的許多現象和嚴重危及人的生存的種種自然災害的發生還無法解釋並感到恐懼，於是就將各種自然現象、自然力加以神化，產生了遠古的神秘的自然崇拜。但隨著中國古代社會生產力的提高，當人能基本上認識和控制自然力之後，原先主宰著自然和人類生活的各種神就轉化為能通過祭祀使之不再危害人，甚至有助於人的神。中國古代最重要的神話著作《山海經》所講到的各種各樣司山川風雨的神，就是這種人能通過祭祀與之溝通的神，人們能從神那裡得到庇祐，以期風調雨順，更好地繁衍生息。古代祭祀神的典禮起於黃帝時代。根據《周禮·春官》記載，古代的祭祀分大祀、中祀、小祀三大類。其

中大祀指祭祀天、地、宗廟；中祀祭祀日、月、星、辰、社稷、五嶽、五祀；小祀祭祀司命、司中、風師、雨師、山川，及四方百物，其中中祀和小祀包含了各種和山水相關的神。

先來看一下與山相關的神。《禮記・祭法》曰：「山林川谷丘陵能出雲，為風雨，見怪物，皆曰神。」〔註37〕《抱朴子》中講道：「山無大小，皆有神靈，山大則神大，山小即神小也。」〔註38〕遠古時期，人們的主要食物來源於狩獵，每次狩獵都是一次極為艱苦的和自然搏鬥的過程，並且不一定就能有所收穫。因此，古代先民以為要想獲得充足的食物，就要祭拜山神以求庇祐。即便是進入了農耕社會，人們依然認為，和農業生產密切相關的風雨雷電也是由山神控制的。如《山海經・中次八經》云：「又東百三十里曰光山，其上多碧，其下多木。神計蒙處之，其狀人身而龍首，恒遊於漳淵，出入必有飄風暴雨。」〔註39〕計蒙就是傳說中的司雨之神，又名雨師。因此拜祭山神成為農耕社會重大的社會活動之一。傳說舜曾巡祭泰山、衡山、華山和恒山，《詩經》中《大雅》和《頌》詩中有許多關於天子祭祀山神的場面的描寫，如《周頌・天作》曰：「天作高山，大王荒之，彼作矣，文王康之。彼徂矣，岐有夷之行，子孫保之。」〔註40〕詩中反映了周王朝統治者虔誠祭拜岐山之神祈求山神保祐子孫後代繼承基業，得享太平。《小雅・信南山》也有：「信彼南山，維禹甸之。畇畇原隰，曾孫田之。」〔註41〕類似的描述大量存在於《詩經》的《大雅》及《頌》詩中，可見古人與山水的關係非常密切。在後來幾千年的中國封建王朝中，「天子祭天下名山大川」的活動被列為帝王的「八政」之一，這與先民最初的「山水通神」的思想傳統是分不開的。

再看一下水神。《管子・水地》曰：「水者，萬物之準也，諸生之淡也，違非得失之質也，是以無不滿，無不居也。集於天地，而藏於萬物，產於金石，集於諸生，故曰水神。」〔註42〕尹知章注：「莫不有水焉，不知其所，故

〔註37〕〔漢〕鄭玄注；〔唐〕孔穎達疏：《禮記正義》，引自《十三經注疏》（下），上海：上海古籍出版社，2007年版，第1588頁。

〔註38〕王明著：《抱朴子內篇校釋》，北京：中華書局，1996年版，第299頁。

〔註39〕袁珂校注：《山海經校注》，上海：上海古籍出版社，1980年版，第153頁。

〔註40〕〔漢〕毛亨撰；〔漢〕鄭玄箋；〔唐〕孔穎達疏：《毛詩正義》，引自《十三經注疏》（上），上海：上海古籍出版社，2007年版，第585～586頁。

〔註41〕〔漢〕毛亨撰；〔漢〕鄭玄箋；〔唐〕孔穎達疏：《毛詩正義》，引自《十三經注疏》（上），上海：上海古籍出版社，2007年版，第470頁。

〔註42〕黎翔鳳撰；梁運華整理《管子校注》（中），北京：中華書局，2004年版，第814～815頁。

謂之神也。」〔註43〕古人認為水集於天地、藏於萬物，無處不在，並且為萬物的準則，因而謂之神。水神是我國古代神話體系中流傳最廣的神祇。大到江河海湖，小至水井水潭，都有司職不同的水神。如《太平御覽・神鬼部》二引《太公金匱》曰：「南海之神曰祝融，東海之神曰勾芒，北海之神曰玄冥，西海之神蓐收。」〔註44〕又如《廣雅・釋天》：「江神謂之奇相。」〔註45〕因此，古人經常在水域投放祭品供奉水神以求風調雨順，戰國時期甚至有「河伯娶妻」的事情發生。

　　除祭神以求庇護之外，當無法仰靠神力時，古代神話也在想像中表現了人征服和支配自然的不屈服的力量。如《淮南子》中女媧補天、共工怒而觸不周山的故事，《山海經》中精衛填海的故事和其他關於奇山異水的想像等。

　　人只能生活於與山水相連的自然環境中，並希望能找到一個與內心的理想契合的棲居之地。因此，這樣的棲居之地也就往往被認為是與佛教或道教的人生社會理想相契合的，從而也是最美的。佛教的寺院或道教的道觀所在之處的自然景觀就是經過精心挑選的、最美的。因此，即使是皇家園林，也往往傚仿神話故事中的「蓬萊、方丈、瀛洲東海」三仙島來營造山水景觀，表達對自然山水和神仙生活的親近嚮往，從而也使自然山水進入了審美的領域。

　　這一類神話傳說體現了先民力求通過自己的努力使自然與人的生存達到和諧統一的偉大精神，因此能引起我們強烈的審美感受，也是後世儒家所言人能「參天地之化育」的來源。但即使是在帝王祭祀山川以求福祉的典禮中，那與神不能分離的山川也並非就是對人的生存的絕對否定，不然就用不著去祭祀了。因此，這種祭祀是建立在深信神與人能相和這一前提之上的。祭祀中表演樂舞就是為了達到「神人以和」。此外，帝王祭山川還包含有這樣的意思，那就是讚頌帝王治理的天下四方山川是雄奇壯麗的。這當然也能通向對山水的審美觀照。

　　大致上從西周開始，隨著神的地位下降，人的地位上升，天地山川逐漸

〔註43〕黎翔鳳撰；梁運華整理《管子校注》（中），北京：中華書局，2004 年版，第814～815 頁。

〔註44〕〔北宋〕李昉等編撰；孫雍長、熊毓蘭校點：《太平御覽》（第八卷），石家莊：河北教育出版社，2000 年版，第 80 頁。

〔註45〕〔清〕王念孫著；鍾宇訊整理：《廣雅疏證》，北京：中華書局，1983 年版，第 284 頁。

失去了與神相通的神秘性，各種祭神的活動雖然也是為了祈神降福，但更重要的目的是要顯示孔子大力倡導的「禮」。這樣，山水就從一種通於神的對象變為儒家用以「比德」的對象。

二、山水比德

山水之所以能夠用來比德，是因為在儒家看來，以踐行仁義之道、治國平天下為己任的君子，當他的道德修養達到高度完滿時，就能像長育萬物的天地那樣惠及萬民。這也就是《周易》所言「夫大人者，與天地合其德」〔註46〕，孟子所說「上下與天地同流」〔註47〕。因此，與天地萬物不能分離的山水就能用來比喻人的德行，這首先表現在孔子提出的「知者樂水，仁者樂山。知者動，仁者靜。知者樂，仁者壽」〔註48〕的思想中。對於「仁者樂山」、「知者樂水」這兩個著名論斷，先秦儒家學派的韓嬰作了進一步闡述，《韓詩外傳》云：

> 「夫水者緣理而行，不遺小間，似有智者。動而之下，似有禮者。蹈深不疑，似有勇者。障防而清，似知命者。歷險致遠，卒成不毀，似有德者。天地以成，群物以生，國家以平，品物以正。此智者所以樂於水也。」〔註49〕

> 「夫山者萬民之所瞻仰也。草木生焉，萬物殖焉，飛鳥集焉，走獸休焉，四方益取與焉。出雲道風嵸乎天地之間，天地以成，國家以寧。此仁者所以樂於山也。」〔註50〕

在此基礎上，西漢的大儒董仲舒和劉向也都作了一定的解釋和發揮，劉向的解釋尤為深刻，《說苑》云：

> 「夫智者何以樂水也？」曰：「泉源潰潰，不釋晝夜，其似力者；循理而行，不遺小間，其似持平者；動而下之，其似有禮者；赴千仞之壑而不疑，其似勇者；障防而清，其似知命者；不清以入，

〔註46〕周振甫譯注：《周易譯注》，北京：中華書局，2008 年版，第 9 頁。

〔註47〕楊伯峻譯注：《孟子譯注》（下），北京：中華書局，2003 年版，第 305 頁。

〔註48〕楊伯峻譯注：《論語譯注》，北京：中華書局，2008 年版，第 62 頁。

〔註49〕〔漢〕韓嬰撰；許維遹校釋：《韓詩外傳集釋》，北京：中華書局，1980 年版，第 110 頁。

〔註50〕〔漢〕韓嬰撰；許維遹校釋：《韓詩外傳集釋》，北京：中華書局，1980 年版，第 111 頁。

鮮潔而出，其似善化者；眾人取平，品類以正；萬物得之則生，失
之則死，其似有德者；淑淑淵淵，深不可測，其似聖者。通潤天地
之間，國家以成，是智者之所以樂水也。《詩》云：『思樂泮水，薄
采其茆，魯侯戾止，在泮飲酒。』樂水之謂也。」〔註51〕

　　「夫仁者何以樂山也？曰：『夫山龍嵸嵬巍⋯⋯，萬民之所觀仰。
草木生焉，眾物立焉，飛禽萃焉，走獸休焉，寶藏殖焉，奇夫息焉，
育群物而不倦焉，四方並取而不限焉。出雲風，通氣於天地之間，
國家以成，是仁者所以樂山也。《詩》曰：『太山岩岩，魯侯是瞻。』
樂山之謂矣。」〔註52〕

　　從以上分析可以看出，孔子談論山水，並沒有具體描述山水的自然形質
之美，或者山水帶給人的精神上的愉悅，在孔子眼中，山水是人的某種精神
品德的化身。「山」具有育群物、成國家的特徵，這是一種無私的大愛和奉獻
精神，因而為仁者所瞻仰。而「水」也是遍予無私、通潤天地，並且具有「德、
仁、義、智、勇、察、包、正、善、度、意」等美好品德，所以君子見大水
必觀之。

　　清代學者劉寶楠則從另一個角度分析「仁智之樂」：「知者樂運其才知以
治世，如水流而不知己⋯⋯」、「仁者樂如山之安固，自然不動，而萬物生
焉⋯⋯」、「日進故動。無欲故靜」、「知者自役得其志，故樂」、「性靜者多壽
考。」〔註53〕也就是說，智者熱衷於運用自己的聰明才智治理國家，並始終
保持積極進取的狀態，好比動態的水一樣長流不息，不知疲倦，所以智者能
在事業上取得成功。而仁者少私寡欲且化育萬物，如大山般安穩自若，因而
得以長壽。以上三家的論述都可以得出同一結論，即孔子認為山水之所以能
引起君子的喜好之情，並不是由於山水本身的形態之美，而是因為其具有某
種和人的道德品質相類似的精神特徵。《論語》中還有很多類似的觀點，如「歲
寒，然後之松柏之後凋也。」〔註54〕以松柏傲寒、長青不凋的品格來比喻君

〔註51〕〔漢〕劉向撰；向宗魯校證：《說苑校證》，北京：中華書局，2000 年版，第
　　　　435 頁。
〔註52〕〔漢〕劉向撰；向宗魯校證：《說苑校證》，北京：中華書局，2000 年版，第
　　　　435～436 頁。
〔註53〕〔清〕劉寶楠撰；高流水點校：《論語正義》，北京：中華書局，1990 年版，
　　　　第 237 頁。
〔註54〕楊伯峻譯注：《論語譯注》，北京：中華書局，2008 年版，第 95 頁。

子超蹈高邁的氣節。又如「大哉堯之為君也！巍巍乎！唯天為大，唯堯則之。蕩蕩乎，民無能名焉。」〔註55〕以山的巍峨高大和水的壯闊變動來讚美堯的偉大功績和不朽人格。還有「子在川上曰：逝者如斯夫！不捨晝夜。」〔註56〕朱熹解釋道：「天地之化，往者過，來著繼，無一息之停，乃道體之本然也。然其可指而易見者，莫如川流。故於此發以示人，欲學者時時省察，而無毫髮之間斷也。」〔註57〕但孔子沒有刻意地為水流尋找一種道德對應，而是在理性的思考之外流露出一種時不我待的深沉的情感體驗。

孟子、荀子等人也有關於山水的言論。《孟子·盡心上》云：「流水之為物也，不盈科不行；君子之志於道也，不成章不達。」〔註58〕以流水運行不止的規律來比喻君子志於道應該採取的方式，以自然規律來比喻做人做事的道理。《孟子·離婁下》中記載：「徐子曰：『仲尼亟稱於水，曰『水哉，水哉！』何取於水也？』孟子曰：『源泉混混，不捨晝夜，盈科而後進，放乎四海。有本者如是，是之取爾。苟為無本，七八月之間雨集，溝澮皆盈；其涸也，可立而待也。故聲聞過情，君子恥之。」〔註59〕孟子認為有源之泉水奔流不息，注滿窪坑後依然繼續前進，最後流入大海。而無源之水則像七八月間的雨水，雖然下得很集中，大小溝渠都積滿了水，但很快就乾涸了。所以，名過其實為君子所不齒。從以上兩段關於水的言論中可以瞭解到，孟子和孔子在基本立場上是一致的，即以水來比喻君子品格，不同的是，孟子通過分析水的自然特性進而聯想到人的修養。對於「山」的特性，孟子講到：「牛山之木嘗美矣，以其郊於大國也，斧斤伐之，可以為美乎？是其日夜之所息，雨露之所潤，非無萌蘖之生焉，牛羊又從而牧之，是以若彼濯濯也。人見其濯濯也，以為未嘗有材焉，此豈山之性也哉？」〔註60〕這句話的意思是說，牛山原本草木繁盛，但由於其與大國鄰近，因而遭到砍伐，失去了美感。經過日夜休息和雨露滋養，山上的樹木又漸漸生長起來，但是卻又被牛羊吃掉，看起來像從未生長過草木的禿山，這不是山的特性。孟子的這句話注意到了作為自然的山的形式之美，但是從全文來看，其目的是在借山的特性來比喻君子的

〔註55〕楊伯峻譯注：《論語譯注》，北京：中華書局，2008年版，第83頁。
〔註56〕楊伯峻譯注：《論語譯注》，北京：中華書局，2008年版，第92頁。
〔註57〕〔宋〕朱熹撰：《四書章句集注》，北京，中華書局，1983年版，第113頁。
〔註58〕楊伯峻譯注：《孟子譯注》（下），北京：中華書局，2003年版，第312頁。
〔註59〕楊伯峻譯注：《孟子譯注》（上），北京：中華書局，2003年版，第190頁。
〔註60〕楊伯峻譯注：《孟子譯注》（上），北京：中華書局，2003年版，第263頁。

仁義之心要勤栽培，不能隨便丟棄，因而帶有強烈的政治倫理色彩。

荀子借孔子觀水的言論表達了自己的山水觀，《荀子・宥坐》云：「孔子觀於東流之水。子貢問於孔子曰：『君子之所以見大水必觀焉者是何？』孔子曰：『夫水，大徧與諸生而無為也，似德。其流也埤下，裾拘必循其理，似義。其洸洸乎不淈盡，似道。若有決行之，其應佚若聲響，其赴百仞之谷不懼，似勇。主量必平，似法。盈不求概，似正。淖約微達，似察。以出以入，以就鮮絜，似善化。其萬折也必東，似志。是故君子見大水必觀焉。」〔註61〕漢代大儒董仲舒也發揮孔子「山水比德」的觀點，將山水視為道德美的象徵。在《春秋繁露・山川頌》中，他明確指出，山具有巍峨高峻、仁慈寬厚的特徵，能滋生萬物、多功而不言；而水則「知命」、「善化」，這些都附合仁人志士的精神特徵，因而為君子所取譬。以上思想家的看法和孔子是一脈相承的，本質上是都是以道德為依託來談論自然山水，試圖在山水中找到某些與社會規律相似的特徵，進而說明人事和政治。

誠然，以孔子為代表的先秦儒家並沒有以審美的眼光發掘出山水之美，或者說，這並不是他們關注和發揮的重點。但還要看到，孔子所說的「樂山」、「樂水」的「樂」是作為動詞來用的，意為愛好、喜歡，而且即使不以山水來比擬人的道德品性，山水本身也是有美的。此外，山水能使萬物生長、繁茂也是不可否認的事實。因此，山水比德就不是一種全無根據的牽強附會，而且在比德的同時還伴隨著一種與審美相通的愉快。美不是善，但又不能脫離善。山水比德將德予以形象化，使德不只是善，而且進入了美與藝術之中。前面已經講過，《詩經》常以山的巍然屹立之美來歌頌王者治國所取得的豐功偉績，此外也還有不少通過對水的描寫來加以讚頌的。如《大雅・江漢》：「江漢浮浮，武夫滔滔。」〔註62〕就是對王者之師的強大的讚頌。「山水比德」以一種質樸的方式揭示了人類的德行及審美不能脫離他生存於其中的自然。脫離了自然人類就不能生存，當然也不可能有什麼善與美。這也是儒家一再申說人與天地是相通、一致的，而且必須相通、一致這個具有重大意義的思想的表現。「山水比德」伴隨著對自然山水細緻入微的觀察體驗，逐步掌握了山水的外部特徵和自然規律，及其與人的善與美的實現的關係，注意到了人的

〔註61〕〔清〕王先謙撰；沈嘯寰、王星賢點校：《荀子集解》（下），北京：中華書局，1988年版，第523頁。

〔註62〕周振甫譯注：《詩經譯注》，北京：中華書局，2002年版，第482頁。

善與美的感情的產生與自然的密切聯繫。至此，山水審美開始從過去神化的關係中脫離出來，走向現實的社會人生，為山水審美意識的進一步發展奠定了基礎。

三、山水悟道

「道」是一個比較複雜的概念，上文所講的儒家的「社會、道德」亦是一種「道」。但這裡所講的「道」是哲學本體論意義上的「道」，是先秦道家思想的核心概念，「山水悟道」就是從這一層面上來講的。

「道」是老子哲學思想的核心，它是宇宙的本體，萬物的始基，老子說：「道生一，一生二，二生三，三生萬物。」〔註63〕但這個能化生萬物的「道」並不是一個具體可感的存在，它無名無形，永恆不變但又不可言說，如《老子·第一章》所言：「道可道，非常道；名可名，非常名，」〔註64〕但是，這種不可名狀的「道」在化生萬物的同時是具有其自身的運行規律的，這一規律就是「自然」，如《老子·第二十五章》云：「人法地，地法天，天法道，道法自然。」〔註65〕當然，作為「道」的運行法則的「自然」並不是一個簡單的概念，根據胡適先生的分析，所謂的「自然」，就是：「自是自己，然是如此，『自然』只是自己如此。」〔註66〕陳鼓應先生引車載先生的看法，進一步指出：「『自然』一辭，在各方面加以應用，從來沒有把它看著是客觀存在的自然界，而是運用自然一語，說明莫知其然而然的不加入人為任其自為的狀態，僅為《道德經》全書中心思想『無為』一語的寫狀而已。」〔註67〕筆者認同以上二位先生的分析，認為「自然」並不是指物質狀態下的實體的「自然界」，而是指一種自然無為的狀態。但這決不是說老子否認作為物質實體的自然界的存在，只是在老子那裡，不是用「自然」，而是用「天地」這一概念來指稱實體的自然界，孔子也是如此。所謂「無為」不能理解為「無所作為」，而是指順應事物本性和規律，去行動才能取得成功；反之就會失敗。因此「無為」結果正是「無不為」。「道」師法的就是這一意義上的「自然」，因而「道」也具有「無為而無不為」的特徵。老子在世界哲學史上第一個認識到了人的

〔註63〕陳鼓應著：《老子注譯及評介》，北京：中華書局，2007 年版，第 232 頁。
〔註64〕陳鼓應著：《老子注譯及評介》，北京：中華書局，2007 年版，第 53 頁。
〔註65〕陳鼓應著：《老子注譯及評介》，北京：中華書局，2007 年版，第 163 頁。
〔註66〕胡適著：《中國哲學史大綱》，北京：北京東方出版社，1996 年版，第 46 頁。
〔註67〕陳鼓應著：《老子注譯及評價》，北京：中華書局，2007 年版，第 132 頁。

活動的合目的性與合規律性不能分離。因此，他的思想雖然與孔子的思想有別，但在肯定人能與自然相通、一致、合一這一點上是共通的。

值得注意的是，「道」所效法的這種具有「無為、自為」特徵的「自然」又不是神秘不可知的現象，相反，它就蘊藏於可見可感的現象界中。如《老子‧二十一章》所述：「道之為物，惟恍惟惚。惚兮恍兮，其中有象；恍兮惚兮，其中有物。窈兮冥兮，其中有精；其精甚真，其中有信。」〔註68〕不僅如此，最能體現這種自然而然的特性的就是與天地的存在不能分離的自然山水，因為自然山水作為人的生存環境，在人類產生以前就已經存在，在人類產生之後，它的存在與變化也具有不以人的意志為轉移的規律，不是人為所能改變的。因此自然山水最契合「自然」的內核。它既是自然而然狀態下的產物，又顯示出了自然而然的規律。由於老子高度重視合規律與合目的的統一無間，因此他對自然界中各種既合規律，又合於人的生存目的的自然變化發出了衷心的讚歎，視為人應當師法依效的楷模。如《老子‧第八章》言：「上善若水。水善利萬物而不爭，處眾人之所惡，故幾於道。」〔註69〕又《老子‧第六十六章》云：「江海所以能為百谷王者，以其善下之，故能為百谷王。」〔註70〕水乃至柔之物，能滋養萬物而不爭高下，並且水處於人們都不願處的低處，正因為水具有這種至柔、不爭、處下、順其自然的特性，它反而能使「萬物皆得而生」，水的這種善良、謙卑、無為而無不為的特徵就是接近於「道」的。因此，自然山水是無為之「道」的最佳代言。如老子所言：「譬道之在天下，猶川谷之於江海。」〔註71〕在這個層面上，老子將山水與「道」聯繫在一起，人們欣賞山水，實質上是通過山水的特性來領悟道的自然無為和無處不在。

莊子繼承和發揮了老子的思想，「自然」也是莊子思想中的一個核心範疇。不過，由於時代條件的變化，莊子又不同於老子。老子是中國原始氏族過去後出現的文明社會的猛烈的批判者，其中也包含對儒家所提倡的「禮」的批判。但老子又仍然具有能與儒家相通的「愛民治國」的理想，他只是要以自然無為之道去真正地實現這種理想，所以他說：「愛民治國，能無為乎？」〔註72〕社會政治問題的解決在老子理想中仍佔有中心位置。但到了莊子所處的戰

〔註68〕陳鼓應著：《老子注譯及評介》，北京：中華書局，2007年版，第148頁。

〔註69〕陳鼓應著：《老子注譯及評介》，北京：中華書局，2007年版，第89頁。

〔註70〕陳鼓應著：《老子注譯及評介》，北京：中華書局，2007年版，第316頁。

〔註71〕陳鼓應著：《老子注譯及評介》，北京：中華書局，2007年版，第194頁。

〔註72〕陳鼓應著：《老子注譯及評介》，北京：中華書局，2007年版，第94頁。

國前期時代，各國互相爭霸，殺人如麻，老子的「愛國治民」理想在殘酷的現實面前已成為一種虛無縹緲的東西了。這使得莊子雖然繼續像老子那樣對儒家所講的仁義道德進行批判，而且比老子的批判更猛烈、犀利、具體，但莊子思想的主題又已發生了改變，轉向了如何依靠自然無為之道，使個體從苦難的時代中獲得解脫，以達到保身、全身的目的。因此，《逍遙遊》成為《莊子》全書的開篇，其精神又貫穿於全書。雖然《莊子》一書除內篇以外，外篇、雜篇非莊子之作，而是其弟子之作，各篇的觀點也有不盡一致之處，但總的精神是一致的。正是由於莊子的思想轉向了人生如何求得解脫這一主題，使莊子在中國美學史上第一次發展出了一種對待整個自然和社會的超功利的審美觀，並且這種審美觀超越了人世因為利益爭奪而引起的種種痛苦，獲得一種心靈的自由與慰藉。自然界的山水及其他現象不再是像儒家所說的那樣，因為成了人的倫理道德品質的比象而成為可以引起審美愉快的對象。自然山水因為能給人們帶來一種超功利的愉快而成為美的。這種美既是自然無為之道，即老子所說的合規律與合目的統一無間在自然和社會中的表現，同時也是主體能依據自然無為之道，以一種超功利的態度去直觀自然和社會的結果。這樣的例子在《莊子》中非常多，這裡只談談其中的一個。《莊子·知北遊》云：「山林與！皋壤與！使我欣欣然而樂與。」〔註73〕這種樂顯然不是因為山水皋壤可以像儒家那樣用來比德所引起的，也不是因為它給那一直為樂的「我」帶來了什麼物質財富所引起的，而是文中所說的「我」因為脫離了那因利益爭奪而引發的種種苦難紛擾的社會現實，在山林皋壤的親近中獲得了一種心靈的自由與安樂。這種「樂」是《莊子》一書反覆講過的一種超功利的審美愉悅。但《知北遊》的作者在說了上面一段話之後，緊接著又說：「樂未畢也，哀又繼之。哀樂之來，吾不能御，其去弗能止。悲夫，世人直為物逆旅耳！夫知遇而不知所不遇，能能而不能所不能。無知無能者，固人之所不免也。夫務免乎人之所不免者，豈不亦悲哉！」〔註74〕但這決不是說山林皋壤所引起的「樂」就不再是一種審美感受，而是說在人的生活中，包含審美之樂在內的「樂」與「哀」是不斷變化的，樂還未完，哀就來了，哀樂之來非人自己

〔註73〕陳鼓應注譯：《莊子今注今譯》（中），北京：中華書局，2001 年版，第 588 頁。

〔註74〕陳鼓應注譯：《莊子今注今譯》（中），北京：中華書局，2001 年版，第 588～589 頁。

所能主宰，這是人生的悲哀之處。怎麼辦？《知北遊》的作者借孔子之口提出了道家對此問題的解決辦法，這就是「外化而內不化」。上面所引的一段話只是「外化而內不化」的例子。所謂「外化而內不化」，就是說不論生活中的哀樂如何變化，內心卻謹守道家的自然無為之道，不因樂來而喜，不因哀至而悲，這樣就能永遠保持內心的安樂，也就是《養生主》中所說的：「安時而處順，哀樂不能入也。」〔註75〕《至樂》中所說「至樂無樂」的意思。這種樂只有徹底超越對人世一切功利得失的考慮才能達到，因此本質上是一種超功利的審美之樂。《知北遊》是一篇假借各種人物來討論道家的自然無為之道，思辨性很強的哲學寓言，並明確涉及了包含自然山水之美在內的問題。文中說：「天地有大美而不言，四時有明法而不議，萬物有成理而不說。聖人者，原天地之美而達萬物之理，是故至人無為，大聖不作，觀於天地之謂也。」〔註76〕這段話說得很精練準確，可以看作《莊子》全書中對莊子哲學美學的最佳概括。

第三節　六朝山水審美意識的覺醒

以上考察了山水審美意識在先秦儒道兩家思想中的發生，下文將進一步考察六朝山水審美意識。由於這種意識的產生是與魏晉玄學的產生分不開的，而魏晉玄學又是「以道釋儒」並以「道」為主的一種哲學思潮，因此不能脫離在此之前的儒道兩家思想。玄學家把《老子》、《莊子》、《周易》三部書稱為「三玄」，後一書的根本思想屬於儒家，但也滲入了道家的思想。儘管如此，又不能說六朝山水審美意識是儒道兩家思想的重複，它是在此基礎上的充分展開與發展。

一、六朝山水觀：玄對山水

在漢末至隋統一中原之前的四百餘年裏，偏安江南的六朝政權相對是比較穩定的。但六朝的政治也並不清明，畢竟延續四百餘年的統一大帝國分崩瓦解了，集權制大大削弱，取而代之的是各個勢力之間的相互牽制和鬥爭，內外民族矛盾、階級矛盾此起彼伏，因此傳統儒家所推崇的「修身、齊家、

〔註75〕陳鼓應注譯：《莊子今注今譯》（上），北京：中華書局，2001 年版，第 103 頁。

〔註76〕陳鼓應注譯：《莊子今注今譯》（中），北京：中華書局，2001 年版，第 563 頁。

治國、平天下」的政治抱負很難找到實現的平臺。從文化環境來講，東漢末年以來，政治險惡，宦官專權，先後製造了兩次大規模的「黨錮之禍」，大批高舉儒學理想的經學之士遭遇株連迫害。直至六朝，各個統治集團的內部鬥爭依然十分激烈，在殺奪無常、功業難建的亂世中，舊有的價值體系和道德信仰開始動搖，傳統的「內聖外王之道」成為一種難以企及的理想，人們的憂患意識空前強烈，士人們不再津津樂道於儒家積極進取的政治理想，轉而思考人生的價值和個體存在的意義。如《古詩十九首》當中反覆詠歎「人生忽如寄，壽無金石固」〔註77〕「人生寄一世，奄忽若飄塵」〔註78〕「出郭門直視，但見丘與墳」〔註79〕等，足見當時人們對世事無常的深切體驗，以及面對短促人生時的無奈。在此基礎上，新的哲學思潮，即玄學和具有審美意味的人物品藻應運而生。玄學思想和人物品藻盛行，使當時士人與山水之間達到一種親密無間、并充滿對人生的情感體驗的關係。

玄學思想與魏晉人物品藻的產生不能分離，沒有前者就不會有後者。但玄學對文藝的影響又是具體表現在人物品藻上的，所以這裡先來考察一下人物品藻。人物品藻又稱人倫識鑒，亦即對人物的德行、才能、風采等諸方面的評價和議論。人倫識鑒古已有之，古代的相法就開始將人的「骨相」與「道德清濁」聯繫起來。此外，先秦儒家重視人的禮儀容止和內在修為，因此《論語》中有許多「知人論世」的理論，如孔子在觀察人物的時候主張「聽其言而觀其行」〔註80〕，並提出「四類」、「三等」、「中庸」的評價標準，「四類」即德行，言語，政事、文學（《論語·先進》），「三等」即和生知、學知、困知（《論語·季氏》），而「中庸」則是孔子眼中最高的道德修養標準，是聖人才能具備的理想境界。孟子將人格修養分為善、信、美、大、聖、神六個等級，對人物進行品評。但這些都是儒家追求道德完善和理想人格的表現，距離社會政治生活較遠，因而在當時並不是社會生活關注的焦點。

漢代統治者為選拔人才，建立起地方「察舉」和「徵辟」制度，即由地方長官考察評議人才推薦給中央，或者是由中央自上而下地發掘人才。無論「察舉」還是「徵辟」，都需要對人物的德行才能進行考察評議，這樣一來，

〔註77〕隋樹森編著：《古詩十九首集釋》，北京：中華書局，1957年版，第20頁。
〔註78〕隋樹森編著：《古詩十九首集釋》，北京：中華書局，1957年版，第6頁。
〔註79〕隋樹森編著：《古詩十九首集釋》，北京：中華書局，1957年版，第21頁。
〔註80〕楊伯峻譯注：《論語譯注》，北京：中華書局，2008年版，第95頁。

人物品評和識鑒就變得尤為重要，成為漢代士人「清議」的主要內容之一，但是這一時期的人物品評的目的在於舉薦官員，帶有濃厚的政治功利色彩，其根本在於以儒家的倫理道德規範為標準來考察人物的德行操守。

漢魏之際，天下大亂，需要有才幹的人出來開創局面，輔佐政治。因此，人的才情、才能和智慧第一次提高到德行之上，這就是曹操所倡導的「唯才是舉」。此外，隨著莊園經濟的大力發展，眾多出生門閥世族的士人的生活無論在政治上還是經濟上都已經有了充分保障，不再熱衷於入仕為官，於是人物品藻演化為對文士們的容貌、才情、風度、言談、舉止等等的品評，具有了審美的意義。如劉劭所著的《人物志》，雖然講的還是政治性的品藻，但已將人的形質的品評歸納為「九質」，即「神、精、筋、骨、氣、色、儀、容、言」，「形」意義很寬泛，與形體直接相關的神、精、氣等生命特徵都稱為形質，精神則指的是人內在的智慧、才能、德行、情感和個性，而這些都蘊藏於形質之中，稱之為「性」，需要通過細緻的觀察來「窮理盡性」，通過「形鑒」來達到「神鑒」。當然，將人的形體簡單地分為筋、骨、氣、血等自然生理概念，並且將其與人的智慧、情感、個性進行比附，難免有牽強之處。但事實上，人的自然形體本身也是具有美的感性形式，劉綱紀先生對此有精到的見解：「任何美的事物都必須有感性形式，而美是人的自由的本質的對象化，因此美所具有的感性形式必然是和人的生命的存在和發展的感性形式相聯繫或異質同構的，它們應該是表現了人的自由的形式。」〔註81〕這也就是說，美與人的生命存在發展之間有著不可分割的聯繫，因此，借助人的自然形體的美來說明藝術和精神的美，並不是幼稚無知或者牽強附會，而恰恰是包含了對美的本質的一種樸素而深刻的理解。

正因為人物品藻不再是政治性的，而帶有了審美的意義，於是，為了生動地品評描述人物的精神和形貌之美，就開始用自然山水之美來比擬形容人物的神情風貌的美，這在《世說新語》中有大量的記載。如：「郭林宗至汝南造袁奉高，車不停軌，鸞不輟軛。詣黃叔度，乃彌日信宿。人問其故，林宗曰：『叔度汪汪如萬頃之陂。澄之不清，擾之不濁，其器深廣，難測量也。』」〔註82〕誠然，郭林宗以萬頃湖泊之寬廣、深邃來形容黃叔度深廣的氣度，還

〔註81〕 李澤厚、劉綱紀主編：《中國美學史》（第二卷上），北京：中國社會科學出版社，1987 年版，第 102 頁。

〔註82〕 〔南朝宋〕劉義慶著；余嘉錫箋疏：《世說新語箋疏》（上冊），北京：中華書局，2007 年版，第 5 頁。

帶有儒家「山水比德」的意味，但已明顯不限於德行，而是指人物的智慧、才情了。這一時期人物品藻的主要特徵是強調人的風神姿貌，即便是涉及到人的內在精神，也很少簡單地與德行相比附。如：「嵇康身長七尺八寸，風姿特秀。見者歎曰：『蕭蕭肅肅，爽朗清舉。』或云：『蕭蕭如松下風，高而徐引。』山公曰：『嵇叔夜之為人也，岩岩若孤松之獨立；其醉也，傀俄若玉山之將崩。』」〔註83〕以孤松、玉山來形容嵇康爽朗的風姿，實是發現了自然美和人的神貌之間有著共同的美感特徵，在以自然美形容人格美的同時，也以人格美映襯了自然美，這較之先秦時期單一的「山水比德」或「山水悟道」有了質的飛躍。類似的描述還有很多，如：

王戎云：「太尉神姿高徹，如瑤林瓊樹，自然是風塵外物。」〔註84〕

王公目太尉：「岩岩清峙，壁立千仞。」〔註85〕

世目周侯「嶷如斷山」。〔註86〕

明帝問謝鯤：「君自謂何如庾亮？」答曰：「端委廟堂，使百僚準則，臣不如亮。一丘一壑，自謂過之。」〔註87〕

海西時，諸公每朝，朝堂猶暗；唯會稽王來，軒軒如朝霞舉。〔註88〕

有人歎王恭形茂者，曰：「濯濯如春月柳。」〔註89〕

裴令公有俊容儀，脫冠冕，粗服亂頭皆好。時人以為「玉人」。

〔註83〕〔南朝宋〕劉義慶著；余嘉錫箋疏：《世說新語箋疏》（中冊），北京：中華書局，2007年版，第716頁。

〔註84〕〔南朝宋〕劉義慶著；余嘉錫箋疏：《世說新語箋疏》（中冊），北京：中華書局，2007年版，第508頁。

〔註85〕〔南朝宋〕劉義慶著；余嘉錫箋疏：《世說新語箋疏》（中冊），北京：中華書局，2007年版，第524頁。

〔註86〕〔南朝宋〕劉義慶著；余嘉錫箋疏：《世說新語箋疏》（中冊），北京：中華書局，2007年版，第539頁。

〔註87〕〔南朝宋〕劉義慶著；余嘉錫箋疏：《世說新語箋疏》（中冊），北京：中華書局，2007年版，第608頁。

〔註88〕〔南朝宋〕劉義慶著；余嘉錫箋疏：《世說新語箋疏》（中冊），北京：中華書局，2007年版，第737頁。

〔註89〕〔南朝宋〕劉義慶著；余嘉錫箋疏：《世說新語箋疏》（中冊），北京：中華書局，2007年版，第737頁。

見者曰：「見裴叔則如玉山上行，光映照人。」〔註90〕

　　謝車騎道謝公：「遊肆復無乃高唱，但恭坐撚鼻顧睞，便自有寢處山澤間儀。」〔註91〕

　　王武子、孫子荊各言其土地人物之美。王云：「其地坦而平，其水淡而清，其人廉且貞。」孫云：「其山嶵巍以嵯峨，其水㳷渫而揚波，其人磊砢而英多。」〔註92〕

　　以上言論表明，自然山水之美成了人物品藻的重要方式，甚至是衡量標準之一。這一方面說明人們對人自身的特徵和價值有了更直觀、更豐富的把握，這是人的自我意識覺醒的表現；另一方面，人們在探求人物風貌與自然兩者之美的契合點時，也進一步提高和豐富了對自然山水之美的感受和細緻觀察。事實上，自然的感性形式的美本來就是人的內在精神美的外現，當此，人們以山水形容人的風姿神采的時候，不自覺地將人的感情注入到自然山水中，使之成為一種「人化的自然」，而不再是與人無關的外在的自然，這樣就縮短了山水成為獨立審美對象的過程。

　　其次，玄學思想加深了人們對山水的體驗。玄學的產生和盛行使山水審美成為士人日常生活中不可或缺的一部分，大大加速了山水審美的獨立。玄學是以道家哲學為主，兼收儒家思想而建立起來的新的理論體系，以解讀所謂「三玄」的《老子》、《莊子》、《周易》為基礎。「玄」字源於《老子》中「玄之又玄，眾妙之門」一語，意為深奧神妙，玄妙難測。許慎《說文·玄部》解釋道：「玄，幽遠也。」〔註93〕所以湯用彤先生認為，玄學即幽遠之學，具體表現為「本體之學，為本末有無之辯」〔註94〕，即探討有無、本末、言意、動靜、名教與自然諸問題，其特點是略於具體人事而探究世界本體，崇尚「以本統末」。玄學之所以以道家哲學為基礎，是因為道家思想對人世黑暗和人生痛苦進行了憤激的批判，並且積極尋求超越這種黑暗和痛苦的個體自由（儘

〔註90〕〔南朝宋〕劉義慶著；余嘉錫箋疏：《世說新語箋疏》（中冊），北京：中華書局，2007年版，第720頁。

〔註91〕〔南朝宋〕劉義慶著；余嘉錫箋疏：《世說新語箋疏》（中冊），北京：中華書局，2007年版，第737頁。

〔註92〕〔南朝宋〕劉義慶著；余嘉錫箋疏：《世說新語箋疏》（上冊），北京：中華書局，2007年版，第101頁。

〔註93〕〔漢〕許慎撰；〔宋〕徐鉉校定：《說文解字》，北京：中華書局，2009年版，第84頁。

〔註94〕湯用彤著：《魏晉玄學論稿》，上海：上海古籍出版社，1988年版，第61頁。

管是單純精神上的自由）的方法，這正好符合親身經歷並體驗到儒家思想的虛幻和破滅的門閥士族的心理。「他們從名教的束縛中解脫出來，獲得了相對獨立自由的發展，因此愈是感到人生的無常，也就愈想抓住或延長這短暫的人生。」〔註95〕因此，玄學和道家思想有著內在的一致性，玄學繼承了道家崇尚自然無為的思想，並且對道家的「自然」觀做了進一步的發揮。由於思想家對本體問題的看法不同，玄學中產生了「貴無」、「崇有」等不同派別。「貴無派」以「無」為本，「無」即「道」，自然就包含在與道、無的關係之中，如王弼所說：「道不違自然，乃得其性，法自然也。」〔註96〕「自然者，無稱之言，窮極之辭也。」〔註97〕這裡的「自然」是從形而上的本體意義上來講的，即指道的無為、無為而無不為的本性。「崇有派」則不然，更多地從形而下的「有」的角度來談自然。如郭象所言：「誰得先物者乎哉？吾以陰陽為先物，而陰陽者即所謂物耳。誰又先陰陽者乎？吾以自然為先之，而自然即物之自爾耳。吾以至道為先之矣，而至道者乃至無也。既以無矣，又奚為先？然則先物者誰乎哉？而猶有物，無已，明物之自然，非有使然也。」〔註98〕無論是「貴無」派還是「崇有」派，其共同特點在於對自然的充分肯定，使「自然」既具有形而上的、超越的意義，又具有形而下的、感性的特徵。又由於玄學的本質在於對人生終極意義的追問和探求，這種探求又是根植於道家的無為之道的，因此崇尚玄遠，力主擺脫塵世禮法的束縛、追求超功利的、自由的、審美的人生境界，這樣，自然山水的幽雅淡泊，寧靜清遠，正好符合士人們追求的曠達玄遠的風流神韻，因此縱情山水就成了深服玄學的士人們體驗人生、追求超脫的人生理想的最佳表現，從而又成為區分雅俗的標誌。

雖然玄學盛行於曹魏正始年間，至東晉末年時影響已經大不如前，但玄學崇尚自然、標榜無為、曠達超然的主張仍然在很長一段時間影響著士人們的生活和思維方式。宅心玄遠、以玄對山水的風氣增進了他們對自然山水之美的深切體會。人生天地之間，與天地共同構成一個和諧的整體。人生的價

〔註95〕李澤厚、劉綱紀主編：《中國美學史》（第二卷上），北京：中國社會科學出版社，1987年版，第108頁。

〔註96〕〔魏〕王弼著；樓宇烈校釋：《老子道德經注校釋》，北京：中華書局，2008年版，第64頁。

〔註97〕〔魏〕王弼著；樓宇烈校釋：《老子道德經注校釋》，北京：中華書局，2008年版，第64頁。

〔註98〕〔清〕郭慶藩撰；王孝魚點校：《莊子集釋》（下），北京：中華書局，2006年版，第764頁。

值和意義就在於回歸自然，與山水為伴，在山水中體驗人生義理，獲得情感的慰藉。如嵇康說：「至人遠鑒。歸之自然。萬物為一。四海同宅。」〔註99〕正因為如此，文人士大夫開始以任情適性為旨歸，或隱於朝，或隱於山林，在山水之中尋求精神的超脫和內心的寧靜，表現出體玄適性的高遠情致，以至於六朝時期隱逸成風，隱士之多，為後世所不及。六朝名士中雖然有很多人並不是真正的隱士，但是在玄風的薰陶下，他們普遍存在一種愛慕隱士的心理，具有愛好隱逸生活的情調。正因為如此，暢遊山水，或者隱居山林成為六朝人士重要的審美活動和生活方式。在整個大環境的推動下，隱士和具有隱逸情懷的玄學家們均以遊覽山水為生活中不可或缺的內容，並且普遍有自覺的山水審美意識。他們近則居於極富自然勝境的莊園別墅，遠則出遊名山大川，或一人獨往，或結伴而行，遊覽山水成為文人們的風尚，或者說是雅人高士們特有的一種生活方式。

此外，從東晉開始，玄學與道教、佛教合流，這也為人們親近山水提供了思想上和行動上的基礎。道教是中國土生土長的宗教，它起源於殷周時代的巫術以及戰國秦漢時代的神仙方術，在漢末又受到黃老之學及佛教的影響，逐漸成為一種宗教。早期道教有兩大組織，一是以黃巾軍張角為首的太平道（又稱為黃老道），一是以張道陵為首的五斗米道，亦即天師道。道教最早在民間流行，是一種「以鬼道教民」的團體。漢末張角率領黃巾軍起義失敗，漢中的張魯政權也歸降曹操，使民間道教遭到嚴重的打擊。但自晉室南遷以來，掌握政權的門閥世族為了長生不老、延續他們的生活享受，或為在儒、道、佛之外找到一種精神寄託，也開始信奉起神仙養生方術，並使道教逐漸演變為成熟的官方宗教。在政治黑暗、生命無常的亂世裏，道教的貴族信徒們紛紛以養生為務，或採藥煉丹，或隱居山林，遍訪名山大川。如「羲之雅好服食養性，不樂在京師，初渡浙江，便有終焉之志。會稽有佳山水，名士多居之，謝安未仕時亦居焉。孫綽、李充、許詢、支遁等皆以文義貫世，並築室東土，與羲之同好。」〔註100〕這促進了人們於山水的親密接觸。

與此同時，來自南亞地區的佛教思想也逐漸進入人們的文化視野，與玄學融為一體，使得六朝士人們在欣賞山水的時候顯示出融佛入玄的傾向，如

〔註99〕〔魏〕嵇康撰：《贈兄秀才入軍詩》，引自逯欽立輯校：《先秦漢魏晉南北朝詩》（上），北京：中華書局，1988 年版，第 483 頁。

〔註100〕〔唐〕房玄齡等撰：《晉書》（七），北京：中華書局，1974 年版，第 2098～2099 頁。

名僧支遁以佛學解莊子，深得東晉清談名士們的欣賞，名聲大噪。東晉孫綽的《遊天台山賦》也說：「泯色空以合跡，忽即有而得玄，釋二名之同出，消一無於三幡。恣語樂以終日，等寂默於不言。渾萬象以冥觀，兀同體於自然。」〔註101〕這就是從自然山水中感悟到玄學與佛學所追求的超越的人生境界。類似的言論還有很多，宗炳的山水觀更是深入滲透了佛學的義理，下一章將予以重點說明。事實上，佛教本身就與山水有著密切的聯繫，佛教的寺院、石窟建築以及佛塔都與山林有不解之緣。《高僧傳·竺道壹》中記載高僧們對自然山水的熱愛，其中講到若耶山沙門帛道猷性格率真，尤愛山川丘壑，他曾給竺道壹寫信說：「始得優游山林之下，縱心孔釋之書，觸興為詩，陵峰採藥，服餌蠲痾，樂有餘也。但不與足下同日，以此為恨耳。因有詩曰：『連峰數千里，修林帶平津。雲過遠山翳，風至梗荒榛。茅茨隱不見，雞鳴知有人。閑步踐其逕，處處見遺薪。始知百代下，故有上皇民。』」〔註102〕竺道壹看了道猷的信之後，認為道猷的林泉之志和自己非常契合，於是親自前往若耶，與道猷相會於林下。《世說新語·棲逸》中也談到：「康僧淵在豫章，去郭數十里，立精舍。旁連嶺，帶長川，芳林列於軒庭，清流激於堂宇。乃閑居研講，希心理味，庾公諸人多往看之。」〔註103〕還有上面已講到的江南名僧支道林也曾投跡於剡山，在沃州的小嶺修建寺院行道，晚年又移至石城山，木食澗飲，浪志一生。可見在晉代，名僧普遍熱愛名山秀水，並於山水之間建立自己的精舍。在他們看來，越是深入山林之中就越接近佛陀，從而使山水具有一種與佛學相聯的精神意義。

二、山水賞會與藝術創作

《晉書·郭文傳》中記載：「郭文字文舉，河內軹人也。少愛山水，尚嘉遁。年十三，每遊山林，彌旬忘反。」〔註104〕《晉書·羊祜傳》云：「祜樂山水，每風景，必造峴山，置酒言詠，終日不倦。」〔註105〕又如《宋書·謝靈

〔註101〕〔晉〕孫綽撰：《遊天台山賦》，引自〔清〕嚴可均輯；馬志偉審訂：《全晉文》（中），北京：商務印書館，1999 年版，第 635 頁。

〔註102〕〔梁〕釋慧皎撰；湯用彤校注：《高僧傳》，北京：中華書局，1992 年版，第 207 頁。

〔註103〕〔南朝宋〕劉義慶著；余嘉錫箋疏：《世說新語箋疏》（中冊），北京：中華書局，2007 年版，第 775 頁。

〔註104〕〔唐〕房玄齡等撰：《晉書》（八），北京：中華書局，1974 年版，第 2440 頁。

〔註105〕〔唐〕房玄齡等撰：《晉書》（四），北京：中華書局，1974 年版，第 1020 頁。

運傳》中記載：「嘗自始寧南山伐木開徑，直至臨海，從者數百人。」〔註106〕用現在的觀點來看，謝靈運可謂是專業的山水玩家，他既有環境清幽的莊園別墅，也熱衷於優游行走，並且為遊覽山水而特製了登山木屐，上山去掉前齒，下山去掉後齒，頗有匠心。不僅如此，由於當時條件有限，很多的山林處於原始狀態，無路可走，為此謝靈運專門派人從始寧到臨海沿線伐木開路，隨從達數百人之多，以至到達臨海以後，讓當地的太守誤以為來了山賊。還有王羲之：「既去官，與東土人士盡山水之遊，弋釣為娛。又與道士許邁共修服食，採藥石不遠千里，遍遊東中諸郡，窮諸名山，泛滄海，歎曰：『我卒當以樂死。』」〔註107〕他還聲稱「登汶嶺、峨眉而旋，實不朽之盛事」〔註108〕，將山水遊覽看作是不朽盛事，可見山水在當時人們心目中的位置。

除了個人遊賞之外，名士結集遊玩是六朝山水審美活動的一大特色。東晉時期，江西的廬山和浙江的會稽一帶是著名的遊覽勝地，吸引了大批的名士和高僧，或隱居於此，或結伴同遊。比較著名的有兩次大規模聚會，一次是東晉穆帝永和九年（353年）三月三日的蘭亭宴集。三月三日是上巳節，如《後漢書・禮儀志》記載：「（三月）是月上巳，官民皆潔於東流水上，曰洗濯祓，去除宿垢疢為大絜。」〔註109〕因此上巳節最初是古人在水邊舉行的消災儀式，後來演化成為在河邊嬉戲玩耍的聚會。蘭亭宴集是由王羲之組織策劃的，以遊覽、吟詠山水為主要目的。他在《蘭亭集序》中說：「群賢畢至，少長咸集。此地有崇山峻嶺，茂林修竹。又有清流激湍，映帶左右，引以為流觴曲水。列坐其次。雖無絲竹管絃之盛，一觴一詠，亦足以暢敘幽情。」〔註110〕蘭亭是一個背山向水的形勝之地，《水經注》載：「漸江又東與蘭溪合，湖南有天柱山，湖口有亭，號曰蘭亭，亦曰蘭上里。」〔註111〕參加此次集會的共有四十二人，寫下大量詩作，是為《蘭亭集》，今存三十七首。其中有體玄

〔註106〕〔梁〕沈約撰：《宋書》（六），北京：中華書局，2008年版，第1775頁。

〔註107〕〔唐〕房玄齡等撰：《晉書》（七），北京：中華書局，1974年版，第2101頁。

〔註108〕〔晉〕王羲之撰：《雜貼》，引自〔清〕嚴可均輯；馬志偉審訂：《全晉文》（上），北京：商務印書館，1999年版，第210頁。

〔註109〕〔晉〕司馬彪撰；〔梁〕劉昭注補：《後漢書志》（第十一冊），北京：中華書局，1973年版，第3110頁。

〔註110〕〔晉〕王羲之撰：《三月三日蘭亭詩序》，引自〔清〕嚴可均輯；馬志偉審訂：《全晉文》（上），北京：商務印書館，1999年版，第257頁。

〔註111〕〔北魏〕酈道元撰；陳橋驛譯注：《水經注》，北京：中華書局，2009年版，第329頁。

悟道之作，如：「莊浪濠津。巢步潁湄。冥心真寄。千載同歸。」〔註112〕「茫
茫大造。萬化齊軌。罔悟玄同。竟異摽旨。平勃運謀。黃綺隱几。凡我仰希。
期山期水。」〔註113〕有散懷寄情的詩，如「散懷山水。蕭然忘羈。秀薄粲穎。
疏鬆籠崖。遊羽扇霄。鱗躍清池。歸目寄歡。心冥二奇。」〔註114〕「代謝鱗
次。忽焉以周。欣此暮春。和氣載柔。詠彼舞雩。異世同流。迺攜齊契。散
懷一丘。」〔註115〕也有純粹寫景的，如「春詠登臺，亦有臨流。懷彼伐木，
宿此良儔。修竹蔭沼，旋瀨縈丘。穿池激湍，連濫觴舟」〔註116〕。從各個角
度描繪了蘭亭的自然山水，也體現出蘭亭集會名士雲集、其樂融融的歡快氣
氛。

　　除了名士以外，當時的僧人也鍾情於自然山水，他們在山林之中建造寺
院，並且經常談論山川之美，從某種意義上來說，他們有時候甚至比玄學家
們更為純粹地意識到山水的自然美。六朝的名士還和名僧們頻繁交流，經常
結伴而遊。唐代白居易在《沃州山禪院記》中曾談到六朝名僧棲隱山林，與
名士相交遊的情況：

> 　　東南山水越為首，剡為面，沃州天姥為眉目。夫有非常之境，
> 然後有非常之人棲焉。晉宋以來，因山開洞。厥初有羅漢僧西天竺
> 人白道（酋加犬）居焉；次有高僧竺法潛、支道林居焉；次又有乾、
> 興、淵、支、遁、開、威、蘊、崇、實、光、熾、裴、藏、濟、度、
> 逞、印凡十八僧居焉。高士名人有戴逵、王洽、劉恢、許元度、殷
> 融、郗超、孫綽、恒彥表、王敬仁、何次道、王文度、謝長霞、袁
> 彥伯、王蒙、衛玠、謝萬石、蔡叔子、王羲之凡十八人，或遊焉，
> 或止焉。〔註117〕

〔註112〕〔晉〕王凝之撰：《蘭亭詩二首》，引自逯欽立輯校：《先秦漢魏晉南北朝詩》
　　　　（中），北京：中華書局，1988 年版，第 912 頁。

〔註113〕〔晉〕孫統撰：《蘭亭詩二首》，引自逯欽立輯校：《先秦漢魏晉南北朝詩》（中），
　　　　北京：中華書局，1988 年版，第 907 頁。

〔註114〕〔晉〕王徽之撰：《蘭亭詩二首》，引自逯欽立輯校：《先秦漢魏晉南北朝詩》
　　　　（中），北京：中華書局，1988 年版，第 914 頁。

〔註115〕〔晉〕王羲之撰：《蘭亭詩二首》，引自逯欽立輯校：《先秦漢魏晉南北朝詩》
　　　　（中），北京：中華書局，1988 年版，第 895 頁。

〔註116〕〔晉〕孫綽撰：《蘭亭詩二首》，引自逯欽立輯校：《先秦漢魏晉南北朝詩》（中），
　　　　北京：中華書局，1988 年版，第 901 頁。

〔註117〕朱金城箋校：《白居易集箋校》卷六十八，上海：上海古籍出版社，1988 年
　　　　版，第 3684 頁。

　　此外，僧人釋慧遠、慧永等人於安帝隆安四年（400年）仲春二月在廬山石門組織了一次大型的集會交遊，參與者三十餘人。現存《遊石門詩序》一篇和詩一首。序云：「雖林壑幽邃。而開途競進；雖乘危履石。並以所悅為安。既至則援木尋葛。歷險窮崖。猿臂相引。僅乃造極。於是擁勝倚巖。詳觀其下。始知七嶺之美蘊奇於此。」〔註118〕盛讚山水的神麗險峻，並將自然山水視為佛之神靈的表現：「其為神趣。豈山水而已哉。於是徘徊崇嶺。流目四矚。九江如帶。丘阜成垤。因此而推。形有鉅細。智亦宜然。乃喟然歎。」〔註119〕公元414年，著名的大隱陶淵明也曾與「二三鄰曲」在廬山南之斜川進行遊覽活動，並留下大量詩篇。

　　在這種社會風氣的影響下，人們眼中的山水逐漸褪去功利的色彩，也不再是用於比附道德品性的對象，而是與人的情感契合無間的審美對象。如「袁彥泊為謝安南司馬，都下諸人送至瀨鄉。將別，即自淒惘，歎曰：『江山遼落，居然有萬里之勢。』」〔註120〕又如「王司州至吳興印諸中看。歎曰：『非唯使人情開滌，亦覺日月清朗。』」〔註121〕這不僅是置身於自然景物之外的讚歎，而是身處其中，自然美景給人帶來的深層的、精神上的爽朗和愉悅。再如「顧長康從會稽還。人問山川之美，顧云：『千巖競秀，萬壑爭流，草木蒙籠其上，若雲興霞蔚。』」〔註122〕「王子敬（王獻之）云：『從山陰道上行，山川自相映發，使人應接不暇。若秋冬之際，尤難為懷」〔註123〕等。這些言論表明，東晉士人對自然景觀的欣賞和體驗活動，已經是一種對自然美的純粹體驗，並與對人生意義理想的追求合而為一。東晉名士袁山松在形容三峽風光時更是以「驚知己」來形容自然山水帶給自己心靈上的感動和震撼。南朝人士對山水之美的體驗進一步加深，如陶弘景形容山水：「山川之美，古來共談。高

〔註118〕〔晉〕廬山諸道人撰：《遊石門詩並序》，引自逯欽立輯校：《先秦漢魏晉南北朝詩》（中），北京：中華書局，1988年版，第1086頁。

〔註119〕〔晉〕廬山諸道人撰：《遊石門詩並序》，引自逯欽立輯校：《先秦漢魏晉南北朝詩》（中），北京：中華書局，1988年版，第1086頁。

〔註120〕〔南朝宋〕劉義慶著；余嘉錫箋疏：《世說新語箋疏》（上冊），北京：中華書局，2007年版，第166頁。

〔註121〕〔南朝宋〕劉義慶著；余嘉錫箋疏：《世說新語箋疏》（上冊），北京：中華書局，2007年版，第164頁。

〔註122〕〔南朝宋〕劉義慶著；余嘉錫箋疏：《世說新語箋疏》（上冊），北京：中華書局，2007年版，第170頁。

〔註123〕〔南朝宋〕劉義慶著；余嘉錫箋疏：《世說新語箋疏》（上冊），北京：中華書局，2007年版，第172頁。

峰入雲，清流見底，兩岸石壁，栗色交暉，青林翠竹，四時俱備，曉霧將歇，猿鳥亂鳴，夕日欲頹，沉鱗竟躍，實是欲界之仙都，自康樂以來，未復有能與其奇者。」〔註124〕陶弘景眼中的山水已完全沒有先秦時期那種僅用以「比德」或起興的外在功能，而成為真正的審美對象。

不僅如此，六朝的名士、隱士和僧人大多具有較高或很高的文化修養和審美情趣。因此，他們在優游山水的同時，又將他們對山水之美的種種深刻感受形之於詩，表之於文。《晉書·謝安傳》載，謝安「寓居會稽，與王羲之及高陽許詢、桑門支遁遊處，出則漁弋山水，入則言詠屬文，無處世意。」〔註125〕《晉書·孫綽傳》謂其「居於會稽，遊放山水，十有餘年，乃作《遂初賦》以致其意。」〔註126〕如宗白華先生所說：「晉人向外發現了自然，向內發現了自己的深情。山水虛靈化了，也情致化了。陶淵明、謝靈運這般人的山水詩那樣的好，是由於他們對自然有那一股新鮮發現時身入化境濃酣忘我的趣味；他們隨手寫來，都成妙諦，境與神會，真氣撲人。」〔註127〕這在客觀上促進了山水文學的產生和成熟。與此相關，山水之美既可表見於詩文，自然還可形之於繪畫，取得前者不可替代的藝術效果。雖然山水畫的發展比山水文學緩慢，開始也比較稚拙，這是因為中國的詩文過去已有漫長的發展史，以之描寫山水基本上只是題材的轉換，而以繪畫描寫山水，這是過去的繪畫還沒有解決，至少是遠未完全解決的新課題。也因此，六朝山水畫的出現在中國繪畫史上具有劃時代的重大意義。為了解決最初山水畫創作中必然會碰到的種種問題，山水畫論也隨之產生。

三、六朝山水審美感受的特徵

六朝時期，人們對山水的感受無疑是審美的，但不是一種僅僅由感官所得的感受，而是和人們內心對整個世界人生的體驗與思索聯繫在一起的，不少情況下具有玄學思辨的色彩。

首先是以玄對山水。六朝的山水審美和玄學思想分不開，士人們之所以親近山水，最重要的原因是由於山水的寧靜清幽符合他們曠然淡泊的心志，

〔註124〕〔南朝梁〕陶弘景撰：《答謝中書書》，引自〔清〕嚴可均輯；馬志偉審訂：《全梁文》，北京：商務印書館，1999 年版，第 491 頁。

〔註125〕〔唐〕房玄齡等撰：《晉書》（七），北京：中華書局，1974 年版，第 2072 頁。

〔註126〕〔唐〕房玄齡等撰：《晉書》（五），北京：中華書局，1974 年版，第 1544 頁。

〔註127〕宗白華著：《美學散步》，上海：上海人民出版社，2005 年版，第 368 頁。

因而也是談玄悟道的絕佳去處，甚至於山水本身就顯示了宇宙自然的哲理。如顧愷之所言：「吳城西北有虎丘山者，含真藏古，體虛窮玄，隱嶙陵堆之中，望形不出常阜，至乃岩嶤，絕於華峰。」〔註128〕阮籍也講：「山靜而谷深者，自然之道也。」〔註129〕山水含真藏古，因而是體虛窮玄，開拓情思，領悟自然之道的最佳途徑。為此，孫綽明確表示：「方寸湛然，固以玄對山水。」〔註130〕通過對自然山水的遊賞來感悟個人與山水的玄通冥合，以清曠玄遠之心追求清虛靜默的山水境界，從而獲得一種精神的滿足和愉悅。如徐復觀先生所說：「以超越世俗之上的虛靜之心對山水；此時的山水，乃能以其純淨之姿，進入於虛靜之心的裏面，而與人的生命融為一體，因而人與自然，由相化而相忘。」〔註131〕

這一方面增強了人們的山水感情和山水意識，另一方面也使人們對山水的審美感受帶有一種通於對整個宇宙人生的哲理思索的特徵。如稽康《贈秀才入軍》說：「目送歸鴻。手揮五弦。俯仰自得。遊心太玄」。〔註132〕又如湛方生《秋夜詩》描述：「同天地於一指。等太山於毫芒。」〔註133〕因而「萬慮一時頓渫。情累豁焉都忘」〔註134〕、「物我泯然而同體。豈復壽夭於彭殤」〔註135〕，通過欣賞山水使精神進入一種清虛杳冥、物我兩忘的化境。另一首《帆入南湖》云：「此水何時流。此山何時有。人運互推遷。茲器獨長久。悠悠宇宙中。古今迭先後。」〔註136〕面對巍巍高山和潺潺流水，感慨宇宙時空的悠

〔註128〕〔唐〕歐陽詢撰；汪紹楹校：《藝文類聚》，上海：上海古籍出版社，1965年版，第141～142頁。

〔註129〕〔魏〕阮籍撰：《達莊論》，引自〔清〕嚴可均輯；馬志偉審訂：《全三國文》（下），北京：商務印書館，1999年版，第481頁。

〔註130〕〔晉〕孫綽撰：《太尉庾亮碑》，引自〔清〕嚴可均輯；馬志偉審訂：《全晉文》（中），北京：商務印書館，1999年版，第648頁。

〔註131〕徐復觀著：《中國藝術精神》，上海：華東師範大學出版社，2001年版，第140頁。

〔註132〕〔魏〕稽康撰：《四言贈兄秀才入軍詩》，引自逯欽立輯校：《先秦漢魏晉南北朝詩》（上），北京：中華書局，1988年版，第483頁。

〔註133〕〔晉〕湛方生撰：《秋夜詩》，引自逯欽立輯校：《先秦漢魏晉南北朝詩》（中），北京：中華書局，1988年版，第946頁。

〔註134〕〔晉〕湛方生撰：《秋夜詩》，引自逯欽立輯校：《先秦漢魏晉南北朝詩》（中），北京：中華書局，1988年版，第946頁。

〔註135〕〔晉〕湛方生撰：《秋夜詩》，引自逯欽立輯校：《先秦漢魏晉南北朝詩》（中），北京：中華書局，1988年版，第946頁。

〔註136〕〔晉〕湛方生撰：《秋夜詩》，引自逯欽立輯校：《先秦漢魏晉南北朝詩》（中），北京：中華書局，1988年版，第944頁。

久綿長，從山水的亙古不變中體驗世事的推移變換，欣賞山水的同時獲得了對人生意義的感悟。同樣，王羲之《蘭亭集序》對自然美的描繪也充分體現了一種任情適性、悠然自得的玄學情思。

晉宋之際，玄風漸退，玄學之思的色彩逐漸減退，對天地自然之美的描繪欣賞上升。如謝靈運《石壁精舍還湖中作》云：「昏旦變氣候。山水含清暉。清暉能娛人。遊子憺忘歸。出谷日尚早。入舟陽已微。林壑斂暝色。雲霞收夕霏。芰荷迭映蔚。蒲稗相因依。披拂趨南徑。愉悅偃東扉。慮澹物自輕。意愜理無違。寄言攝生客。試用此道推。」〔註137〕全詩洋溢著一種由山水清暉、雲霞明麗的景色引起的平靜祥和、怡然自得的審美愉悅，有如一幅色彩鮮明、風格婉約的山水畫。但通過山水欣賞而求得人生解脫與自由的玄學之思仍然存在，並且在六朝之後的山水畫中也仍然長期存在，只不過由於中國社會和哲學美學的變化，其表現有所不同。又如鮑照《從庾中郎遊圓山石室》：「荒途趣山楹。雲崖隱靈室。岡澗紛縈抱。林障杳重密。昏昏蹬路深。活活梁水疾。幽隅秉晝燭。地牖窺朝日。怪石似龍章。瑕壁麗錦質。洞庭安可窮。漏井終不溢。沈空絕景聲。崩危坐驚栗。神化豈有方。妙象竟無述。至哉煉玉人。此處長自畢。」〔註138〕荒途、幽隅、怪石、驚栗，詩中著力描繪一種淒清冷峻的氣氛，追求奇崛幽深的境界，這與道教、佛教的意念有關。在西方美學思想中，這種驚栗和奇崛被稱之為崇高之美，中國人則稱之為陽剛之美，其中也包含奇崛之美，但不能等同於西方所說的崇高。陶淵明《遊斜川詩序》中描述：「天氣澄和。風物閒美。與二三鄰曲。同遊斜川。臨長流。望曾城。魴鯉躍鱗於將夕。水鷗乘和以翻飛。」〔註139〕這與上引鮑照詩很不相同，描繪了人世生活的一種和悅閒適之美。以中國的觀點論，相當於剛柔協調之美，約略近似於西方所謂的優美。

其次，六朝山水並不忽略排斥自然山水色相、音響給人的美感，如前引王羲之《蘭亭詩序》中已經描寫了的。但王羲之所言能夠「遊目騁懷，足以極視聽之美」的自然景色，決非一種純然的物質現象，而是與人生的歡樂自

〔註137〕〔南朝宋〕謝靈運撰：《石壁精舍還湖中作詩》，引自逯欽立輯校：《先秦漢魏晉南北朝詩》（中），北京：中華書局，1988 年版，第 1165 頁。

〔註138〕〔南朝宋〕鮑照撰：《從庾中郎遊圓山石室》，引自逯欽立輯校：《先秦漢魏晉南北朝詩》（中），北京：中華書局，1988 年版，第 1283 頁。

〔註139〕〔晉〕陶淵明撰：《遊斜川詩序》，引自逯欽立輯校：《先秦漢魏晉南北朝詩》（中），北京：中華書局，1988 年版，第 975 頁。

得不能分離的。還有梁武帝所立的太子蕭統，教人要從山水中去傾聽一種無聲之美。有關文獻記載說，蕭統：「性愛山水，於玄圃穿築，更立亭館，與朝士名素者遊其中。嘗泛舟後池，番禺侯軌盛稱此中宜奏女樂。太子不答，詠左思《招隱詩》云：『何必絲與竹，山水有清音。』侯慚而止。」〔註140〕昭明太子蕭統喜愛山水，建亭館園林與當朝名士們一起遊賞，番禺侯認為此時如果有女樂助興，將更添意趣，太子卻認為，山水本身具有天然的音響韻律，這種自然之清音勝過人工的絲竹之音。這顯示了中國源於道家的美學是何等重視一種非人為的自然之美。山水畫雖不能直接表現聲音，但它能通過對山水流泉的描繪引起欣賞者對聲音的聯想，所以清代畫家石濤曾用「山水清音」作為他一幅山水畫的題詞。

再次，山水寄情。六朝人士普遍認識到，自然山水是蕩滌心緒、頤養情性的絕佳場所。王蘊之、王徽之、王玄之曾分別談到：「散豁情志暢。塵纓忽已捐。仰詠挹餘芳。怡情味重淵。」〔註141〕「散懷山水，蕭然忘羈。」〔註142〕「消散肆情志。酣暢豁滯憂。」〔註143〕在六朝，這種對「情」的說明雖然與玄學有關，但不是純理性的東西，而是人和山水自然之間一種情感上的感應互動。劉勰《文心雕龍·物色》中很明確地描述了這種互動：「山沓水匝，樹雜雲合。目既往還，心亦吐納。春日遲遲，秋風颯颯。情往似贈，興來如答。」〔註144〕又如《世說新語》說：「簡文入華林園，顧謂左右曰：『會心處不必在遠。翳然林水，便自有濠、濮間想也。覺鳥獸禽魚，自來親人。』」〔註145〕山水是安頓心靈的地方，此時此刻，人們對自然山水的感受接近一種生命的體驗，在靜謐的山水之間，人的生命情懷被詩意地喚醒，人和自然宇宙之間呈現出天人和諧的「生命的節奏」。事實上，由於大環境的混亂動盪，六朝的士人們縱情山水，看似高蹈灑脫的背後，還縈繞著一抹揮之不去的憂愁，即

〔註140〕〔唐〕李延壽撰：《南史》，北京：中華書局，2008年版，第1310頁。
〔註141〕〔晉〕王蘊之撰：《蘭亭詩》，引自逯欽立輯校：《先秦漢魏晉南北朝詩》（中），北京：中華書局，1988年版，第915頁。
〔註142〕〔晉〕王徽之撰：《蘭亭詩二首》，引自逯欽立輯校：《先秦漢魏晉南北朝詩》（中），北京：中華書局，1988年版，第914頁。
〔註143〕〔晉〕王玄之撰：《蘭亭詩》，引自逯欽立輯校：《先秦漢魏晉南北朝詩》（中），北京：中華書局，1988年版，第911頁。
〔註144〕周振甫著：《文心雕龍今譯》，北京：中華書局，1998年版，第418頁。
〔註145〕〔南朝宋〕劉義慶著；余嘉錫箋疏：《世說新語箋疏》（上冊），北京：中華書局，2007年版，第143頁。

便是暢遊在山水之間，這種憂鬱的情緒也始終如影隨行。這在謝靈運、鮑照、謝朓等人的詩中都有所流露，如謝靈運《登池上樓》：「潛虬媚幽姿。飛鴻響遠音。薄霄愧雲浮。棲川怍淵沈。進德智所拙。退耕力不任。狥祿反窮海。臥痾對空林。衾枕昧節候。褰開暫窺臨。傾耳聆波瀾。舉目眺嶇嶔。初景革緒風。新陽改故陰。池塘生春草。園柳變鳴禽。祁祁傷豳歌。萋萋感楚吟。索居易永久。離群難處心。持操豈獨古。無悶徵在今。」〔註146〕詩中雖然有「傾耳聆波瀾」、「池塘生春草」這樣為後人贊許的名句，但人們更多感受到的是謝靈運對退隱或出仕進退兩難的矛盾和無奈。中國古代文人將治國平天下看作是自己不能推卸的責任，即便是迫於現實隱遁山林，心靈也不易寧靜下來。六朝名士看起來遊山玩水、灑脫愜意，但內心的寂寞蒼涼卻常常成為其情感的主調，如謝朓《高齋視事》：「餘雪映青山。寒霧開白日。暖暖江村見。離離海樹出。披衣就清盥。憑軒方秉筆。列俎歸單味。連駕止容膝。空為大國憂。紛詭諒非一。安得掃蓬徑。鎖吾愁與疾。」〔註147〕六朝名士對自然山水的描繪很少是就山水談山水，而帶有深沉的情感體驗。事實上，人在面對自然山水的時候，山水就已經不是純粹的客觀對象，而具有了「人化的自然」的特徵，情景交融本身是山水進入人們審美視野的必不可少的環節。而且，上述這種因不能濟世為民、一展抱負所產生的哀傷之感，並非純消極的，它使這時的山水文學和山水畫具有入世的深切情懷，不棄絕人世，也不同於上文已講過的《古詩十九首》中那僅從個人生存出發而產生的哀傷。這是中華文化彌足珍貴的一個好傳統。

總的來說，六朝的山水審美和士人的玄心是緊密聯繫在一起的，人們在欣賞山水的時候總是不忘借山水抒發玄理和道心。事實上，以玄對山水本身也說明這一時期的人對山水的欣賞體驗不僅僅是一種形而下的感官愉悅，還帶有形而上的理性追求，這種傾向直到現在依然主導著中國人對自然的審美欣賞。也正因為如此，這一時期人們和山水的關係也達到了前所未有的親密程度，這已不是過去那種對自然的單純敬畏或道德比附，而是大進一步，打通天與人的關係，使自然美和人生在世的深情相交融，自然美所具有的感性

〔註146〕〔南朝宋〕謝靈運撰：《登池上樓詩》，引自逯欽立輯校：《先秦漢魏晉南北朝詩》（中），北京：中華書局，1988年版，第1161頁。

〔註147〕〔南朝齊〕謝朓撰：《高齋視事》，引自逯欽立輯校：《先秦漢魏晉南北朝詩》（中），北京：中華書局，1988年版，第1433頁。

形式成為人的內在深情的表現，自然之愛與人生之愛合一而不可分，以致自然竟成了人的「知己」。這是從六朝開始發展起來的山水審美意識的巨大優越性所在。它實際上是把人引向與自然和諧統一的一種重要方式。

第四節　六朝的山水畫創作及理論

　　山水畫是伴隨著古代文明的進步而發展起來的，其間經歷了漫長的演進過程。美術史家普遍贊同中國的山水畫萌芽於晉，但這一時期的山水畫已經開始出現了區別於其他畫種而走向獨立的趨勢。事實上，六朝以前的繪畫已或多或少出現了對山水的描繪，但還遠遠不是專以山水為描寫對象的嚴格意義上的山水畫，僅僅在描寫技巧上為六朝山水畫的獨立發展提供了初步的參考。

一、六朝以前繪畫中的山水因素

　　從文獻記載來看，先秦時期已經有了對山川林谷之美的初步認識。《尚書》云：「予欲觀古人之象，日、月、星辰、山、龍、華蟲作繪，宗彝、藻、火、粉米、黼、黻絺繡，以五彩彰施於五色，作服，汝明。」〔註148〕這是舜對禹說的話，意在要禹以五色繡日、月、星辰、山等物象於衣裳上，「繡」也可以看做遠古時期繪畫的一種，較早地涉及到山川等自然景觀的描繪。類似的關於山川的言論，如《左傳》杜預注講到：「禹之世，圖畫山川奇異之物而獻之，使九州之牧貢金，象所圖物著之於鼎。」〔註149〕在古代的神話傳說中，名山大川都是神仙所居住的地方，因此中華民族自古就有祭山封禪的信仰。如張君房《雲笈七籤》云：「黃帝以後四嶽皆有佐命之山，而南嶽孤特無輔，乃章詞三天太上道君，命霍山為儲君，命潛山為衡嶽之副以成之，時參政事，以輔佐之。帝乃造山，躬寫形象，以為五嶽真形之圖。」〔註150〕這些都是最古老的關於山水的圖畫，具有禮制和宗教的意義，所以大多是繡在衣服之上，以分別身份貴賤。除此之外，《禮記》、《山海經》、《穆天子傳》等文獻中還講

〔註148〕顧頡剛，劉起釪著：《尚書校釋譯論》，北京：中華書局，2005年版，第441頁。

〔註149〕〔周〕左丘明撰；〔晉〕杜預注；〔唐〕孔穎達疏：《春秋左傳正義》，引自《十三經注疏》（下），上海：上海古籍出版社，2007年版，第1868頁。

〔註150〕〔宋〕張君房編；李永晟點校：《雲笈七籤》（第五冊），北京：中華書局，2003年版，第2182頁。

到了「祭祀圖」、「土地之圖」等，均涉及了山水，但是其作用不在於欣賞，而在於實用，使人瞭解實際的山水形勢。

漢代的繪畫較先秦有所發展，據張彥遠《歷代名畫記》記載，有名有姓的畫家有 12 人，但絕大多數是畫人物畫。相傳東漢張衡曾繪製《地形圖》，漢桓帝時人劉褒曾畫過《雲漢圖》，使欣賞者見到感覺炎熱，又畫過《北風圖》，人們見到時感覺涼爽。這兩幅畫早已湮沒不存，但從它的名稱以及相關的兩首詩的內容推測，很可能取材於《詩經》中的《雲漢》和《北風》兩首詩。《雲漢》的主要內容為「宣王遇旱，側身修行，欲消去之」〔註151〕，故「人見之覺熱」。詩中提及「旱既大甚，蘊隆蟲蟲」、「旱既大甚，滌滌山川。旱魃為虐，如惔如焚」等災情時，也對山川的情況有所描寫；《北風》一詩主要是以自然界中的強風雨雪喻君主政教酷暴，使民離亂，故詩中著力描寫北風之寒涼和疾勁、雨雪之強大，故「人見之覺涼」。《雲漢圖》和《北風圖》很可能是通過山水景物的描繪，以喻政治人事。這跟中國繪畫一開始就有「成教化，助人倫，窮神變，測幽微」〔註152〕的功能性特徵是一致的。

從現存的考古圖像來看，漢代的畫像石和畫像磚中有大量的山水圖式。漢代人認為，人死之後可以升仙，於是便創造出一個神仙的世界。這個仙人世界中最突出的因素便是以崑崙山為代表的仙山。因此，漢代的畫像磚中有大量以崑崙山為背景的圖像，在這些圖像中，山、石、樹、雲等圖畫裝飾紋樣大量出現，一方面說明漢代人對山林川澤有一種天然的親近感，另一方面也說明人們已經將現實生活中的山川林谷和死後升仙的願望結合在一起。一九六一年，湖南長沙砂子塘西漢靖王劉著墓出土的外棺檔板繪有精美的漆畫，畫上刻有一幅崑崙山的圖像，湖南長沙馬王堆一號墓出土的木棺漆畫上也有崑崙山圖像。兩幅漆棺畫的正中央都有一座聳入雲霄的高山，山峰像一根天柱，屹立在雲霧繚繞之中。一幅崑崙山下有仙豹守護，另一幅山上雲氣中有仙鹿左右飛騰，非常生動形象地反映了漢代人的仙山信仰。雖然漢畫像中這些藝術形式的表現還不是真正意義上的山水畫，但是它為以山、石、氣、水、

〔註151〕《後漢書》記：「《詩·大雅·雲漢篇·序》曰：『宣王遇旱，側身脩行，欲消去之，故大夫仍叔作雲漢之詩以美之。』密勿祗畏言勤勞戒懼也。」〔南朝宋〕范曄撰、李賢等注：《後漢書·蔡邕列傳》第 60 卷下，北京：中華書局，1973年版，第 1993 頁。

〔註152〕〔唐〕張彥遠著；俞劍華注釋：《歷代名畫記》，上海：上海人民美術出版社，1964 年版，第 1 頁。

林為表現對象的山水圖畫創作提供了可能。

此外，在漢代的畫像磚中，山水還常常作為狩獵和勞動的背景出現。如四川大邑出土的《戈射收穫圖》（見附錄圖一），整個畫面分成上下兩部分：上部為弋射圖，右面是一個蓮池，池裏飄浮著蓮葉，水中有魚鴨在遨遊，空中還有大雁飛行。下部為收穫圖，畫中有六個勞動著的人，其中一人挑擔提籃，三人俯身割穗，其餘兩人似在割草。整個畫面，簡潔分明，所表現的內容十分豐富，而且將不同的空間自然地結合在一起。還有四川省成都市北楊子山一號東漢墓出土的畫像磚《井鹽圖》（見附錄圖二），畫像以起伏的群山深谷為背景，描繪了古代工人在山裏開採井鹽的勞動情景，畫面的左下角是一口大鹽井，井口上是高聳的井架，井架分為兩層，每層對站著兩個井鹽工人，他們拉動井架上的轆轤繩索，用弔桶從井下汲取鹽鹵。畫面遠處是連綿起伏的山嶺，佔了畫面的大部分。山林間有樹木、人物、動物的形象穿插其中，隱約可見打柴歸來的樵夫和彎弓射鹿的獵手，頗具自然情趣。這些畫像磚不僅記錄了漢代人在深山裏從事生產勞動的場景，還記錄了漢代人心目中的自然山水的美景。類似的畫像磚還有很多，如四川德陽出土的《蓮塘圖》、《屋門圖》，河南南陽方城東關漢畫像石墓出土的《山林狩獵圖》等，都反映了山水的因素。

由此可見，先秦和漢代，特別是漢的圖像中已經出現了不少山水圖像，有的圖像已經開始具有了美的意味。但是，所有這些圖像並不是專門為了給人以美的欣賞而創造的，並且僅僅是作為整個圖像的背景而進入畫面。所有這些圖像的目的都是為了使人形象地瞭解與歷史和當時社會相關的「故實」，其主要作用是認識性的，而非審美性的。這就是古人所說「左圖右史」，以「圖」幫助人們瞭解「史」。好比《山海經》裏面的插圖，其目的是為了使人瞭解「經」，並不是專供美的欣賞。儘管如此，這些山水圖像又為後來山水畫的獨立發展奠定了最早的基礎。

在畫論方面，六朝以前有一些零散的論畫的文字，如《左傳·宣公三年》中記載「王孫滿論鼎」，討論青銅器上的圖像。之後，孔子談論繪畫時講過「繪事後素」和「明鏡察形」；莊子有「解衣磅礴」論，而《韓非子》、《淮南子》、以及王充關於繪畫的言論，但這些都不是專門的畫論，更沒有山水畫論。這是很自然的，一切繪畫理論的產生都要以繪畫實踐為前提。山水畫尚未走上獨立發展的道路，就絕不會有山水畫論。

二、六朝的山水繪畫及繪畫理論

　　和先秦兩漢相比，六朝出現了數量眾多的畫家。南齊謝赫的《古畫品錄》、姚最的《續畫品錄》、唐代張彥遠的《歷代名畫記》中記載了曹不興、衛協、荀勖、戴逵、顧愷之、宗炳、王微、陸探微、張僧繇等畫家五十餘人，並且有傳記存世。但是這些畫家絕大部分是畫人物畫的，並且這一時期的人物畫主要是關注政治功能方面的意義。儘管如此，六朝畫家在技法上獲得了巨大的進步。相傳曹不興為孫權畫屏風，誤落點墨，他絲毫沒有亂分寸，而是便順手一點，繪之成蠅。孫權看到之後真誤認為是蒼蠅飛到了畫上，舉手彈之。可見曹不興的藝術手法已經達到了極為純熟的境地。此外，顧愷之、陸探微和張僧繇被稱為中國美術史上的「六朝三大家」。唐人張懷瓘在形神關係上評價他們的人物畫「張得其肉，陸得其骨，顧得其神」〔註153〕，不僅如此，在玄風盛行的社會背景下，人們開始將人物品評中「以神為主，形依於神」的觀念引入人物畫的創作中，使人物畫的表現獲得巨大的飛躍，同時也影響到山水畫的發展。

　　六朝是山水畫的萌芽時期，這一時期的山水畫今天已見不到原作了。從現存的摹本來看，這時的山水還只是作為人物畫的背景而存在，如顧愷之的《洛神賦圖》、《女史箴圖》。張彥遠的《歷代名畫記》中談六朝山水畫就已講到：「魏晉以降，名跡在人間者，皆見之矣。其畫山水，則群峰之勢，若鈿飾犀櫛，或水不容泛，或人大於山，率皆附以樹石，暎帶其地，列植之狀，則若伸臂布指。」〔註154〕從上述顧愷之的兩幅畫來看，其中的山水部分是符合張彥遠所說「水不容泛」、「或人大於山」、「伸臂布指」這一評論的，因此，這一類山水畫，無論在思想感情的表達上，還是在創作技巧的表現上，與從五代荊浩至宋代完全成熟的中國山水畫相比，還有一段相當長的距離。儘管如此，畫家筆下的山水已經具有了生動的形象，並開始進入了真實的審美階段。

　　並且，根據文獻資料的記載，這一時期可以稱得上山水畫的作品甚多，因為幾乎所有的六朝畫家都能畫山水畫〔註155〕。據《貞觀公私畫史》等記載，

〔註153〕轉引自〔唐〕張彥遠著；俞劍華注釋：《歷代名畫記》，上海：上海人民美術出版社，1964年版，第100～101頁。

〔註154〕〔唐〕張彥遠著；俞劍華注釋：《歷代名畫記》，上海：上海人民美術出版社，1964年版，第26頁。

〔註155〕陳傳席著：《六朝畫家史料》，北京：文物出版社，1990年版，第4頁。

顧愷之畫過《雪霽望五老峰圖》、《廬山圖》、《山水》六幅、《蕩舟圖》等，戴逵畫過《剡山圖卷》、《吳中溪山邑居圖》，戴勃有《九州名山圖》，宗炳有《秋山圖》，謝赫有《大山圖》，張僧繇畫過《雪山紅樹圖》，夏侯瞻畫過《吳山圖》，徐麟畫過《山水圖》，謝約畫過《大山圖》，陶宏景畫過《山居圖》，蕭繹有《遊春苑圖》、《鵁鶄陂澤圖》等。但本文認為這些記載未必可信，很可能是六朝山水畫走向獨立發展之後，有人為了提高山水畫的地位而提出來的。如果我們再逐一考察一下這裡提到的山水畫的作者的傳記，當更可見出這些作者是否能畫山水。宗炳無疑能畫山水，但他是劉宋時代的人，將他與東晉、齊梁時代的人放到一起，這是很不合理的。再從中國繪畫的發展來看，是人物畫在先，山水畫在後，所以這裡提到的山水畫大約還是與人物故事的描繪緊密相連的，只不過已經看重山水的描繪。後來的山水畫則不同，雖然也有點景人物，但山水的描繪是主體，還有不少山水畫，連點景的人物也沒有。

六朝時期專門討論山水畫的著作始於宗炳的《畫山水序》，這是山水畫走向獨立絕佳的證明。在此之前，顧愷之的《畫雲台山記》記述了山水的表現方法，描述了山水的構圖布局，如畫家對山石、水流的布置，景物、遠近的處理等等。這無疑對後來的山水畫論產生影響，但還不是山水畫論。因為顧愷之關於山水如何處理的說明，都是為了將張道陵七試弟子趙升的故事，放到一個與道教意念最為符合的自然環境中去加以表現，取得最佳的效果，而不是在討論與人物畫無關的山水畫創作問題。關於宗炳和王微對建立山水畫論的貢獻，留待下文再做專題討論。

總的來說，山水畫論的建立始於宗炳、王微，雖然還不及後世山水畫論那樣細密具體，但它從哲學美學的高度奠定了中國山水畫論的基礎，這具有劃時代的開拓性意義。

第二章　顧愷之的山水繪畫美學思想

顧愷之（又作凱之）字長康，小字虎頭，晉陵無錫（今江蘇無錫）人，東晉著名畫家及繪畫理論家。顧愷之出生於江南世族，其父顧悅之，字君叔，先是東晉揚州刺史殷浩別駕，後升至尚書右丞〔註1〕，因此顧愷之從小擁有優越的家庭條件，有機會受到充分的教育，具備文學、藝術上的基礎教養。顧愷之的生卒年不詳，歷史上有三條材料涉及到了顧愷之的活動年代和參與事件〔註2〕，但是都沒有明確地記載顧愷之的生卒年，所以後來的研究者得出的結論也不完全一致。〔註3〕總的來說，其生卒年大致在公元345年至408年前後，是東晉康帝到安帝的時代。

顧愷之一生參與政治，和當時權傾朝野的政治人物恒溫、殷仲堪、恒玄等人交往甚密。恒溫進封大司馬期間，顧愷之經常與他一起切磋書畫，並被任命為參軍，《歷代名畫記》引《世說新語》云：「恒大司馬每請長康與羊欣

〔註1〕〔唐〕房玄齡等撰：《晉書》（八），北京：中華書局，1974年版，第2404頁。

〔註2〕一是《晉書·顧愷之傳》：「年六十二，卒於官。」二是《歷代名畫記》第五卷引用《京師寺記》載顧愷之於「興寧中」（即公元364年）在瓦棺寺作畫。三是《世說新語》注引丘淵之《文章錄》云：「義熙初，為散騎常侍。」

〔註3〕姜亮夫先生定在公元341～402年（見姜亮夫：《歷代人物年里碑傳綜表》，北京：中華書局，1959年版）；馬采和溫肇桐先生認為其生卒年為建元二年（公元344年）至義熙元年（公元405年）（見馬采：《顧愷之研究》，上海：上海人民美術出版社，1957年版。溫肇桐：《顧愷之的生卒問題》，出自《中國繪畫藝術》，上海：上海出版公司，1955年版）；潘天壽先生定為公元345年～406年（見潘天壽：《顧愷之》，上海：上海人民美術出版社，1979年版）；郭味蕖、劉凌滄定為公元346～407年（見郭味蕖編：《宋元明清書畫家年表》，北京：北京人民美術出版社，1982年版；劉凌滄：《唐代人物畫》，北京：中國古典藝術出版社，1958年版）；劉綱紀先生定為公元345年～408年（見李澤厚、劉綱紀：《中國美學史·魏晉南北朝編》，合肥：安徽文藝出版社，1999年版）；鄭振鐸先生定為公元384年～410年（見鄭振鐸：《中國古代繪畫概述》，出自張薔編：《鄭振鐸美術文集》，北京：人民美術出版社，1985年版）。

論書畫，竟夕忘疲。」〔註4〕恒溫去世之後，顧愷之悲痛至極，並作詩云：「山崩溟海竭，魚鳥將何依！」〔註5〕之後，顧愷之又任殷仲堪的參軍，殷仲堪本人也是東晉名士，愛好清談和文藝，對顧愷之也深為欣賞重視。據《晉書》記載，「亦深被眷接。仲堪在荊州，愷之嘗因假還，仲堪特以布帆借之，至破冢，遭風大敗。愷之與仲堪箋曰：『地名破冢，真破冢而出。行人安穩，布帆無恙。』」〔註6〕《世說新語》中記載顧愷之還曾為殷仲堪畫像。殷仲堪去世後，顧愷之投奔恒溫的兒子恒玄，恒玄酷愛書畫，甚至不擇手段巧取強奪。《歷代名畫記》卷五記載，顧愷之「曾以一櫥畫暫寄存恒玄處，皆其妙跡所珍秘者，封題之。玄後開啟取之，詭言未開，愷之不言是玄竊去，卻云：「畫妙通靈，變化飛去，猶人之登仙也。」〔註7〕這是顧愷之對他自己作品的稱賞，同時也對被恒玄竊去不以為意，甚或感到高興。可見顧愷之的畫作深為恒玄賞識，同時也反映出顧愷之審時度勢、癡點各半的性格特徵和處世智慧。隆安初年，恒玄發動叛亂，試圖篡安帝自立，後以失敗而告終。顧愷之未牽連其中，後又出任散騎侍郎，不久卒於官。

　　儘管如此，顧愷之並不是一位真正意義上的政治家或軍事家，他只是因才氣卓絕而為當時一些政治人物所欣賞，因委之小任，使之常隨左右。令顧愷之名垂千古的是他在文藝、尤其是繪畫方面的成就。時人稱顧愷之有三絕，即畫絕、文絕和癡絕。在文學領域，顧愷之留下《雷電賦》、《觀濤賦》、《湘中賦》等作品，鍾嶸評價其「文雖不多，氣調驚拔」〔註8〕。在繪畫方面，顧愷之與、陸探微、張僧繇合稱「六朝三大家」。但在顧愷之以繪畫名動京師的時，陸探微、張僧繇等人尚未出生，因此陸、張之繪畫應也受到顧的影響。關於如何評價顧愷之繪畫的成就，歷史上頗有爭議，但顧愷之的成就是毋庸置疑的，只不過因評論者處於不同時代，又各有不同的審美要求，故有不同的看法。顧愷之還是一位卓越的繪畫理論家，他在曹丕、曹植、陸機諸人之

〔註4〕〔唐〕張彥遠著；俞劍華注釋：《歷代名畫記》，上海：上海人民美術出版社，1964年版，第99頁。

〔註5〕〔南朝宋〕劉義慶著；余嘉錫箋疏：《世說新語箋疏》（上冊），北京：中華書局，2007年版，第175頁。

〔註6〕〔唐〕房玄齡等撰：《晉書》（八），北京：中華書局，1974年版，第2404頁。

〔註7〕〔唐〕張彥遠著；俞劍華注釋：《歷代名畫記》，上海：上海人民美術出版社，1964年版，第97頁。

〔註8〕〔南朝梁〕鍾嶸著；周振甫譯注：《詩品譯注》，北京：中華書局，1998年版，第65頁。

後，總結東晉時繪畫的成就和他自己在創作中的切身體驗，提出了「以形寫神」、「遷想妙得」、「玄賞則不待喻」等有重要美學意義的觀點，標誌著中國古代繪畫思想進入了一個自覺探討繪畫的美學特徵的階段，為後來中國畫論的發展奠定了重要基礎。

從思想傾向上來講，顧愷之兼有儒、道、玄學，及道教、佛學等思想。本文導論中已講過，六朝士大夫階層是以研習儒家經典起家的，儒學思想自然而然地滲透到他們思想的最深處，因而顧愷之畫作中有很大一部分是宣揚儒家政治道德的，如《列女仁智圖》、《女史箴圖》等。而整個社會大背景的黑暗使得文人士大夫不得不暫時放下儒學積極入仕的理想，轉而思考人生的價值和個體存在的意義，因此道家思想和受道家影響的玄學清談空前興盛，顧愷之詩文亦體現出強烈的玄學傾向。他推崇嵇康，常常引用嵇康的詩來談論繪畫：「手揮五弦易，目送歸鴻難。」〔註9〕不僅如此，時人稱顧愷之「癡點過半」，這種亦癡亦點的性格就是玄學名士們放達不拘、安時處順的思想的體現。除此之外，顧愷之也有佛教、道教思想，他的畫名動京師，就是從為瓦棺寺作佛教壁畫開始的，《維摩詰圖》是他的成名之作。此外，《廬山圖》也與佛教密切相關。而《畫雲台山記》中描繪張天師的故事也表明顧愷之對天師道頗為推崇，據陳寅恪先生考證，晉時人名帶有「之」字的，其人多半信奉天師道。顧愷之複雜的思想傾向，既受特殊時代的影響，也與他的個人經歷有關。但總的來說，玄學思想在顧愷之思想中佔有更為重要的位置。

伴隨著玄學、佛學與道教的興盛，東晉成為歷史上山水遊賞活動蓬勃發展、山水審美意識覺醒的時期，對玄學素有研究的顧愷之自然也是山水遊賞的熱情參與者和卓越的欣賞者。興寧年間，顧愷之加入恒溫的集團之後，從揚州取道江陵，逆江而行到達湖北荊州，再進入四川境內，一路上飽遊飫看，因而有了關於會稽、虎丘、天台和雲台山的精彩描述。如《世說新語》記載：「顧長康從會稽還。人問山川之美，顧云：「千岩競秀，萬壑爭流，草木蒙籠其上，若雲興霞蔚。」〔註10〕對於自然山水，顧愷之的這番描述是生動形象且耐人尋味的。《藝文類聚》載：「晉顧愷之《觀濤賦》曰：『臨浙江以北眷，壯滄海之宏流，水無涯而合岸，山孤映而若浮。既藏珍而納景，且激波而揚濤。其中則有珊瑚明月，石帆瑤瑛，雕鱗採介，特種奇名。崩巒填壑，傾堆

〔註9〕〔唐〕房玄齡等撰：《晉書》(八)，北京：中華書局，1974年版，第2405頁。
〔註10〕〔南朝宋〕劉義慶著；余嘉錫箋疏：《世說新語箋疏》(上冊)，北京：中華書局，2007年版，第170頁。

漸隅。岑有積螺，嶺有懸魚。謨茲濤之為體，亦崇廣而宏濬。形無常而參神，斯必來而知信。勢剛凌以周威，質柔弱以協順。』」〔註11〕生動地描繪了錢塘江漲潮時的雄壯氣勢和瑰麗景象。又如「恒征西治江陵城甚麗，會賓寮出江津望之，云：『若能目此城者有賞。』顧長康時為客，在座，目曰：『遙望層城，丹樓如霞。』恒即賞以二婢。」〔註12〕上引種種論述說明，顧愷之是何等熱愛大自然的山水之美，並有豐富深切的感受，所以他雖然還不是一個專門的山水畫家，但在畫人物時高度重視人物所處的自然環境的設計和描繪，使之與所表現的人物故事有機地統一起來。雖然描寫的技法還嫌稚拙，但確實產生了一種與表現的人物相統一的自然氛圍。他為畫張天師的故事而設計的對雲台山背景的描繪已不可得見，但現存摹本《洛神賦圖》（見附圖一至附圖四）可以相當充分地說明這一點。此外，他針對人物畫而提出的「以形寫神」的原則也深刻影響到山水畫論。從宗炳、王微開始，實際上已意識到不僅人有神可寫可傳，山水也是這樣。到了宋代文人山水畫大興之後，即明確指出山水畫是用以傳山水之神的。

第一節　顧愷之的繪畫創作和理論

在中國繪畫史上，顧愷之是第一位有作品可考的著名畫家。前面講到，東晉著名的政治人物對顧愷之器重有加，並不是出於政治和軍事的考慮，而是愛慕他在繪畫方面的卓越才華，與之同時代的政治家謝安就讚歎顧愷之的繪畫藝術是「有蒼生來所無。」〔註13〕下面從顧愷之的繪畫創作實踐和繪畫作品入手，對顧愷之的藝術成就和繪畫美學思想作一系統的梳理分析。

一、顧愷之的繪畫創作

《歷代名畫記》第二卷《敘傳授南北時代》云：「顧愷之、張墨、荀勖，師於衛協。」〔註14〕由於時代久遠，我們已經無法見到顧愷之繪畫作品的真

〔註11〕〔唐〕歐陽詢撰；汪紹楹校：《藝文類聚》，上海：上海古籍出版社，1965 年版，第 164 頁。

〔註12〕〔南朝宋〕劉義慶著，余嘉錫箋疏：《世說新語箋疏》（上冊），北京：中華書局，2007 年版，第 167～168 頁。

〔註13〕〔南朝宋〕劉義慶著；余嘉錫箋疏：《世說新語箋疏》（下冊），北京：中華書局，2007 年版，第 846 頁。

〔註14〕〔唐〕張彥遠著；俞劍華注釋：《歷代名畫記》，上海：上海人民美術出版社，1964 年版，第 29 頁。

蹟，留下來的是各個時期的摹本。他所師從的衛協之作更是無從得見了。但關於顧愷之繪畫創作的經歷、故事卻在很多文獻中保存下來，並產生了廣泛的影響。《歷代名畫記》引京師記云：「興寧中瓦棺寺初置，僧眾設會，請朝賢鳴剎注疏。其時士大夫莫有過十萬者，既至長康，直打剎注百萬。長康素貧，眾以為大言。後寺眾請勾疏，長康曰：『宜備一壁』，遂閉戶一月餘日，所畫《維摩詰》一軀，工畢，將欲點眸子，乃謂寺僧曰：『第一日觀者請施十萬，第二日請五萬，第三日可任例責施。』及開戶，光照一寺，施者填咽，俄而得百萬錢。」〔註15〕此時的顧愷之不到 20 歲，因為在瓦棺寺畫維摩詰圖而畫名大顯。這段文字現在讀來不免有誇張之嫌，但卻反映了顧愷之的繪畫在當時的社會是極具吸引力和藝術魅力的。維摩詰是佛教經典中的居士，曾與文殊菩薩談論佛教教義。六朝時期，士大夫貴族們熱衷於研讀《維摩經》，因而維摩詰是繪畫和雕塑的常見題材，而顧愷之的維摩像又是其中的首創，其意義不言而喻。唐代詩人杜甫曾見過這幅壁畫，並作詩云：「虎頭金粟影，神妙最難忘。」〔註16〕後來也不斷有人模仿或者創製維摩圖，但始終不及顧愷之的神妙，如張彥遠說：「顧生首創《維摩詰像》，有清羸示病之容，隱几忘言之狀，陸與張皆倣之，終不及矣。」〔註17〕這是說顧愷之的維摩像能生動地表現維摩的秀骨清像和隱几沉思的神態，是其他倣仿者模仿不來的。宋代葛立方也講到：「自古畫維摩詰者多矣，陸探微、張僧繇、吳道子皆筆法奇古，然不若顧長康之神妙。」〔註18〕只可惜唐會昌五年（公元 845 年），唐武宗下令毀天下寺，宰相李德裕將維摩圖轉移至甘露寺，大中七年（公元 853年）又被壽州刺史盧簡辭轉入內府。唐亡後失去蹤影，就連摹本也沒有保存下來，甚或當時並無摹本。

　　顧愷之少年成名，六十二歲卒於官，在古代雖非高壽，但也稱長壽。因此，他一生畫跡甚多，除了前文所講的被恒玄竊取的一箱書畫以外，歷代各

〔註15〕〔唐〕張彥遠著；俞劍華注釋：《歷代名畫記》，上海：上海人民美術出版社，1964 年版，第 99 頁。

〔註16〕〔唐〕杜甫撰：《送許八拾遺歸江寧》，引自〔清〕彭定求等編；中華書局編輯部點校：《全唐詩》（第四冊），北京：中華書局，1999 年版，第 2418頁。

〔註17〕〔唐〕張彥遠著；俞劍華注釋：《歷代名畫記》，上海：上海人民美術出版社，1964 年版，第 41 頁。

〔註18〕〔宋〕葛立方著：《韻語陽秋》，載〔清〕曹溶：《學海類編》（影印本），上海：涵芬樓，第 52 冊，卷十四，1920 年版。

種著錄中有很多記載，光有名目的就多達 77 件〔註 19〕。題材非常廣泛，除了當時流行的名士肖像、佛教圖像以外，還有飛禽走獸、神仙圖卷、山水等，無所不工。然而「紙壽千年，絹壽八百」，早在宋代，這些繪畫作品絕大部分就已經無跡可尋，留存至今的只有《女史箴》、《洛神賦圖》、《列女仁智圖》和《斫琴圖卷》四卷，雖然這些作品是被認為是摹本，可能與真蹟相差甚遠，但千載之下，猶可遙窺顧愷之筆墨神情，因此是研究顧愷之藝術風格的希世珍品。

《女史箴圖》為著色素絹本，歷經唐代弘文館、宋代劉有方、宋徽宗、明代嚴嵩、大收藏家項墨林等人收藏，後為清乾隆皇帝所得，歸於清宮，現藏於英國倫敦大英博物館。唐及唐之前沒有關於《女史箴圖》的相關記載，宋代《宣和畫譜》最早將該圖歸於顧愷之名下。此外，宋代米芾《畫史》、明陳繼儒《妮古錄》、清《石渠寶笈》等著作中也有記載。「女史」是女官名，後來成為對知識婦女的尊稱，「箴」即規勸、勸誡之意。《女史箴圖》源於西晉張華《女史箴》一文。西晉惠帝弱智無能，皇后賈南風獨攬大權，大臣張華於是收集歷史上各代先賢聖女的事蹟作《女史箴》，全文共十二段，諷刺賈后干預政治，以示勸誡和警示，並成為「苦口陳箴、莊言警世」的名篇，流傳甚廣。顧愷之的《女史箴圖》就是根據張華《女史箴》的內容，以十二段畫面配以箴文來形象地揭示其中的含義。現存的《女史箴圖》共九段（前三段遺失），分別講述了馮婕妤以身擋熊、班婕妤割歡同輦、武士射虎、修容飾性、出其言善、比心螽斯、致盈必損、靜恭自思、敢告庶姬等內容。整幅畫採用了魏晉時期流行的長卷軸形式，色澤鮮豔，神氣完足，尤其注重人物神態的表現，筆法飄逸，意態隨出。雖然是表現儒家對古代宮廷婦女的禮法箴規，但卻一點也不刻板呆滯，使我們看到了宮廷婦女的種種極生動而又個性的風采形象。其原因在於顧愷之雖有儒家思想，但不是張華那樣一種正統的儒家。在以道釋儒的玄學產生之後，儒家思想已滲入了道家思想，對個性的強調也上升至重要地位，儒家禮法已鬆弛了。此外，原作上面蓋滿了歷代收藏家和皇帝的印章，還有顧愷之的簽名。

〔註 19〕 其中唐代裴孝源的《貞觀公私畫史》中記載 17 幅。唐張彥遠記載 38 幅，但其中 8 件與《貞觀公私畫史》中所記重合。北宋《宣和畫譜》記載 9 件。此外，北宋郭若虛《圖畫見聞志》、宋米芾《畫史》、宋周密《雲煙過眼錄》、明董其昌《畫禪室隨筆》等書中累計記載顧愷之畫作 21 件。

　　《洛神賦圖》是根據建安詩人曹植的文學作品《洛神賦》而創作，《洛神賦》講述的是詩人愛情受挫，未能與所愛的人結合，因而通過神話故事，在想像的空間中讓自己與洛水美麗的女神相遇，以表達詩人對失去的愛情的傷懷和思念。其實在古代也包含有人臣不能見知於君主之意。此賦不同於漢代那些呆板硬湊的賦，頗受屈原影響，充滿豐富的想像與激越的感情。在它產生後 150 年，書法家王獻之將其書寫成篇，成為書法史上的經典名作。顧愷之的《洛神賦圖》最早為元代湯垕《古今畫鑒》記載，後明代茅維《南陽名畫表》、汪珂玉《珊瑚網》中均有記錄。《洛神賦圖》現存五個摹本，分別藏於北京故宮博物院、遼寧省博物館、臺北故宮博物院、美國弗利爾博物館、英國大不列顛博物院，基本上是宋代摹本。《洛神賦圖》是一幅插圖橫卷，採用略近於連環畫的形式，將《洛神賦》中的情景分段描繪出來，曲折細緻而又層次分明，和表現張華所寫《女史箴》的《女史箴圖》類似。但《洛神賦》是純粹的文學作品，情節曲折複雜，涉及天上人間，想像奇麗，因此與《女史箴圖》相比，整體畫面更為宏大繁複，手法多變，形式雋永。從藝術創作形式上看，是詩畫結合的最早範例。此畫風格稚拙古雅，用色明麗而不輕浮，行筆細勁而宛轉自然，有古人所說「春蠶吐絲」之美。但又有許多對自然景色的描繪，因為洛神是水神，不能脫離自然山水而存在。畫中對自然山水的描繪又作了精心構思，近景中岸邊的樹石與一望無際的洛水相映襯，為洛神的出現營造了一個清麗而遼闊的自然空間。同時也體現了早期山水畫「人大於山，水不容泛」[註20] 的特點。其實此畫對洛水的描繪空間是飄渺無垠的，只是近景中為了突出人物而出現了此種情況，而且確實也增強了表現洛神的藝術效果。清代的李葆恂評述此畫說：「人物樹木，純樸蕭穆，如見太古時物，令人生敬慕之心，真海內第一名跡也。」[註21] 在種種評論中，這抓住了全畫的整體效果與特徵，及其在歷史上的地位。

　　《列女仁智圖》現藏於北京故宮博物院。該圖取材於西漢劉向所著《列女傳》，全書共七卷，將女子的行為分為母儀、賢明、仁智、貞順、節義、辨通、孽嬖七類，以之為古代女子行為須遵守的道德規範。在劉向著《列女傳》的時候，就有多種版本的《列女圖》流行於世，這是漢代遵儒在道德觀上的

〔註20〕〔唐〕張彥遠著；俞劍華注釋：《歷代名畫記》，上海：上海人民美術出版社，1964 年版，第 26 頁。

〔註21〕俞劍華等編著：《顧愷之研究資料》北京：人民美術出版社，1962 年版，第 176 頁。

表現。與顧愷之同時代的衛協、戴逵等人也曾畫過列女圖。相傳為顧愷之所作的《列女仁智圖》是一個殘本，畫的是《列女傳》中「仁智卷」部分，仁智卷共收集 15 個列女故事，但畫卷現存八段，分別表現「楚武鄧曼」、「許穆夫人」、「曹僖負羈妻」、「孫叔敖母」、「晉伯宗妻」、「靈靈公夫人」、「魯漆室女」、「晉羊叔姬」的故事。該畫卷構圖命意較為簡單，但人物線條粗獷流暢，造型準確，其中對婦女形象的描繪體態輕盈，婀娜多姿，甚為絕妙。在衣冠服飾、器物造型上，基本上保存了漢代風貌，和漢代畫像石、畫像磚和壁畫中的圖像有相似之處。《斫琴圖卷》是宋代摹本，描繪的是文人學士正在製作古琴的場景，畫中有 14 個人，或斷板、或聽音、或旁觀指揮，還有幾位侍者執扇在旁。畫面寫實而生動，線條細勁挺秀，文人長眉修目、面容方整、風度文雅，恰到好處地把握了人物的內在性情。

關於這四件作品的具體創作年代、作者或摹者等問題，古今的學術界和書畫鑒定界一直爭論不休。楊新、巫鴻、方聞、唐蘭、金維諾等專家力證這些畫非顧愷之本人所作，但由於歷代帝王和收藏家對這幾幅畫都珍視有加，因此人們依然把這四件作品作為研究顧愷之畫風技巧的重要依據，並且也有很多學者傾向於將這些作品看做是顧愷之的可信之作，〔註 22〕關於作品真偽及具體年代的考證並不是本文討論的重點，在此存而不論。但這些作品被認為是顧愷之之作，當不會完全是空穴開風，所以對研究顧愷之繪畫仍有值得重視的意義。

在古代，除了謝安口頭評價「顧長康畫，有蒼生來所無」〔註 23〕之外，最早對顧愷之的繪畫作品進行系統品評的是南齊謝赫。但謝赫對顧愷之的評價並不高，他將顧愷之列為第三品第二人，在姚曇度之下，並且說：「格體精微，筆無妄下，但跡不逮意，聲過其實。」〔註 24〕這是畫史上的「謝氏黜顧」，對於這一評價，稍晚於謝赫的姚最並不贊同，他在《續畫品錄》中說：

〔註 22〕如唐蘭先生說：「《洛神賦圖》目前所見都是宋摹本，⋯⋯從繪畫的作風來看，突出人物情節，山水樹木鳥獸等背景還很古拙，可信它的原本是 4 世紀的，就是這幾個摹本也已經六、七百年了。既然宋人臨摹如此之廣，既然歷代相傳認為這幅是顧愷之本，我們就可以把它看做是顧氏的作品。」唐蘭：《試論顧愷之的繪畫》，載《文物》，1961 年第 6 期。持此觀點的還有金維諾先生。

〔註 23〕〔南朝宋〕劉義慶著；余嘉錫箋疏：《世說新語箋疏》（下冊），北京：中華書局，2007 年版，第 846 頁。

〔註 24〕〔南朝齊〕謝赫撰：《古畫品錄》，引自俞劍華編著：《中國古代畫論類編》（上），北京：人民美術出版社，1998 年版，第 360 頁。

「至如長康之美，擅高往策，矯然獨步，始終無雙。有若神明，非庸識之所能效；如負日月，豈末學之所能窺？荀、衛、曹、張，方之蔑矣；分庭抗禮，未見其人。謝、陸聲過於實，良可於邑，列於下品，尤所未安。斯乃情有抑揚，畫無善惡。曲高和寡，非直名謳；泣血謬題，寧止良璞！將恐疇訪理絕，永成淪喪；聊舉一隅，庶同三益。」〔註25〕唐李嗣真和張懷瓘也為顧愷之辯護：「顧生天才傑出，獨立亡偶，何區區荀、衛而可濫居篇首？不興又處顧上，謝評甚不當也。顧生思侔造化，得妙物於神會，足使陸生失步、荀侯絕倒。以顧之才流，豈合甄於品匯？列於下品，尤所未安！今顧、陸請同居上品。」〔註26〕張懷瓘云：「顧公運思精微，襟靈莫測，雖寄跡翰墨，其神氣飄然在煙霄之上，不可以圖畫間求。象人之美，張得其肉，陸得其骨，顧得其神，神妙亡方，以顧為最。」〔註27〕張彥遠綜合前人的看法，在《歷代名畫記》中從各個角度對顧愷之進行了綜合的評價，如「顧生之跡，天然絕倫，評者不敢一二。」〔註28〕「顧愷之之跡緊勁聯綿，循環超忽，調格逸易，風趨電疾，意存筆先，畫盡意在，所以全神氣也」〔註29〕，此後，顧愷之在中國繪畫上史上的地位基本確定下來。《宣和畫譜·道釋敘論》：「晉宋則顧陸，梁隋則張展輩，蓋一時出乎其類，拔乎其萃者矣。」〔註30〕元湯垕《古今畫鑒》：「顧愷之畫如春蠶吐絲，初見甚平易，且形似時或有失，細視之，六法兼備，有不可以語言文字形容者。」〔註31〕現代畫家及評論家傅抱石先生更是將顧愷之置於繪畫的開山之祖的位置：「他（顧愷之）在中國的畫學演進史上是開山祖，在中國的山水畫史上也是一位獨闢弘途的功臣，他不但代表

〔註25〕〔南朝陳〕姚最撰：《續畫品》，引自俞劍華編著：《中國古代畫論類編》（上），北京：人民美術出版社，1998年版，第369頁。

〔註26〕〔唐〕張彥遠著；俞劍華注釋：《歷代名畫記》，上海：上海人民美術出版社，1964年版，第100頁。

〔註27〕〔唐〕張彥遠著；俞劍華注釋：《歷代名畫記》，上海：上海人民美術出版社，1964年版，第100～101頁。

〔註28〕〔唐〕張彥遠著；俞劍華注釋：《歷代名畫記》，上海：上海人民美術出版社，1964年版，第28頁。

〔註29〕〔唐〕張彥遠著；俞劍華注釋：《歷代名畫記》，上海：上海人民美術出版社，1964年版，第34頁。

〔註30〕盧輔聖主編：《中國書畫全書》（2），上海：上海書畫出版社，1993年版，第63頁。

〔註31〕盧輔聖主編：《中國書畫全書》（2），上海：上海書畫出版社，1993年版，第894頁。

了第四世紀初葉前後的畫壇，今日看起來，也許足以稱為第七世紀以來的惟一大家。」〔註32〕

　　歷史上有關謝赫對顧愷之繪畫評價的種種爭論，都與謝赫著《古畫品錄》的時代有關。從中國繪畫的發展看，謝赫處於張彥遠所說「細密精緻而臻麗」的「中古」時期，並且是梁代一位重要的宮廷畫家，並受到梁代宮體詩的影響，十分重視用工細的寫實手法將梁代帝王蕭繹等在宮體詩中所詠唱的宮中「佳人」描繪出來。對於佛像、神仙的描寫，謝赫所推崇的也是一種嚴密工整的畫法。因此，他對於張彥遠所說「跡簡意澹而雅正，顧陸之流」的「上古之畫」，特別是顧愷之的充滿玄學意味的畫當然不可能給以高度的評價。到梁代過去之後，在梁代之前已由宗炳、王微開其端的玄佛合流的山水畫不斷發展起來，受宮體詩影響而被重視的對宮中「佳人」的描繪被認為是淫蕩的表現，鑒戒賢愚才是人物畫的重大功能。在這種情況下，謝赫對顧愷之給以很低的評價，就為許多人無法容忍，差不多成了眾矢之的。但如果因此而將謝赫與顧愷之絕對對立起來，那是不對的。因為正是謝赫第一次把如何做到顧愷之提出的「以形寫神」加以具體化，提出「六法」，為中國畫論的發展作出了不可磨滅的貢獻。後世所有的人即使深深不滿於謝赫對顧愷之的評價，但沒有一個人因此否定「六法」。元代的湯垕還用「六法兼備」來稱讚肯定顧愷之的畫。

　　本文第一章已指出，在顧愷之之前的秦漢時期，中國的繪畫，尤其是人物畫就已取得了一定的進展，並湧現出一批有名的畫家，因此說顧愷之是中國畫的開山之祖未免太過拔高。但是顧愷之之前的繪畫創作多少還處於一種尚未充分自覺的狀態，不僅技法幼稚，而且其目的意義主要不在繪畫藝術本身，而在使人瞭解歷史，分清賢愚。到了顧愷之，繪畫創作逐漸突破禮教和政治的拘束〔註33〕，轉而重視人物的言論風采和才華，體現出新方法和新的藝術表現目的，使繪畫藝術的視野不斷擴大，成為真正的藝術品。為此，馬采先生說道：「我國古代藝術到了顧愷之，才真正擺脫了表現上的古拙呆滯，變成周瞻完美、生動活潑。」〔註34〕

〔註32〕葉宗鎬選編：《傅抱石美術文集》，南京：江蘇文藝出版社，1986年版，第413頁。

〔註33〕儘管《女史箴圖》和《列女仁智圖》取材於禮教和政治，但在表現的過程中，顧愷之一再強調人物的精神氣質和繪畫本身的意趣。

〔註34〕馬采著：《顧愷之研究》，上海：上海人民美術出版社，1957年版，第12頁。

不僅如此，令顧愷之名垂千古的還在於和較前人及與他同時代的人相比，他的畫具有較高的思想情感深度，表現的方式又耐人尋味，這是顧愷之「天才獨步」的最重要的體現。顧愷之之所以能做到這一點，是因為他在玄學思想的影響下，率先對繪畫藝術的特徵與功能進行了深入的思考，代表了四世紀時最初開始成熟起來的繪畫理論的新成就，初步確立了中國繪畫理論批評的基礎，後人的繪畫理論和品評系統是在這一嘗試的基礎上逐步完善起來的。因此無論時代如何變遷，顧愷之在中國繪畫史上始終佔據著重要的地位。

二、顧愷之的畫論

和繪畫作品相比，顧愷之的畫論影響力更大。顧愷之的畫論流傳下來的有三篇，均由張彥遠的《歷代名畫記》記載而得以保存下來，這三篇畫論分別是《論畫》、《魏晉勝流畫贊》和《畫雲台山記》。關於這三篇畫論，日本學者和中國學者都做了很多基礎性的研究，尤其是對文字和篇名都有詳細的校注和辨偽〔註35〕，為後來的學者準確理解這三篇畫論有很大幫助。

《論畫》和《魏晉勝流畫贊》是兩篇頗有爭議的文章，有的學者認為，《論畫》與《魏晉勝流畫贊》篇題是相互錯置的〔註36〕，因為張彥遠所引的《論畫》大部分內容是品評魏晉畫作，而所引《魏晉勝流畫贊》討論的是摹寫要法，而且張彥遠在《歷代名畫記》中也講到：「（顧愷之）著《魏晉名臣畫贊》，評量甚多。又有《論畫》一篇，皆模寫要法。」〔註37〕所以俞劍華、楊成寅先生認為應將這兩篇文章加以調換。但是本文對這種處理方式持保留意見。首先，中國古代的繪畫都要從模寫開始，再傑出的畫家也要經歷一個揣摩舊

〔註35〕由於顧愷之生活的時代距離現在太遠，因此，他的畫論和繪畫作品一樣受到質疑，溫肇桐先生認為《畫雲台山記》與六朝山水畫發展規律不符。陳傳席進一步指出，《畫雲台山記》的構圖完全脫離了六朝山水畫的形式。伺慶指出，《畫雲台山記》未必是顧愷之所作、張彥遠所收，也不是畫前的構思，而是畫作完成後別人的評論。韋賓先生從現存顧愷之文學作品出發，指出顧愷之畫論三篇的文風與顧愷之不合，皆偽。

〔註36〕金維諾先生認為《論畫》與《魏晉勝流畫贊》篇題是相互錯置的。俞劍華也認為張彥遠的《歷代名畫記》在引用顧愷之畫論的時候將其內容混淆了。而唐蘭、俞陳傳席先生又有不同看法，唐蘭認為《論畫》乃評畫之文，《魏晉勝流畫贊》是顧愷之對其所繪魏晉勝流的讚語，故篇名沒有誤倒。陳傳席先生根據張彥遠多次引用顧愷之《論畫》內容進而判斷《論畫》、《畫贊》「文」、「題」不誤。

〔註37〕〔唐〕張彥遠著；俞劍華注釋：《歷代名畫記》，上海：上海人民美術出版社，1964年版，第98頁。

作，學習前人技法的過程，因而《論畫》以品評前人畫作為主要內容也不足為奇，這表明顧愷之的創作心得來源於對前人的學習和揣摩，而非閉門造車，所以原文以《論畫》貫之，並無不妥。其次，《魏晉勝流畫贊》中提到「凡吾所造諸畫」，說明顧愷之並不是在品評他人的畫作，而是根據自己所繪的魏晉勝流畫像來討論繪畫創作中的技法和經驗問題，因此接下來談論模寫要法也在情理之中，這再次說明了模寫在古代中國畫中的基礎性作用。後來謝赫提出「六法」，也將「傳移模寫」列為最後一法。再次，《魏晉勝流畫贊》雖然沒有具體評價魏晉勝流或勝流的畫作，但其中「寫自頸以上，寧遲而不雋」、「其於諸像，則像各異跡」等句子和人物畫像不無關係，並且顧愷之的畫論在流傳過程中本來就有不少遺漏脫錯，一篇文章中出現和標題不完全對應的內容，在古書的流傳中也是常見的現象。

《論畫》和《魏晉勝流畫贊》都是關於人物畫的理論，並且在思想上具有一定的連貫性，因此本文按照明王世貞《王氏畫苑》〔註38〕本將這兩篇文章分別摘錄如下，便於下文分析顧愷之的繪畫美學思想，至於《畫雲台山記》，將在具體分析其中的山水美學思想時再來陳述。

首先是《論畫》：

顧愷之《論畫》曰：凡畫，人最難，次山水，次狗馬；臺榭一定器耳，難成而易好，不待遷想妙得也。此以巧歷不能差其品也。

《小列女》：面如銀刻削為容儀，不畫（「畫」或作「盡」）生氣。又插置丈夫支（即「肢」）體，不似自然。然服章與眾物既甚奇，作女子尤麗衣髻，俯仰中一點一畫皆相與成其豔姿，且尊卑貴賤之形覺然易了，難可遠過之也。

《周本記》：重疊彌綸，有骨法。然人形不如《小列女》也。

《伏羲神農》：雖不似今世人，有奇骨而兼美好。神屬冥芒，居然有得一之想。

《漢本記》：李（應為「季」）王首也，有天骨而少細美。至於龍顏一像，超豁高雄，覽之若面也。

《孫武》：大苟首也，骨趣甚奇。二婕以憐美之體，有驚據之

則。著以臨見妙裁，尋其置陳布勢，是達畫之變也。

《醉客》：作人形，骨成而製衣服幔之，亦以助神醉耳。多有骨俱，然藺生變趣，佳作者矣。

《穰苴》：類孫武而不如。

《壯士》：有奔騰大勢，恨不盡激揚之態。

《列士》：有骨俱，然藺生恨意列（應為「急烈」），不似英賢之概，以求古人，未之見也。然秦王之對荊軻，及覆大蘭（應為「乃復大閒」），凡此類，雖美而不盡善也。

《三馬》：雋骨天奇，其騰罩如躡虛空，於馬勢盡善也。

《東王公》：如小吳神靈，居然為神靈之器，不似世中生人也。

《七佛及夏殷與大列女》：二皆衛協手，傳（應為「偉」）而有情勢。

《北風詩》：亦衛手，恐（應為「巧」）密於精思名作，然未離南中。南中像興，即形布施之像，轉不可同年而語矣。美麗之形，尺寸之制，陰陽之數，纖妙之跡，世所併貴。神儀在心，而手稱其目者，玄賞則不待喻。不然真絕夫人心之達，不可惑以眾論。執偏見以擬過者，亦必貴觀於明識。未（應為「末」）學詳此，思過半矣。

《清遊池》：不見京鎬，作山形勢者，見龍虎雜獸。雖不極體以為舉勢，變動多方。

《七賢》：唯嵇生一像欲佳，其餘雖不妙合，以比前諸竹林之畫，莫能及者。

《嵇輕車詩》：作嘯人，似人嘯，然容悴不似中散。處置意事既佳，又林木雍容調暢，亦有天趣。

《陳太丘二方》：太丘夷素似古賢，二方為爾耳。

《嵇興》：如其人。

《臨深履薄》：兢戰之形異佳有裁。自《七賢》以來，並戴（按：指戴逵）手也。

　　文章開頭簡明地表達了作者對繪畫創作的看法，即要明白「遷想妙得」，這是顧愷之在繪畫理論上的一大貢獻。以此為標準，顧愷之談到了表現對象

的難易：人最難，次山水，次狗馬，臺榭一定器耳，難成而易好，不待遷想妙得也。這也說明，至遲在東晉時期，中國畫有了初步的分類，人物、山水、禽鳥、臺榭（臺榭後發展成界畫）各有特殊性，因而在表現方法上也需要區分開來。在此基礎上，顧愷之具體品評了二十幅魏晉畫家的畫作，並以此來印證作者的繪畫觀，可謂中國古代最早品評繪畫藝術的文字，其中包含了許多有哲學美學高度的思想，並不是僅僅在講技法、技巧問題。南齊謝赫《古畫品錄》及以後的品評著作都直接或間接地受了《論畫》的影響。

顧愷之的第二篇畫論是《魏晉勝流畫贊》：

> 凡將摹者，皆當先尋此要，而後次以即事。

> 凡吾所造諸畫，素幅皆廣二尺三寸。其素絲邪者不可用，久而還正則儀容失。以素摹素，當正掩二素，任其自正而下鎮，使莫動其正。筆在前運而眼向前視者，則新畫近我矣。可常使眼臨筆。止隔紙素一重，則所摹之本遠我耳。則一摹蹉積，積蹉彌小矣。可令新跡掩本跡而防其近內。防內，若輕物宜利其筆，重宜陳其跡，各以全其想。譬如畫山，跡利則想敷（應為「動」），傷其所以嶷。用筆或好婉，則於折楞不雋；或多曲取，則於婉者增折。不兼之累，難以言悉，輪扁而已矣。寫自頸以上，寧遲而不雋，不使遠（應為「速」）而有失。其於諸像，則像各異跡，皆令新跡彌舊本。若長短、剛軟、深淺、廣狹與點睛之節，上下、大小、醲薄有一毫小失，則神氣與之俱變矣。竹、木、土，可令墨彩色輕；而松竹葉醲也。凡膠清及彩色，不可進素之上下也。若良畫黃滿素者，寧當開際耳。猶於幅之兩邊，各不至三分。人有長短，今既定遠近以矚其對，則不可改易闊促，錯置高下也。凡生人亡有手揖眼視而前亡所對者，以形寫神而空其實對，荃生之用乖，傳神之趨失矣。空其實對則大失，對而不正則小失，不可不察也。一像之明昧，不若悟對之通神也。

這篇文章是顧愷之根據自己的創作實踐來談創作中的模寫要法，其中涉及到絹素大小、質量、運筆、用眼、用墨、造型等細節問題，最富深意的是「以形寫神」這一觀點的提出，這成為顧愷之繪畫理論的核心，下文具體討論。

除此之外，《世說新語》、《晉書·顧愷之傳》、《太平御覽》等書中也有幾

條顧愷之關於繪畫的言論，如「顧長康畫人，或數年不點目精。人問其故，顧曰：『四體妍蚩，本無關於妙處；傳神寫照，正在阿堵中。』」〔註39〕「愷之每重嵇康四言詩，因為之圖，恒云：『手揮五弦易，目送飛鴻難』」〔註40〕「顧長康畫裴叔則，頰上益三毛。人問其故，顧曰：『裴楷俊朗有識具，正此是其識具』看畫者尋之，定覺益三毛如有神明，殊勝未安時」〔註41〕「顧長康畫謝幼輿在岩石裏。人問其所以，顧曰：『謝云；『一丘一壑，自謂過之。』此子宜置丘壑中。』」〔註42〕「顧長康好寫起人形。欲圖殷荊州，殷曰：『我形惡，不煩耳。』顧曰：『明府正為眼耳，但明點童子，飛白拂其上，使如輕雲之蔽日。』」〔註43〕對於這些畫論及言論中包含的美學思想，下文將予以詳細分析。

第二節　顧愷之的人物畫美學思想

　　由以上分析可知，顧愷之的繪畫美學思想集中體現在以上兩篇畫論和留待下文討論的《畫雲台山記》中，此外就是見於《世說新語》、《晉書‧顧愷之傳》、《太平御覽》等有關記載。這些畫論和言論雖然零散，但卻包含了幾個核心的概念，如以形寫神、遷想妙得、神儀在心等，以及由此構成的一個相對完整的畫論思想。綜而觀之，顧愷之繪畫美學思想可概括為「傳神」二字，這是顧愷之繪畫美學思想的核心。其中的以形寫神、遷想妙得、神儀在心都是「傳神」理論在不同層面的體現。

一、以形寫神

　　形神問題是中國哲學美學中的基本範疇之一。它形成於先秦兩漢，最早是關於精神與肉體的關係問題的探討，主要是一種哲學認識論和接近於自然科學的研究，但這一問題在繪畫領域也產生了廣泛的影響。其原因在於中國

〔註39〕〔南朝宋〕劉義慶著；余嘉錫箋疏：《世說新語箋疏》（下冊），北京：中華書局，2007 年版，第 849 頁。

〔註40〕〔唐〕房玄齡等撰：《晉書》（八），北京：中華書局，1974 年版，第 2405 頁。

〔註41〕〔南朝宋〕劉義慶著；余嘉錫箋疏：《世說新語箋疏》（下冊），北京：中華書局，2007 年版，第 847 頁。

〔註42〕〔南朝宋〕劉義慶著；余嘉錫箋疏：《世說新語箋疏》（下冊），北京：中華書局，2007 年版，第 848 頁。

〔註43〕〔南朝宋〕劉義慶著；余嘉錫箋疏：《世說新語箋疏》（下冊），北京：中華書局，2007 年版，第 848 頁。

　　古代講的「天道」、「地道」是不能脫離「人道」的，反之亦然。上文已經指出，這是中國古代思想的一大優點。

　　在繪畫領域，先秦兩漢的繪畫側重對事物形象再現的逼真生動，《韓非子·外儲說》云：「犬馬最難」、「鬼魅最易。」〔註44〕原因是犬馬有形，難以類之，而鬼魅無形，可以任意虛構，無法對證。事實上，這是由於繪畫產生初期，人們的技巧還處在起步階段，因而對事物外形的描摹是首先要解決的問題。漢朝也延續了這一思路，張衡說：「譬猶畫工，惡圖犬馬而好作鬼魅，誠以實事難形而虛偽不窮也。」〔註45〕與韓非看法一致，不過這一時期人們也提出了「形神並舉」的要求，如「畫西施之面，美而不可悅，規孟賁之目，大而不可畏，君形者亡焉。」〔註46〕此處的「君」是名詞用作動詞，「君形者」指的是形的主宰者，亦即「神」，句中強調的是繪畫要形神兼備。但是總的來說，先秦兩漢的繪畫內容一般是描繪歷代帝王圖像，或者功臣烈士，其目的是宣揚德威，表彰功德，強化政治倫理，宣揚教化。

　　東晉時期，人物品藻和玄學清談的興起對人物的「形」、「神」做了哲理上的剖析和美學上的把握，「神」在當時成為審美性人物品藻中的重要組成部分，對人們的生活態度和審美觀念產生很大影響。如《世說新語·言語》載：「支道林常養數匹馬。或言『道人畜馬不韻』。支曰：『貧道重其神駿。』」〔註47〕又如「九方皋之相馬，略其玄黃，取其俊逸」〔註48〕人物品藻更是如此，《世說新語·賢媛》：「王尚書惠嘗看王右軍夫人，問『眼耳未覺惡不？』答曰：『髮白齒落，屬乎形骸；至於眼耳，關於神明，那可便與人隔！』」〔註49〕除此之外，在審美鑒賞中還產生了許多與「神」相關的新的美學概念，如「風」、「氣」、「韻」等，儘管意義不盡相同，但其共同特徵是超越於「形」之上，是一種超言絕象、微妙難言而又意味深長的審美體驗。這使得「神」具有了

〔註44〕〔清〕王先慎撰；鍾哲點校：《韓非子集解》，北京：中華書局，2003年版，第270～271頁。

〔註45〕〔晉〕范曄撰：《後漢書》，北京：中華書局，1998年版，第1912頁。

〔註46〕何寧撰：《淮南子集釋》（下），北京：中華書局，1998年版，第1139頁。

〔註47〕〔南朝宋〕劉義慶著；余嘉錫箋疏：《世說新語箋疏》（上冊），北京：中華書局，2007年版，第145頁。

〔註48〕〔南朝宋〕劉義慶著；余嘉錫箋疏：《世說新語箋疏》（下冊），北京：中華書局，2007年版，第990頁。

〔註49〕〔南朝宋〕劉義慶著；余嘉錫箋疏：《世說新語箋疏》（下冊），北京：中華書局，2007年版，第823頁。

既不離「形」，又超越於「形」的審美意義。

在此背景下，東晉時期的繪畫創作中也開始出現將「傳神」放在首位的作品，但基本上還處於一種無意識的自發的階段，直到顧愷之才明確將「傳神」提到理論的高度，並且最早以此作為品評繪畫創作的重要標準。如顧愷之在瓦棺寺畫維摩圖，之所以能光照一寺，在於他恰到好處地表現了維摩「清贏示病之容，隱几忘言之狀」，引發激起了觀賞者的想像與情思。此外，顧愷之《論畫》中也處處體現了他對傳神的重視，如：「《小列女》：面如銀刻削為容儀，不畫（「畫」或作「盡」）生氣。」「《伏羲神農》：雖不似今世人，有奇骨而兼美好。神屬冥芒，居然有得一之想。」「《壯士》：有奔騰大勢，恨不盡激揚之態」等，這些評畫的句子有些明確提到「神」，有些強調人物畫要有「生氣」、「激揚之態」、「情勢」等等其實都是「傳神」這一主旨的不同外在表現形式。而顧愷之所謂的「神」，指的就是與人的某種精神境界，即人的天賦、個性、氣質、智慧、風采等緊密相聯的概念。因此，「神」又是一種由感性直觀而獲得的個體審美經驗，而非道德的或邏輯的判斷，十分切合於六朝時期人們普遍追求的超脫而自由的人生境界。

具體說來，顧愷之「以形寫神」的基本原則首先體現在他對繪畫難易問題的看法上，他曾說：「凡畫，人最難，次山水，次狗馬。」〔註50〕之所以畫人最難，是由於中國自古以來認為人為萬物之靈，人的精神內涵最為豐富，最具靈性和生命表現，所以畫人難就難在要通過人的形體外貌的描繪使內在精神和靈氣生動地呈現出來。因此在人物畫中，對「神」的深切感受和表現是最為重要的。在顧愷之的著作言論中，我們見到他反覆強調描寫人的神情和精神狀態。當然，顧愷之決不因此否認「形」的價值，因為現實中，人的神不能脫離人的形而存在，而且「形」本來也有美與不美之分。因此，顧愷之「傳神」的唯一途徑是「形」，並且充分肯定了「形」在傳神過程中的關鍵性作用。如《魏晉勝流畫贊》談到：「若長短、剛軟、深淺、廣狹與點睛之節，上下、大小、醲薄，有一毫小失，則神氣與之俱變矣。」人的形的關鍵性細節直接關係到傳神，刻畫關鍵部位的長短、深淺、大小等，如有一毫之差，就無法準確地傳達人物的神氣。此外，《論畫》中評《北風詩》的時候談到：「美麗之形，尺寸之別，陰陽之數，纖妙之跡，世所併貴。」這不僅充分肯定了「形」的重要價值，而

〔註50〕俞劍華編著：《中國古代畫論類編》（上），北京：人民美術出版社，1998年版，第347頁。

且包含了中國古代對形式美規律的根本看法。儘管如此，在繪畫的本質問題上，「形」是表現形式，「神」是內在目的，「以形寫神」的終極目的是通過有限的形體表現出無限的人的精神內涵。這與玄學本體論強調本末、有無的精神是一脈相承的，並且也是顧愷之「以形寫神」的理論之所以上升到了哲學美學高度，而不是一個人物畫技巧問題的根本原因。

其次，在「以形寫神」的方法上，如果只是簡單地強調通過描摹外形來體現人物精神內核，那麼顧愷之的「以形寫神」和漢代「形神兼備」的觀點並無本質上的區別，而顧愷之的高明之處在於，他所講的「以形寫神」並不是對人物外形進行一絲不苟地描摹，而是要以最精到的筆墨，抓住最能表現人物精神內核的某處外部形態，一次到位地表現人物與眾不同的氣質和個性，從而以少見多，以無全有。因此，顧愷之所謂的「形」並不是不加區分的全部的外形，而是經過了審美選擇後的「傳神之形」。這種「傳神之形」首先在眼睛。

《世說新語》載：「顧長康畫人，或數年不點目睛。人問其故，顧曰：『四體妍蚩，本無關於妙處，傳神寫照，正在阿堵中。』」〔註51〕眼睛是心靈的窗口，在中國古代，最早意識到這一問題的是先秦孟子。《孟子‧離婁上》云：「存乎人者，莫良乎眸子。眸子不能掩其惡。胸中正，則眸子瞭焉；胸中不正，則眸子眊焉。聽其言也，觀其眸子，人焉廋哉。」〔註52〕魏初劉劭在《人物志》中也提出：「徵神見貌則情發於目。」〔註53〕但是以上對於眼睛的重視都是出於道德或政治的目的，孟子說的「莫良乎眸子」強調的通過眼睛能觀察出一個人的善惡品性；劉劭講的「情發於目」雖然涉及到人的才情、智慧等個性特徵，但最終目的在於挑選政治人才。玄學興起之後，人們談論眼睛更多的是將其與「神明」聯繫在一起，指的是人的無限超越的精神和人格，因此顧愷之所講的「傳神寫照，正在阿堵中」正是說明眼睛是傳達個體精神和心靈的關鍵之「形」，這是審美的而非僅僅是道德或政治的。不僅如此，顧愷之還特別強調了畫眼睛時應該注意的問題，《魏晉勝流畫贊》云：「凡生人亡有手揖眼視而前亡所對者，以形寫神而空其實對，荃生之用乖，傳神之趨

〔註51〕 〔南朝宋〕劉義慶著；余嘉錫箋疏：《世說新語箋疏》（下冊），北京：中華書局，2007 年版，第 849 頁。

〔註52〕 楊伯峻譯注：《孟子譯注》（上），北京：中華書局，2003 年版，第 177 頁。

〔註53〕 〔魏〕劉劭著；梁滿倉譯注：《人物志》，北京：中華書局，2009 年版，第 17頁。

失矣。空其實對則大失，對而不正則小失，不可不察也。一像之明昧，不若悟對之通神也。」眼睛是傳神的窗口，但是關鍵要描繪出眼睛的視線所向，而不是空洞的形象，「空其實對」、「對而不正」都無法傳達出人物的神明和心靈。因此對眼睛和眼神的把握是繪畫中的重中之重，也是難點所在，無怪乎顧愷之會發出「手揮五弦易，目送歸鴻難」的感慨。

更為可貴的是，顧愷之意識到了這種「傳神之形」不是一成不變的，而是因人而異的，並且「形」的範圍在顧愷之這裡得到了擴大，它不僅僅指人物本身所具有的外形，還包含了和人物的氣質、精神密切相關的外部環境特徵。如時人裴楷「俊朗有識具」，顧愷之刻畫其面容時有意在臉頰上添加三條細紋，使其面頰略微下凹而凸顯出清瘦飄舉的神態，以至於人們看了之後感覺「神明殊勝」，讚歎不已。又如顧愷之畫謝鯤，為了表現謝鯤不修威儀、嚮往隱逸、脫俗清曠的性情，將其置於岩壑之中。這樣一來，不僅謝鯤本人的外貌形體是傳神之「形」，就連人的生活環境的描繪也包含於其中。這說明顧愷之「以形寫神」的理論包含了一切與人的神相關的形。中國自古以來有「人為天地之心」的說法，顧愷之是從這一哲學高度去解決人物畫中的神形關係問題的，不僅僅是講人物畫技巧問題，或者說技巧問題被提升到了哲學美學的高度。

二、遷想妙得

「遷想妙得」的美學觀出自《論畫》：「凡畫，人最難，次山水，次狗馬；臺榭一定器耳，難成而易好，不待遷想妙得也。此以巧歷不能差其品也。」這一觀點和傳神論是密切相關的。人物之所以最難畫，是因為人不是固定不動的物品，而是富於生氣，具有豐富的精神和心靈世界的存在，並且每個人都具有自己的個性特徵，因此畫人需要「傳神」；而臺榭是沒有生命的形而下之器，在表現的時候只要做到精確即可，不需要考慮「傳神」的問題，所以它「難成而易好」。由此可見，「遷想妙得」是「傳神」的重要方法之一。

具體來說，「遷想」是一種想像，但不是一般意義上的想像。俞劍華先生主編的《顧愷之研究資料》對「遷想妙得」做出如下定義：「所謂『遷想妙得』，單就文字來解釋，就是在構思藝術形象的時候，『遷』作者的思想，深入去認識和選擇客觀世界而『妙得』——創造出藝術形象來。」〔註54〕筆者認為這

〔註54〕俞劍華等編著：《顧愷之研究資料》北京：人民美術出版社，1962年版，第11頁。

一解釋雖有相當道理，但沒有將「遷想妙得」放到它產生的特定思想文化背景中去講。東晉時期玄佛思想盛行，顧愷之深受其影響並經常以玄佛的經義探討繪畫問題，「遷想妙得」即是在此種情況下提出來的。

先來說「遷想」。「遷」在六朝時期是佛學和玄學探討的一個問題，東晉著名僧人僧肇寫作了《物不遷論》，論述了世界有無變化、生滅、運動的問題，認為「動」只是與「靜」相對的一種假象。因此「遷」不是形而下的遷移或位移，而具有一種超越的意義。「想」不僅是畫家的思想，更是基於對事物深切感受認識基礎之上的想像。「遷想」指的是在這一基礎之上，超越具體形象的一種自由的想像，即顧愷之所說的「託形超象」。只有不拘泥於已經存在的形象，才能更好地發揮想像力，做到「傳神」。如維摩像的創作，顧愷之所處的時代盛行佛教畫，很多人畫過維摩像，但是歷史上首推顧愷之之作，就在於顧愷之能把握住維摩「清羸示病之容，隱几忘言之狀」〔註55〕。維摩的這種神態雖與佛經的記載有關，但又是顧愷之通過深切領會佛經而想像創作出來的。又如《洛神賦圖》中的奇幻想像，顧愷之既根據曹植「翩若驚鴻，婉若遊龍」，「彷彿兮若輕雲之蔽月」，「皎若太陽升朝霞」等描寫，又不拘泥於原文，創造性地再現了原賦的生動場面和思想意境，在完成這件文學作品的圖像轉譯的同時，也創造了繪畫史上的高峰。顧愷之的很多繪畫作品都是根據當時流行的歷史題材而創作出來的，這體現了顧愷之卓越的藝術構思和形象塑造能力，這也得益於他對於「遷想」的理解和運用，即通過對關鍵部位、特殊環境的「遷想」來傳達人物獨有的精神內涵。這就不只是一般的想像，而是以「神會」，以「意會」，圍繞表現對象的精神特徵而展開的自由的想像，充分體現了顧愷之對藝術特徵的深刻理解。

其次是「妙得」，「妙」是道家哲學的用語，《老子·第一章》云：「故常無，欲以觀其妙。」〔註56〕王弼注：「妙者，微之極也。」〔註57〕「妙」本字作「玅」，魏晉盛行玄學，追求精深幽微的玄理。在士人們看來，事物的本體是「超言絕象」，不可言說的，即使可言，也不是語言能夠窮盡的，即「只可意會，不可言傳」。如《世說新語·文學》載：「司馬太傅問謝車騎：

〔註55〕〔唐〕張彥遠著；俞劍華注釋：《歷代名畫記》，上海：上海人民美術出版社，1964 年版，第 41 頁。

〔註56〕陳鼓應著：《老子注譯及評介》，北京：中華書局，2007 年版，第 53 頁。

〔註57〕〔魏〕王弼著；樓宇烈校釋：《老子道德經注校釋》，北京：中華書局，2008 年版，第 1 頁。

『惠子其書五車，何以無一言入玄？』謝曰：『故當是其妙處不傳。』」〔註58〕直接訴之視覺的繪畫不同於玄理或文學，但在表現手段上同樣有它的侷限性，因而基於「遷想」之上的「得」是一種微妙難言的直感的心靈領悟。不僅如此，這種心靈的領悟還具有一定的偶然性和突發性，是一種靈感的閃現。如果從古代天人相通、心物契合的哲學來看，「遷想妙得」就是對天人、心物、相通的一種雖有思索而又超出思索的直觀體悟，它與藝術創造的特徵最為切合。實際上，《老子》、《莊子》就經常是以一種藝術化的隱喻來表達哲學思想的。

三、神儀在心與玄賞

「神儀在心」與「玄賞」出自《論畫》中評《北風詩》的一段文字：「美麗之形，尺寸之制，陰陽之數，纖妙之跡，世所併貴。神儀在心，面手稱其目者，玄賞則不待喻。」「神儀在心」與「玄賞」實際上是指「傳神」、「遷想妙得」在創作中獲得高度成功的實現之後，作品在被欣賞者欣賞時所引起的感受的特徵。從作品說，欣賞者感受到神形交融無間，所以有「神儀在心」之感。但又不能用語言概念將它清楚地說出來，所以只能訴之於「不待喻」的「玄賞」。前已指出，東晉時期佛玄思想普遍認為，「神」是超越於具體事物之上，微妙難言的，如王弼力主「得意忘象說」，認為「夫象者，出意者也。言者，明象者也。盡意莫若象，盡象莫若言。言生於象，故可尋言以觀象；象生於意，故可尋象以觀意。意以象盡，象以言著。故言者所以明象，得象而忘言；象者，所以存意，得意而忘象。」〔註59〕「神」和「意」一樣是難以用語言解釋的，因此具體到繪畫藝術，人們對繪畫的欣賞就成為一種「玄賞」，即超出言語解說之外的默然心領神會，否則就無法把握藝術本身的美與韻味。唐張彥遠評顧愷之的畫說：「唯顧生畫古賢得其妙理，對之令人終日不倦。凝神遐想，妙悟自然，物我兩忘，離形去智。」〔註60〕唐張懷瓘《畫斷》也說：「顧公運思精微，襟靈莫測，雖寄跡翰墨，其神氣飄然在煙霄之上，不

〔註58〕 〔南朝宋〕劉義慶著；余嘉錫箋疏：《世說新語箋疏》（上冊），北京：中華書局，2007 年版，第 284 頁。

〔註59〕 〔魏〕王弼著，樓宇烈校釋：《王弼集校釋》（下），北京：中華書局，1980 年版，第 609 頁。

〔註60〕 〔唐〕張彥遠著；俞劍華注釋：《歷代名畫記》，上海：上海人民美術出版社，1964 年版，第 40～41 頁。

可以圖畫間求。」〔註 61〕這些都很好地說明了顧愷之的創作達到了人們只能以「玄賞」去領會的真正的藝術高度，不是對人物的道德品性等等作一種圖解說明。

綜上所述，「傳神」理論的提出對於中國繪畫史和畫論史而言具有開創性的意義。南齊謝赫總結繪畫的美學原則，提出「氣韻生動」，並將「氣韻生動」列於「六法」之首，多次用「神氣」、「壯氣」、「情韻」等詞品評畫作。謝赫所講的「氣韻」明顯是對顧愷之傳神理論的繼承和發展，元代楊維禎在《圖畫寶鑑》中明確指出：「傳神者氣韻生動是也。」〔註 62〕因此「氣韻」是對「神」的精妙化的表達，也是顧愷之的形神理論在人物畫中的進一步深化。當「神儀在心」與「玄賞」的統一生動地呈現於畫面時，此即「氣韻生動」，是畫家的一切努力所要追求的最高目的。唐朱景玄《唐朝名畫錄》周昉條記載：「郭令公婿趙縱侍郎，嘗令韓幹寫真，眾稱其善。後又請周昉長史寫之。二人皆有能名。令公嘗列二真置於坐側，未能定其優劣。因趙夫人歸省，令公問云：此畫何人？對曰：趙郎也。又云：何者最似？對曰：兩畫皆似，後畫尤佳。又問：何以言之？云：前畫者空得趙郎狀貌，後畫者兼移其神氣，得趙郎情性笑言之姿。」〔註 63〕後畫即周昉的作品，周昉畫趙能移其神氣，得趙郎情性笑言之姿，實際上就是對顧愷之傳神論的繼承和運用。不僅如此，「傳神論」在後世還擴展到其他藝術領域，中國的山水、花鳥畫，乃至詩文創作無不以能得其神為最高境界。

四、顧愷之人物畫中的山水因素

前文講到，中國畫史上對顧愷之的評價遠遠高於他的同時代畫家，這不僅因為顧愷之畫作多，還在於他的繪畫題材非常豐富，除了道釋人物、名士肖像之外，還廣泛地涉及山水、花鳥、走獸，這是曹不興、衛協等前輩和陸探微、張僧繇等後學所不及的。畫史記載顧愷之曾畫過許多純粹的山水畫，如《秋江晴嵐圖》、《廬山圖》、《雲台山圖》、《雪霽望五老峰圖》、《清夜遊西

〔註61〕〔唐〕張懷瓘撰：《畫斷》，引自俞劍華編著：《中國古代畫論類編》（上），北京：人民美術出版社，1998 年版，第 402 頁。

〔註62〕〔元〕楊維禎撰：《圖畫寶鑑》，引自俞劍華編著：《中國古代畫論類編》（上），北京：人民美術出版社，1998 年版，第 93 頁。

〔註63〕〔唐〕朱景玄撰：《唐朝名畫錄》，引自王伯敏、任道斌主編：《畫學集成》（六朝～元），石家莊：河北美術出版社，2002 年版，第 78 頁。

園圖》、《江山萬里圖》〔註64〕，其中《歷代名畫記》明確記載顧愷之有「絹六幅圖山水」。張彥遠生活的時代距六朝相對較近，況且他本人出生於宰相世家，有深厚的家學淵源，而顧愷之又是六朝書畫大家，如果有作品傳世，張彥遠即便未能收藏，也應該不會錯過欣賞的機會，因而他的記載有一定的權威性。但也要看到張彥遠生活的時代與顧愷之的時代距離遙遠，因此他的記載既不可不信，也不可全信，還是要從我們已知的六朝時代的思想與藝術發展的狀況出發來加以判斷。儘管顧愷之是不是中國歷史上最早的山水畫家還有待商榷，但至少能說明，顧愷之確實有純山水畫創作，並且在唐代末年還存在，即便是現存的顧愷之的畫作摹本也在一定程度上體現了六朝山水畫的大致情形。

首先是《女史箴圖》（見附錄圖四）。《女史箴圖》是根據張華《女史箴》一文而作，為了表現張華所描述的「道罔隆而不殺，物無盛而不衰，日中則昃，月滿則微，崇猶塵積，替若發機」的場景，顧愷之在畫卷第三段中畫了一座山，由上往下看，山頂的兩旁分別畫有日月，日中有鳥，月中有兔，並有彩雲作為襯托；山坡上有一隻老虎蹲坐回首；山坡旁畫了兩隻雉雞，一隻立在石山上，另一隻在空中飛翔；山峽中露出馬的頭頸，山下站著一名手持弩機的武士，立於山的左面。整幅畫面只勾線條而無皴擦，人大山小，少有樹木，其中的日月以及彩雲的畫法沿襲了兩漢以來的傳統，有漢代畫像磚的影子，但畫中以不同層次、俯仰結合的方法來表現山川形態，這也成為後世山水畫中重要的表現技法。而且相比之下，《女史箴圖》的山水部分層次感比漢畫強，構圖明晰有序，線條的把握也更為精準。

其次是《洛神賦圖》（見附錄圖三），這是最能體現顧愷之山水畫風貌的作品。當然，在該畫中山水也是以背景的形式出現的，但是所佔的比重和分量卻大大增強，畫中山水樹石的採用了勾勒暈染的方法，而無皴擦，山石線條內部勾勒產生的塊面以青綠填色，色彩變化較少，只在坡腳岸邊施以泥金。畫中的樹木表現為兩種樣式：一種類似柳樹，樹幹非常簡單，樹葉雙勾填色；另一種像銀杏樹，以青綠敷色。從整體上來看，該畫試圖通過樹木與山石的穿插來體現空間感，儘管山石樹木的結構較為單調，狀物扁平，分布也略嫌凌亂，但是工筆重彩，線條緊勁連綿，富有裝飾性，是六朝代表性的藝術樣式。

〔註64〕　見於唐裴孝源《貞觀公私畫史》，張彥遠《歷代名畫記》，明汪砢玉《珊瑚網》、宋郭若虛《圖畫見聞志》、明張泰階《寶繪錄》、清李調元《諸家藏畫簿》等。

張彥遠《歷代名畫記》中有《論山水樹石》一篇，描述了六朝山水畫的大體風貌，他說：「魏晉以降，名跡在人間者，皆見之矣。其畫山水，則群峰之勢，若鈿飾犀櫛，或水不容泛，或人大於山，率皆附以樹石，映帶其地。列植之狀，則若伸臂布指。詳古人之意，專在顯其所長，而不守於俗變也。」〔註65〕從某種意義上來說，顧愷之《洛神賦圖》中的山水符合張彥遠所描繪的「水不容泛，人大於山」的特徵，並且樹木也有「伸臂布指」的特點。但是也不能否認，在《洛神賦圖》中，山水已不完全是人物的背景，它逐步脫離了漢畫的古拙與稚氣，而具有了更多的審美情調。不僅如此，由於顧愷之構思巧妙，畫面中多出了一種獨特的情趣和韻律。由於《洛神賦圖》畢竟是以人物故事為主題，因而出現「人大於山」的情形也是合乎情理的，不能說明顧愷之不懂得山水的構圖和比例。這樣的安排是為了突出主題而對人物和山水的比例做了藝術的處理。

大致而言，我們可以說，在顧愷之時代，人物畫和山水畫處在一種相互交融發展的過程中，至劉宋宗炳、王微則山水畫開始走上了獨立發展的道路。

第三節　《畫雲台山記》中的山水繪畫美學思想

《畫雲台山記》全文 562 字，為張彥遠《歷代名畫記》收錄，當時就已經是「相傳脫錯，未得妙本校勘」〔註66〕，因此文字頗為費解。中外專家對該文的文字細節、故事情節做了大量的考證工作〔註67〕。原文如下：

> 山有面則背向有影，可令慶雲西而吐於東方清天中。凡天及水色，盡用空青，竟素上下，以暎日西去。山別詳其遠近，發跡東基，轉上未半，作紫石如堅雲者五六丈（應為「枚」），夾岡乘其間而上，使勢蜿蟺如龍，因抱峰直頓而上，下作積岡，使望之蓬蓬然凝而上。次復一峰，是石，東鄰向者峙峭峰，西連西向之丹崖，下據絕澗。畫丹崖臨澗上，當使赫巘隆崇，畫險絕之赫（應為「勢」）。天師坐其上，合所坐石於陰宜。澗中桃，傍生石間。畫天師瘦形而神氣遠，

〔註65〕〔唐〕張彥遠著；俞劍華注釋：《歷代名畫記》，上海：上海人民美術出版社，1964 年版，第 26 頁。

〔註66〕〔唐〕張彥遠著；俞劍華注釋：《歷代名畫記》，上海：上海人民美術出版社，1964 年版，第 117 頁。

〔註67〕日本的伊勢專一郎、金原省吾，國內專家傅抱石、黃純堯、馬采、伍蠡甫、俞劍華等。

據澗指桃，回面謂弟子。弟子中有二人，臨下到身，大怖，流汗失色。作王良（應為「長」）穆然坐答問，而超（應為「趙」）升神爽精詣，俯盼桃樹。又別作王、趙趨，一人隱西壁傾誇，餘見衣裾，一人全見室（應為「空」）中，使輕妙泠然。凡畫人，坐時可七分，衣服彩色殊鮮微，此正蓋山高而人遠耳。

中段東面丹砂絕崿及蔭，當使嵃（山戔）高驪，孤松植其上，對天師所（臨）壁以成澗，澗可甚相近。相近者，欲令雙壁之內，悽愴澄清，神明之居必有與立焉。可於次峰頭作一紫石亭丘（應為「立」），以象左闕之夾。高驪絕崿，西通雲臺以表路。路左闕峰，似（應為「以」）岩為根。根下空絕，並諸石重勢，岩相承，以合臨東澗。其西，石泉又見，乃因絕際作通岡伏流潛降，小復東出，下澗為石瀨，淪沒於淵。所以一西一東而下者，欲使自欲（應為「然」）為圖。

雲臺西北二面，可圖一岡繞之，上為雙碣石，象左右闕。石上作孤遊生鳳，當婆婆體儀，羽秀而詳，軒尾翼以眺絕澗。後一段赤岍，當使釋弁如裂電，對雲臺西鳳所臨壁以成澗。澗下有流清（應為「清流」），其側壁外面，作一白虎匍石飲水，後為降勢而絕。

凡三段，畫之雖長，當使畫甚促，不爾不稱。鳥獸中時有用之者，可定其儀而用之。下為澗，物景皆倒作。清氣帶山下三分倨一以上，使耿然成二重。

學者普遍認為這篇文章是顧愷之畫雲台山之前的構思設計（見附圖五至附圖七），因為文章反覆出現「當使」、「宜」、「可」等商量性的語詞。儘管如此，《畫雲台山記》仍可被看做中國山水畫論的最初形態，而且包含有許多可通於後世山水畫的深刻思想，文筆也很生動流暢。從這個角度來看，國內外學術界對這篇文章給予了很高的評價，傅抱石先生認為：「顧愷之三篇著作，就對於畫學、畫史的重要，當以《畫雲台山記》為第一。」〔註68〕日本學者大村西崖氏認為「愷之遺文《論畫》一篇，觀之足考古畫之趣，於《魏晉勝流畫贊》，可知當時模寫之情形，於《畫雲台山記》，則為考察晉代藝術之好

〔註68〕　葉宗鎬選編：《傅抱石美術文集》，南京：江蘇文藝出版社，1986年版，第434頁。

資料也。」〔註 69〕以下重點從三個方面分析《畫雲台山記》體現的山水美學思想。

一、仙道思想與山水審美

《畫雲台山記》是一篇畫前的藝術構思，和此前《女史箴圖》、《洛神賦圖》、《列女仁智圖》類似，它也包含了一個流傳已久的傳說故事，即道教宗師張道陵在雲台山懸崖上考驗眾弟子的故事，因此很多學者斷言這是一篇關於人物畫構思的文章，與山水畫的產生無關，筆者對此有不同看法。

在中國境內，被稱為雲台山的不止一處。四川蒼溪縣、江寧陶吳鎮、江蘇灌雲縣都有雲台山。顧愷之《畫雲台山記》在四川蒼溪縣東南三十五里，接闐中縣界。歷史上的四川雲台山是道教修煉的地方，又名天柱山，頗有傳奇色彩。《抱朴子》《金丹篇》，把雲台山作為煉製仙藥的二十七個名山之一。《太平寰宇記》云：「雲台山，一名天柱山，在縣東南三十五里。高四百丈，上方百里……漢末張道陵在此學道，使弟子王長、趙升投身絕壑，以取仙桃，長等七試已訖，九丹遂成，隨凌白日昇天。」〔註 70〕這個故事在民間廣為流傳，詳見於葛洪《神仙傳·張道陵傳》：

> 陵將諸弟子，登雲臺絕岩之上，下有一桃樹，如人臂，傍生石壁，下臨不測之淵。桃大有實，陵謂諸弟子曰：「有人能得此桃實，當告以道要。」於時伏而窺之者三百餘人，股戰流汗，無敢久臨視之者，莫不卻退而還，謝不能得。升一人乃曰：「神之所護，何險之有？聖師在此，終不使吾死於谷中耳。師有教者，必是此桃有可得之理故耳。」乃從上自擲，投樹上，足不蹉跌，取桃實滿懷。而石壁險峻，無所攀緣，不能得返。於是乃以桃一一擲上，正得二百二顆。陵得而分賜諸弟子各一，陵自食，留一以待升。陵乃以手引升，眾視之，見陵臂加長三二丈，引升，升忽然來還。乃以向所留桃與之。〔註 71〕

這一段與《畫雲台山記》所描述的場景大致相同。第一章中講過，道教

〔註 69〕〔日〕大村西崖著；陳彬和譯：《中國美術史》，上海：商務印書館，1926 年，第 36 頁。

〔註 70〕〔宋〕樂史撰；王文楚等點校：《太平寰宇記》（第四冊），北京：中華書局，2007 年版，第 1716 頁。

〔註 71〕〔宋〕李昉等編：《太平廣記》（一），北京：中華書局，1961 年版，第 57 頁。

是中國土生土長的宗教，它是一個多神教，有一個龐大的神仙體系，講求安樂和長生不老之術。早期道教有兩大組織，一是太平道（又稱為黃老道），一是以張道陵為首的五斗米道，亦即天師道。《畫雲台山記》中所描繪的即是天師道張道陵的故事。東漢及魏晉以來，道教在民間流傳很廣，它符合亂世中的人們尋求心靈安慰以及渴望長生不老的美好願望，東晉的門閥世族尤其崇尚神仙道教。因此，上至士大夫階層，下至平民百姓都有它的信徒。魏晉名士嵇康對仙道思想深信不疑，他說：「神仙雖不目見，然記籍所載，前史所傳，較而論之，其有必矣。」〔註72〕他積極地尋求養生保生之道，認為養生在於清虛靜泰，少私寡欲，並且當配合藥物，如靈芝、醴泉。而另一位著名人士何晏，為了追求延年益壽，帶頭服用一種叫「五石散」的藥，「五石散」以石鍾乳，石硫黃，白石英，紫石英，赤石脂等材料配製而成，據傳有強身健體之功用，久而久之還可以長生不老，這也是道教徒所推崇的得道成仙的方式之一，所以一時間貴族階層競相食用。

顧愷之出生於東晉上層社會家庭，並且以「才絕、畫絕、癡絕」著稱，而其中的「癡絕」與服用五石散不無關係，魯迅先生在《魏晉風度及文章與藥及酒的關係》中指出：「在晉朝更有以癡為好的，這大概也是服藥的緣故。」此外，陳寅恪先生在《崔浩與寇謙之》一文中對六朝名士與道教中天師道的關係作過考證，他說：「六朝天師道信徒之以『之』字為名者頗多，『之』字在其名中，乃代表其宗教信仰之意，如佛教徒之以『曇』或『法』為名者相類，東漢及六朝人依公羊春秋譏二名之義，習用單名，故『之』字非特專之真名，可以不避諱，亦可省略。六朝禮法士族，最重家諱，如琅琊王羲之、王獻之父子同以『之』字為名，而不以為嫌犯，是其最顯著之例證也。」〔註73〕無獨有偶，顧愷之父親叫顧悅之，父子二人也同以『之』字為名，從這個角度來看，顧愷之也當是天師道信徒。

道教仙道思想的流行對於山水審美和山水畫的產生具有極為重要的影響。如前所述，修道成仙是道教追求的終極目標，但這一目標的實現需要一定的主客觀條件。從主觀方面來講要積德行善、齊心修齋；從客觀上來講，清幽寧靜的環境有助於修道成仙，神仙之氣來源於神仙之宿，而神仙就居住於自

〔註72〕〔魏〕嵇康撰：《養生論》，引自〔清〕嚴可均輯；馬志偉審訂：《全三國文》（下），北京：商務印書館，1999年版，第501頁。
〔註73〕陳寅恪著：《金明館叢稿初編》，上海：三聯書店，2001年版，第121頁。

然仙山之中。如莊子描述的藐姑射山的神人，「不食五穀，吸風飲露；乘雲氣，御飛龍，而遊乎四海之外」〔註74〕，在莊子看來，藐姑射山就是神人居住的地方，後來的《山海經》也沿用此說法，並創造了西王母的形象。

　　正因為如此，人們普遍認為名山大川是「天地寶藏所出，先聖窟宅所隱，奇崛神秀，莫可窮其要妙」〔註75〕，並且是玄聖遊化之所，靈仙居住之地，遁入山林能夠幫助人遠離塵世，摒棄塵俗，與山水相親相悅，從而獲得神仙之氣，得道昇天。與此同時，棲隱山林也方便採藥煉丹，為修煉創造條件。「若夫仙人，以藥物養身，以術數延命，使內疾不至，外患不入，雖久視不死，而舊身不改，苟有其道，無以為難也。」〔註76〕葛洪講到：「凡為道合藥，及避亂隱居者，莫不入山。」〔註77〕「中世以來，為道之士，莫不飄然絕跡幽隱。」「山林之非有道也，而為道者必入山林，誠欲遠彼腥羶，而即此清淨也。」〔註78〕道教中人紛紛深居山林，無欲自足，與鳥獸，「與渾成等其自然」〔註79〕。如葛洪居於洞庭山、陶淵明等十六人常年居於廬山，陶弘景、馬樞則隱於茅山。更有甚者，《晉書》載東晉遊方道士許邁：「立精舍於懸霤，而往來茅嶺之洞室，放絕世物，以尋仙館，朔望時節還家定省而已。父母既終，乃遣婦孫氏還家，遂攜其同志遍遊名山焉。」〔註80〕即便沒有完全隱遁於山林者，也因採藥尋仙而遍訪林泉。如《晉書·王羲之傳》載王羲之「雅好服食養性」〔註81〕，與道士許邁「共修服食，採藥石不遠千里，遍遊東中諸郡，窮諸名山，泛滄海。」〔註82〕又劉凝之「性好山水，一旦攜妻子泛江湖，隱居衡山之陽。登高嶺，絕人跡，為小屋居之，採藥服食，妻子皆從其志。」〔註83〕由此可見，人們在尋仙問道的同時加強了與山水自然的接觸，充分領略到山水之美。在求仙之餘，山水也儼然成為人間仙境。因此仙道思想使人們領

〔註74〕陳鼓應注譯：《莊子今注今譯》（上），北京：中華書局，2001 年版，第 21 頁。

〔註75〕〔宋〕郭熙、郭思撰：（《林泉高致》，引自俞劍華編著：《中國古代畫論類編》（上），北京：人民美術出版社，1998 年版，第 636 頁。

〔註76〕王明撰：《抱朴子內篇校釋》，北京：中華書局，1985 年版，第 14 頁。

〔註77〕王明撰：《抱朴子內篇校釋》，北京：中華書局，1985 年版，第 299 頁。

〔註78〕王明撰：《抱朴子內篇校釋》，北京：中華書局，1985 年版，第 186～187 頁。

〔註79〕王明撰：《抱朴子內篇校釋》，北京：中華書局，1985 年版，第 3 頁。

〔註80〕〔唐〕房玄齡等撰：《晉書》（七），北京：中華書局，1974 年版，第 2106～2107 頁。

〔註81〕〔唐〕房玄齡等撰：《晉書》（七），北京：中華書局，1974 年版，第 2098 頁。

〔註82〕〔唐〕房玄齡等撰：《晉書》（七），北京：中華書局，1974 年版，第 2101 頁。

〔註83〕〔梁〕沈約撰：《宋書》（八），北京：中華書局，2008 年版，第 2285 頁。

略到山水的美妙，從而也有力地促進了山水詩、山水畫的產生。早期的山水畫往往充滿著靜穆幽深之氣，所表現的山水宏闊壯麗，超凡脫俗，儼然是超然物外的神仙境地。《畫雲台山記》就是對此所作的一個極有典型性的生動描繪。

綜上所述，儘管顧愷之《畫雲台山記》涉及到道教的人物故事，但仙道思想本身就與山水審美意識的發展密切相關。又由於顧愷之本人也受到道教思想的影響，並且對山水之美有深刻的感悟，如他描繪虎丘山：「吳城西北，有虎丘山者，含真藏古、體虛窮玄，隱嶙陵堆之中，望形不出常阜，至乃岩崿絕於華峰。」〔註 84〕著力描繪虎丘山含真藏古、體虛窮玄的特徵。因此可以說，該文是作者受道教仙道思想影響而產生的如何描繪山水的初步構想，是山水畫產生的前階，具有不可忽視的意義。

二、山水繪畫的空間構成

二十世紀以來，學者對顧愷之《畫雲台山記》給予了極大的關注，從各個方位、各個細節上考察了該文。有的學者通過分析對比《畫雲台山記》和葛洪《神仙傳》中描述的張道陵的字句，認為顧愷之所描繪的張道陵的故事和《神仙傳》裏面的不完全一致。〔註 85〕也有學者斷定顧愷之《畫雲台山記》中對天台山的描述和孫綽《遊天台山賦》的模式類似，並且顧愷之的《啟蒙記》中有對天台山的注解，因而《畫雲台山記》可能是《畫天台山記》之誤〔註 86〕。

據《晉書》記載，東晉永和二年（公元 346）恒溫帶兵平蜀，到過四川一帶，而晉太元十七年（公元 392），殷仲堪也曾為荊、益、梁三州刺史，顧愷之曾經是他們二人的參軍，因此完全有可能入駐四川，遊覽到雲台山的風光。至於《畫雲台山記》中的描述，即便和真正的雲台山有出入也實屬正常，因為《畫雲台山記》本來就是一幅以現實為基礎而又帶有浪漫主義色彩的構圖設計，是藝術化、理想化的人間仙境，並不是現實生活中某一名山的實地寫

〔註 84〕〔唐〕歐陽詢撰；汪紹楹校：《藝文類聚》，上海：上海古籍出版社，1965 年版，第 141～142 頁。

〔註 85〕參見劉屹著：《〈畫雲台山記〉與東晉的張道陵傳說》，載鄒清泉主編：《顧愷之研究文選》，上海：上海三聯書店，2011 年版，第 213～240 頁。

〔註 86〕韋賓著：《漢魏六朝畫論十講》，北京：中國社會科學出版社，2009 年版，第 150 頁。

生，因此不能因為其與真山有差異而否定這篇文章的價值。事實上，這也是作者苦心經營、注重藝術構思和藝術想像的表現。顧愷之繪畫理論的貢獻之一在於「遷想妙得」，「妙想」是一種超越具體物性之上的自由的想像，只是這種自由的想像始終要符合表現對象的精神特徵，《畫雲台山記》中的藝術構思很好地體現了這一點。文中有關山水的描繪處處圍繞張道陵試探弟子這一主題，因此，山水不僅靜謐清幽，更需要突出其險峻與神秘莫測的特徵，這樣才能體現王長和趙升的神勇氣質。對此，顧愷之做了大膽的想像和精密的構思，如慶雲吐納、紫石亭丘，這些未必是真實的存在，但極大地增強了與道教神仙意念相一致的奇麗之感。又如「石上作孤遊生鳳，當婆婆體儀，羽秀而詳，軒尾翼以眺絕澗」、「其側壁外面，作一白虎匍石飲水」，此處的鳳凰和白虎也不是一般的動物，而是具有與道教神仙意義相一致的藝術象徵意義。這同樣是為烘托氣氛而進行的藝術想像，因此顧愷之在文章末尾特意強調：「鳥獸中時有用之者，可定其儀而用之」，也就是說，鳥獸的形象要在畫面允許的情況下有所選擇地運用。因此，畫中的山石、亭臺、動植物的形象也不是純粹客觀存在的物象，而是經畫家加工提煉的藝術形象。此外，這段文字體現了一種大山大水的氣派，但是整個畫面由上到下，由西向東，山石、雲氣、天水、人物以及鳥獸的安排錯落有致、繁而不亂，說明畫家對自然景觀、山形地勢、陰陽向背等問題瞭如指掌，是建立在對自然環境深刻的觀察體驗的基礎上而產生的審美感受和審美認知。可見作者的藝術構思正是一種源於生活，又高於生活的創造性的藝術想像。

在空間經營上，顧愷之做了較多的探索，《魏晉勝流畫贊》中談到「人有長短，今既定遠近以矚其對，則不可改易闊促，錯置高下也」，這是講人物畫的位置經營，《畫雲台山記》中更是在這一問題上下了許多工夫。如人物的表現「凡畫人，坐時可七分，衣服彩色殊鮮微，此正蓋山高而人遠耳」，即在表現人物時，距離的遠近決定了人物的大小。這是關於畫面中個體人物的表現，但是中國畫的總體空間經營不同於西方，西方的繪畫發明了焦點透視，在空間處理上相對比較客觀，通常是選定對象，然後如同取景框般地將自然景物按固定的位置描繪在畫面上，強調對景寫生，保持描繪對象的真實性。中國山水畫則更注重囊括天地萬物於一畫之中，不受從某一角度所見的景物的拘束，在畫面布置上採取多視角、全方位的表現方法。

在《畫雲台山記》中，作者從總體出發，以全景式的山水為主體將自然

山水的空間分為東、中、西三段山，每段山中又分為上、中、下三個層次。

首先是東段。文中第一段講到：「山別詳其遠近，發跡東基，轉上未半，……使勢蜿蜒如龍，因抱峰直頓而上，下作積岡，使望之蓬蓬然凝而上。」這是對東段上、中、下位置的處理，山的畫法是由下而上，由遠及近，以上下位置來表示遠近距離。不僅如此，作者還綜合運用了光線的明暗、色彩的強弱變化以及山川、人物的大小來表示遠近，如「山有面則背向有影」、「凡天及水色，盡用空青」、「衣服彩色殊鮮微」、「山別詳其遠近」等。東段的山勢蜿蜒徊環，由東至西，一峰復見一峰，錯落有致。在由東向西過渡的位置畫一丹崖，下面是絕澗，桃樹就生長在澗中的石頭之間，形勢十分險峻，這絕險之處便是人物的安插處。其中天師坐於石上，弟子有兩人俯身看桃樹，嚇得流汗失色，王長和趙升比較鎮定，並設法摘桃，在摘桃的過程中，作者畫王長隱於西山側壁岩石後面，只露出衣裙，而趙升則懸於空中，姿態各異。對於所表現的人物，坐著的時候大小合站立的十分之七，以此來體現山高人小的效果，正因為如此，坐著的人物衣物較為鮮豔，否則就不易被發覺，體現了作者對不同大小的景物、山水、雲氣、和不同人物及遠近關係的統籌構思，並處處注意使之相互呼應，具有一氣貫串的生動之勢，表現了一位大藝術家卓越的創造才能。

其次是中段。這是雲台山的主峰，緊連著東段的是丹砂絕萼，上置亭臺孤松，下臨深淵，與東段天師所踞的丹崖呈並駕，且雙壁之間是水澗，悽愴澄清，如同神明的居所。再往西去是一座次峰，此峰的峰頂安插一座紫色石亭，次峰中畫一條路，表示通往雲台山主峰。西北二面再畫山岡環繞，以凸顯主峰的高聳和雄偉。西面又有石泉，石泉不是徑直流下，而是伏流潛降，繞岡而行，並且一東一西迂迴地流入深淵中，體現一種自然曲折的意態。

再次是西段，由上至下，上畫碯石一對，如左右兩闕。石上畫一鳳凰，體態婆婆，羽毛秀麗，並且振翅翹尾地俯瞰著山下的絕澗。靠近畫面末尾部分，畫一個赤紅色的大石塊，石塊上布滿不規則的裂紋和斷面，有如空中的裂電，呈現出一種剛勁滄桑之美。石塊與鳳凰所站立的石壁相鄰成澗，清流從中流出，石塊的側壁外有一隻白虎，匍匐飲水，與碯石上的鳳凰呈相互呼應之勢，使之具有「前朱鳥而後玄武，左青龍而右白虎」〔註87〕的特徵，這

〔註87〕〔漢〕鄭玄注；〔唐〕孔穎達疏：《禮記正義》，引自《十三經注疏》（上），上海：上海古籍出版社，2007 年版，第 1250 頁。

是道教意念的形象表達。從白虎站立的石塊往西，山勢漸漸降低，最後歸於平地，三段山的設計至此完成。

最後，作者不忘從總體上強調，三段山的畫法會使畫卷非常長，儘管如此，一定要保持畫面的緊湊感，並且如果有需要，還可以根據畫面的實際情況增減鳥獸，起到點綴連接的作用。又由於畫面的下端是水澗，因而水澗中的景物的影子要倒立處理，這說明中國古代山水已注意到水中倒影的描繪。從遠處看畫面，山的三分一高處要畫一條清氣帶，使山若隱若現地分為上下兩層，從而增添山的高大與壯麗感。後世宋代郭熙說：「山欲高，盡出之則不高，煙霞鎖其腰，則高矣。」〔註88〕講的也就是這個道理。這是中國山水畫的一種巧妙的表現手法。

《畫雲台山記》從全景出發敘述山水的畫法，不僅注意把握畫面的總體氣勢，也非常關注畫面的起承轉合以及細節的安排，體現了作者對山水長卷非凡的構思能力。不僅如此，在對雲台山進行東、中、西；上、中、下的空間經營中，橫向來看，作者並沒有將人物置於整個畫面的正中段，而是位於東段向西段過渡的地方；縱向來看，不是將人物安排在東段正中的位置，也不是出於東段最頂端，而是山的三分之二高處，並且最後說到「清氣帶山下三分倨一以上，使耿然成二重」，這充分體現了作者對比例美的把握。眾所周知，西方美學中有黃金分割原則，即將整體一分為二，較大部分與較小部分之比等於整體與較大部分之比，其比值為 1：0.618，其長段為全段的 0.618，上述比例是最能引起人的美感的比例，在現代社會依然廣泛應用，成為西方對比例之美的一種共識。如晚會節目主持人並非站在舞臺正中間，而是立於舞臺的黃金分割處，攝影也是如此，目的是使主體顯得生動而活潑。中國古代的藝術創作並沒有黃金分割的概念，《畫雲台山記》中也處處體現出作者對比例美的感受和認識，而且中國自古以來是從陰陽的變化和諧中去追求比例之美的，顧愷之在《論畫》中特別讚賞「美麗之形，尺寸之制，陰陽之數，纖妙之跡，世所併貴。」就是對比例之美的深刻認識。總的來看，中國後世山水畫空間經營中所講到的賓主、顧盼、呼應、開合、虛實、藏露、疏密、簡繁等關係，《畫雲台山記》中基本上都已經講到了。

當然，很多學者指出，《畫雲台山記》的重點在於張道陵考驗眾弟子的故

<hr>

〔註88〕〔宋〕郭熙、郭思撰：(《林泉高致》，引自俞劍華編著：《中國古代畫論類編》(上)，北京：人民美術出版社，1998 年版，第 640 頁。

事，因而依然是人物畫，而不能算是山水畫的構思。筆者不能認同此看法，儘管文章以道教故事為主題，但在具體的描繪當中，涉及到人物表現的內容非常少，文章三分之二的內容是分析山水樹石的畫法，因此，如果僅僅因為文中涉及到人物故事就將其認為僅僅是一幅人物畫構思，未免武斷。筆者認為，在《畫雲台山記》中，人物與山水是互為烘托的，山水的表現固然是圍繞著仙道故事展開，但仙道故事的驚險神秘也映襯了山水的奇妙瑰麗。不僅如此，傅抱石、王伯敏、李霖燦先生還根據顧愷之《畫雲台山記》繪製了圖畫，從這些圖畫中可以看出，東晉的山水畫有這樣的經營，絕不是人物背景或宮觀陪襯，或如張彥遠及以後諸家所說的那樣幼稚，而成為畫面重要的描繪對象了。如傅抱石先生所說：「山水既自晉以來為名士所鍾好，偶然製作，亦具有難以形容之妙諦，雖後世山水之形式，不能求之於當時，而山水畫之源泉，在當時已有具體之成。論其領域，山水固遠不如人物道釋；論其精神，人物道釋未見駕山水而上之。」〔註89〕但這話又說得有點太過，並不符合中國繪畫發展的史實，東晉在發展人物畫的同時，山水畫確已發展起來了，但如果過分強調這一點，那麼之後宗炳、王微建立山水畫論，便又顯得是不必多加稱道的了。

三、山水繪畫的藝術意象

　　「傳神」論是顧愷之繪畫美學思想的核心，它首先是針對人物畫而言的。《畫雲台山記》中也體現了這一觀點，因而文章中對天師及其弟子的刻畫各有其特色，如「畫天師瘦形而神氣遠」。得道中人多半清瘦飄舉，在此，作者抓住天師張道陵的「瘦形」來表現其仙風道骨的神氣，如《維摩詰圖》中維摩，亦是「有清羸示病之容」。此外，作者在文中通過抓住人物的關鍵，不僅表現出人物特有的精神氣質，還刻畫出特殊情況下的心理特徵，如「弟子中有二人，臨下到身，大怖，流汗失色」、「王長穆然坐答問，而趙升神爽精詣，俯盼桃樹」，微妙地表現出人物或流汗失色，或輕妙冷然的神情和心理狀態。

　　除此之外，這段文字中所體現的「傳神」的思想不僅指人物，還指向與人物密切相關的自然界的山川景物，儘管山川沒有人那樣豐富的面部表情、肢體語言和複雜多變的心理活動，但高峻的山勢、棱嶒的岩石和隱現的水流等物象營造出了道家清靜之境，自然山川的形色之中包含著某種特殊的精神

〔註89〕葉宗鎬選編：《傅抱石美術文集》，南京：江蘇文藝出版社，1986年版，第308頁。

境界和神秘氛圍，這種精神境界充分體現在《畫雲台山記》對景物的設計中。

　　首先，文中竭力營造一種和道教相契合的特殊的精神氣氛，這體現在幾句描述性的句子中。第一，文章開篇就談到「令慶雲西而吐於東方清天中。凡天及水色，盡用空青，竟素上下，以暎日西去。」慶雲又名景雲，其形態非氣非煙，五色絪縕，「吐」字更突出了彩雲的幽然飄動之感。空青是一種繪畫用的礦物質顏料，整個畫面中的天空和水色都用空青渲染，顯得水天一碧，上下輝映，於山色朦朧、雲霧繚繞中營造出晴朗舒爽的天氣。第二，「作紫石如堅雲者五六枚，夾岡乘其間而上」，紫石在古代有神秘的象徵意義，《會稽記》云：「諸暨縣西北有烏帶山，其山上多紫石，世人莫知之，居士謝敷少時經始諸山，往往遷易，功費千計，生業將盡，後遊此境，夜夢山神語之曰，當以五十萬相助，覺甚怪之，且見主人床下有異色甚明澈，試取瑩拭，乃紫石，因問所從來，云出此山。遂往掘，果得，其利不訾。」古人以紫色為貴，認為這是瑞樣的徵兆或寶物的光色，在此畫紫石也是為了烘托雲台山非同尋常的靈氣，因此文中所描繪的中斷峰頭上還立有紫石亭丘，充分營造一種紫氣東來的神秘的人間仙境的氛圍。文中的主色調是紫、朱、丹這樣鮮明燦爛的顏色，就是著重渲染仙山的明麗動人，令人心生嚮往。第三，「中段東面丹砂絕崿及蔭，當使嶄（山戔）高驪，孤松植其上，對天師所（臨）壁以成澗，澗可甚相近。相近者，欲令雙壁之內，悽愴澄清，神明之居必有與立焉」，中段是雲台山的主峰，丹砂絕崿指非常險峻的丹崖，丹崖上有孤松成蔭。最後作者安排了「鳳」、「白虎」這樣的特殊的鳥獸來增強仙山的神秘感，至此，作者還刻意說明此處是神明居住的地方，因此要格外地幽邃險絕，悽愴澄清，創造一種符合神仙身份特徵的獨特境界。

　　其次，山水「傳神」體現為一種險絕之勢。第一，文章談到「畫丹崖臨澗上，當使赫巇隆崇，畫險絕之勢」丹崖指的是西向的山崖。「赫巇隆崇」意為險峻而高大，而水澗置於丹崖之下，其奔流而下的速度感更增強了人的恐懼之感，以至於「弟子中有二人，臨下到身，大怖，流汗失色」，而面對此情形，王良和趙升卻泰然自若、神爽精諧地俯盼桃樹，並且俯身摘桃、輕妙泠然，這恰好凸顯了王良和趙升超凡的勇氣和智慧，從而最終得道昇天。在此，人物和山川景物是一種互為映襯的關係，山川險峻之神貌凸顯了王良和趙升的信心和良好的心理素質，而二人不畏艱險、非比尋常的勇氣也進一步烘托了雲台山的險峻莫測，從而使雲台山成為充滿神秘感的遊覽勝地。第二，在處理山

體高峻之勢的時候，作者強調運用「清氣帶山下三分倨一以上，使耿然成二重」的方法，具體說來，就是在山下三分之一的位置增添一條清氣帶，使山明顯地分成上下兩層，這樣既襯托出畫面物象的距離感，也體現了整個畫面的空間感，並且在凸顯山川的巍峨高險之勢的同時還因雲氣的籠罩而增添了些許神祕感。

再次，山川的這種險絕之勢凸顯出大自然造物的力量之美。如「作紫石如堅雲者五六枚，夾岡乘其間而上，使勢蜿蟺如龍，因抱峰直頓而上，下作積岡，使望之蓬蓬然凝而上」，強調了畫山的取勢與造勢。也就是說，在繪製紫石的過程中，筆力要遒勁有力，宛如矯龍，抱峰直頓而上，傳達出大自然造物時那種剛勁有力的氣勢和力量感。在這篇文章中多次用到「勢」，如「絕險之勢」、「降勢」、「重勢」等，使自然山川之「神」表現為一種勁健的陽剛之氣。因為「勢」實際上就是力量的表現，用於山水畫當中，它是支撐山水之「形」的內核，即畫論中常將的「骨法」，而在顧愷之的繪畫理論中，「骨法」和「神」、「氣」有著密切的關係。「骨法」最早是相術的方法之一，在漢代的人物品評中用以判斷人的禍福夭壽，魏晉時期，人物品藻經常用「骨」或「骨法」來評價人的精神風貌，從而使「骨」或「骨法」指向形而上的精神氣質，顧愷之在評畫時就多次用到這個概念，如評《優羲神農》：「雖不似今世人，有奇骨而兼美好，神屬冥芒，居然有得一之想」（《論畫》），從而將「骨」與人的精神、氣勢聯繫在一起，成為傳神理論中的組成部分。因此，顧愷之強調的是畫人得神，畫山得勢，「勢」又可以看作是人物畫中的「骨法」、「神氣」在山水畫中的應用。

總的來說，山水畫的產生是一個歷史的過程，東晉是山水畫萌芽與探索時期，同時也是劇烈變化的時期，因為它沒有深厚的傳統可以繼承，也沒有成型的規則可以傚仿，因此每一步的發展都是自由的創造過程。《畫雲台山記》自覺追求山水的獨立表現形式，在構圖、技法等方面對山水畫做出了理論上的總結，《畫雲台山記》也自始至終貫穿了「傳神」的觀念，為「傳神」論從人物畫進入山水畫做了較好的嘗試工作。從這一點來說，顧愷之即便不是山水畫第一人，但並不影響他在山水畫發展過程中的重要地位。顧愷之有非常豐富的山水畫創作實踐，在理論上也有相當真切的認識，雖然這些觀點不夠成熟，並且有些原則對於今天的藝術家來說已成為淺顯易懂的常識，但是對於一千五百年前的古人來說，卻是難能可貴的卓識。因此可以說，顧愷之在山水畫從無到有的過程中扮演了相當重要的角色，對中國山水畫的發展做出了突出的貢獻。

第三章　宗炳的山水繪畫美學思想

顧愷之的《畫雲台山記》是中國繪畫史上最早涉及山水畫創作技法的理論著作，反映了山水畫在東晉時期的實踐進程。宗炳晚於顧愷之，他的畫名不及顧愷之，但其畫論《畫山水序》無論在思想上還是技法上都比《畫雲台山記》更為深入。又由於《畫山水序》中沒有摻入人物畫的表現，也不是以故事為主題，因而它是畫史上第一篇純粹的山水畫論。其文字短小，但頗富精義，闡述了山水畫的本體、形神、創作、功能諸問題，開始建立起山水畫的理論體系，因而成為中國山水畫由附庸走向獨立的里程碑。

第一節　宗炳的人生態度和思想傾向

一、宗炳的人生態度

宗炳，字少文，南陽涅陽（今河南鎮平）人，生於東晉孝武帝寧康三年（公元 375 年），卒於宋文帝元嘉二十年（公元 443 年），時年六十九歲。從時間上來看，宗炳由晉入宋，與顧愷之有交集。

據《宋書·宗炳傳》記載，宗炳的祖父宋承曾經任宜都太守，父親宗繇曾做湘鄉令，因此和顧愷之等世族大家相比，他的出生並不顯赫，但是宗炳的母親師氏聰辯有學識，親自教授諸子，因此宗炳自幼受到良好的教育和薰陶，具有很高的文學和藝術修養，妙善琴書圖畫，精於言理，《宋書》記載：「古有《金石弄》，為諸桓所重，桓氏亡，其聲遂絕，唯炳傳焉。太祖遣樂師楊觀就炳受之。」〔註 1〕《隋書·經籍志》記載宗炳有著述十六卷，但沒有保

〔註 1〕〔梁〕沈約撰：《宋書》（八），北京：中華書局，2008 年版，第 2279 頁。

存下來，流傳下來的有《明佛論》、《答何衡陽書》、《寄雷次宗書》等七篇，見於《全宋文》。此外，《藝文類聚》中也存有幾篇詩作。《歷代名畫記》中記載宗炳畫作有《嵇中散》、《孔子弟子像》、《獅子擊象圖》、《潁川先賢圖》、《永嘉邑屋圖》、《問禮圖》、《惠持師像》。〔註2〕儘管如此，宗炳並沒有走一條古代知識分子嚮往的功名之道，不是不能，而是不願意。宗炳在當時受到很多政治人士的賞識，如殷仲堪、恒玄、江夏王義恭、劉宋武帝劉裕等曾多次徵招宗炳出仕，宗炳均辭而不就。

宗炳一生愛好山林丘壑，「好山水，愛遠遊」，「每遊山水，往輒忘歸」。這一方面是受六朝以來遊山玩水大環境的影響，一方面也是宗炳自身稟賦興趣所至。宗炳的妻子羅氏亦有高情，和宗炳志趣相投，因此宗炳遊歷過很多名山大川，「西陟荊、巫，南登衡、嶽，因而結宇衡山，欲懷尚平之志。」宗炳在詩文中詳細描述了他所領略到的山水之美，如《登半石山詩》曰：「清晨涉阻崖，氣志洞瀟灑。巇谷崩地幽，窮石凌天委。長松列竦肅，萬樹巉岩詭。上施神農蘿，下凝堯時髓。」〔註3〕又有《登白鳥山詩》曰：「我祖白鳥山，因名感昔擬。仰升數百仞，俯覽眇千里。杲杲群木分，岌岌眾巒起。」〔註4〕直至年老患病，行動不便了，才結束遊歷生活，回到江陵老宅，並感歎道：「老疾俱至，名山恐難遍睹，唯當澄懷觀道，臥以遊之。」為此，宗炳將足跡所到之處以畫筆表現出來，掛在家中欣賞玩味，並對人說：「撫琴動操，欲令眾山皆響。」其中的興味與愉悅，絲毫不減當年，體現了宗炳與山水之間有一種深層的精神交流和情感碰撞。

二、宗炳的思想傾向

山水遊賞和藝術創作經歷是宗炳山水畫創作和山水畫理論的直接源泉，除此之外，傳統思想文化和佛教思想也深刻地影響著宗炳山水審美的態度和核心觀念。六朝時期的社會背景複雜而特殊，反映在思想層面上，傳統儒家逐漸式微，道家哲學開始復活並取得新的發展，並在此基礎上產生了玄學思

〔註2〕 〔唐〕張彥遠著；俞劍華注釋：《歷代名畫記》，上海：上海人民美術出版社，1964年版，第131頁。

〔註3〕 〔唐〕歐陽詢撰；汪紹楹校：《藝文類聚》，上海：上海古籍出版社，1965年版，第124頁。

〔註4〕 〔唐〕歐陽詢撰；汪紹楹校：《藝文類聚》，上海：上海古籍出版社，1965年版，第124頁。

想。本土宗教道教進入士族社會的領域，而外來宗教佛教的影響力在東晉以後也漸次深入，思想界呈現出各家交融合流的特徵。在這種思想背景下，宗炳對各家學說均有研究。

首先，宗炳並不排斥儒家思想。儘管儒家學說在整個六朝處於相對停滯的時期，但是它在中國傳統文化中具有不可忽視的意義，對於儒家經典的研究從未停止過，並且孔子依然是人們心目中的最高聖人，即便是玄學家也是以道家思想來解釋儒家經典，並未全盤拋棄。儘管宗炳有些言論看起來有抑儒的傾向，如《明佛論》中講：「且又墳典已逸，俗儒所編，專在治跡，言有出於世表，或散沒於史策，或絕滅於坑焚。」〔註5〕但宗炳思想中儒家的痕跡是非常明顯的，《歷代名畫記》中記載宗炳畫有《孔子弟子像》、《問禮圖》，都與孔子及儒家教義有關。在《畫山水序》一文中，宗炳多次提到聖人、賢者，具體論山水欣賞時，甚至以「仁智之樂」來形容，雖然這裡的聖賢和仁智之樂意義比較複雜，不一定完全是從儒家角度上來講的，但至少說明宗炳並不排斥儒家。

其次，宗炳也精於道、玄理論。道家哲學強調恬淡無為，遊心於塵外，追求主體心性與自然物象的契合。宗炳在生活中很重視洗心養性，這種養生之道很大程度上來自於道家這種超功利性的審美心境，他說：「若老子、莊周之道，松、喬、列、真之術，信可以洗心養身。」〔註6〕這裡所講的「洗心」，和《畫山水序》中提出的「澄懷味象」、「澄懷觀道」等觀念類似，都是道家「滌除玄覽」、「靜觀」的藝術哲學觀的體現。而玄學是以道家思想為基礎發展起來的，二者本身就有許多相通之處，宗炳精於言理，這其中就包括兩晉時期流行的玄學。《宋書·張邵傳》中記載：「初，父邵使與南陽宗少文談《繫象》，往復數番，少文每欲屈，握塵尾歎曰：『吾道東矣。』於是名價日重。」〔註7〕可見宗炳也深受大環境的影響，和當時的名士一樣愛好執塵尾清談玄學。

但是，對宗炳影響最深的是佛學思想。佛教大約於西漢明帝時期從印度傳入中國〔註8〕，由於是一種外來宗教，佛教在傳播過程中與中國的傳統思想在碰撞中融合。到了東晉時期，佛學思想主要為般若學，其主旨在於論證世

〔註5〕〔南朝宋〕宗炳撰：《明佛論》，引自〔清〕嚴可均輯；馬志偉審訂：《全宋文》，北京：商務印書館，1999 年版，第 193 頁。

〔註6〕〔南朝宋〕宗炳撰：《明佛論》，引自〔清〕嚴可均輯；馬志偉審訂：《全宋文》，北京：商務印書館，1999 年版，第 193 頁。

〔註7〕〔梁〕沈約撰：《宋書》（五），北京：中華書局，2008 年版，第 1395 頁。

〔註8〕〔南朝宋〕范曄：《後漢書·西域傳》、北魏《魏書·釋老志》、張守節注《史記正義》中都有「明帝夢金人」的事情。

界的空幻不實，這在形式上與玄學貴「無」思想有很大的相似性，因此易為廣大玄學愛好者所接受。其中的代表人物如竺道潛、支遁、道安、慧遠等高僧更是憑藉高深的學識和超蹈的風度折服當時的名士，為佛教在中國的傳播開闢了道路，提升了沙門的社會地位，也影響著中國傳統文化和藝術的進程。宗炳篤信佛教，人稱宗居士，《答何衡陽書》、《明佛論》等文章鮮明地體現了他的宗教立場和佛學思想。宗炳是淨土宗創始人慧遠的追隨者，具體說來，慧遠對宗炳的影響體現在四個方面。

第一，以慧遠為首的廬山僧人倡導一種審美化的修行方式。慧遠酷愛山林美景，隱居廬山三十餘年，影不出山，跡不入俗，即便送客也常常以虎溪為界。他所在的廬山東林寺極盡林泉之美，《高僧傳·慧遠傳》描述道：「洞盡山美，卻負香爐之峰，傍帶瀑布之壑，仍石壘基，即松栽構，清泉環階，白雲滿室。復於寺內別置禪林，森樹煙凝，石筵苔合。凡在瞻履，皆神清而氣肅焉。」〔註9〕環境之美，好比一幅天然圖畫，令人心醉神往，這樣的人間仙境，是慧遠率眾弟子精心挑選的：「遠於是與弟子數十人，南適荊州，住上明寺。後欲往羅浮山，及屆潯陽，見廬峰清淨，足以息心，始住龍泉精舍。」〔註10〕不僅如此，慧遠帶著弟子或友人時常遊覽廬山，二十餘年來多次登臨石門、南嶺、五老峰等諸峰，寫下《遊石門詩》、《遊廬山詩》、《廬山記略》等山水詩篇，體會山水之中那種神妙難言的趣味，在山水審美中領悟佛教義理。因此，慧遠的弟子門人，無論僧俗，普遍具有清雅脫俗的特徵。慧遠所倡導的這種藝術化的體道方式對宗炳無疑有著極大的吸引力，晉安帝元興元年（公元402年），宗炳曾親往廬山，向慧遠請教佛理文義，並參加慧遠組織的「白蓮社」。他在《明佛論》中講到：「昔遠和尚澄業廬山，余往憩五旬，高潔貞厲，理學精妙，固遠流也。其師安法師，靈德自奇，微遇比丘，並含清真，皆其相與素洽乎道，而後孤立於山。是以神明之化，邃於岩林。驟與余言於崖樹澗壑之間，曖然乎有自言表而肅人者。凡若斯論，亦和尚據經之旨云爾。」〔註11〕文章中講到自己在廬山住了五個月，深深地為慧遠的高潔德行所折服。後因宗炳的兄長宗臧反對，宗炳重新回到家中，在湖北江陵立

〔註9〕〔梁〕釋慧皎撰；湯用彤校注：《高僧傳》，北京：中華書局，1992年版，第212頁。

〔註10〕〔梁〕釋慧皎撰；湯用彤校注：《高僧傳》，北京：中華書局，1992年版，第212頁。

〔註11〕〔南朝宋〕宗炳撰：《明佛論》，引自〔清〕嚴可均輯；馬志偉審訂：《全宋文》，北京：商務印書館，1999年版，第206頁。

宅。但宗炳愛好山林丘壑、熱衷於從山水中體味佛法的生活習慣一直保持到終老，這使他的山水審美帶有強烈的佛學意味。

　　第二，慧遠「法性」論與「法身」觀影響了宗炳對山水本體論和形神論的看法。「法性」即涅槃性體，即佛性、真如，「法身」即「常住」、「不壞」、「如如真實」的「如來身」，法性和法身是一種最高的精神實體和邏輯範疇。佛的「法身」如同道家哲學所講的「道」，因而是大化之有，萬變之源，能度一切而又無所度。慧遠描述為：「法身之運物也，不物物而兆其端，不圖終而會其成。理玄於萬化之表，數絕乎無形無名者也。若乃語其筌寄，則道無不在。」〔註12〕正因為如此，「神道無方，觸象而寄」〔註13〕，從眾生到山川河流，無一不是神道的體現。慧遠熱愛密林潺溪，在長期與自然山水親密接觸的過程中，慧遠將佛教義理充分融入山水之中，認為自然界有形有名的山川水流都是法身（即佛）的體現。

　　宗炳的《畫山水序》中重點突出了山水欣賞中的「含道應物，澄懷味象」以及「法道」、「媚道」等問題，實際上是對山水畫的本體論闡釋，認為山水之所以美，之所以值得聖人、賢者以及畫家去表現它，就在於山水之中隱含了超越於形制之外的「道」。宗炳所說的「道」看上去包含了儒家和道家之「道」，但事實上是佛學的神明之「道」，並且是統領了儒、道、玄三家之「道」。

　　第三，慧遠「形盡神不滅」對宗炳的影響。前文講到，佛教進入中國之初，為了能獲得中國古代知識分子和民眾的認同，積極地借鑒中國本土文化，最早依附神仙方術，並吸收中國傳統思想中靈魂不死、鬼神崇拜等觀念，因而提出形盡而神不滅論及因果報應論。慧遠所作《沙門不敬王者論》的第五篇論文《形盡神不滅》，是東晉後期闡發神不滅論的最具代表性的著作，慧遠認為，「神」是「精極而為靈者」、「非卦象之所圖」，因此「神」的本質是「非有」，這「非有」的神能「感物」，但卻非物本身，「感物而非物，故物化而不滅」，這是慧遠神不滅的論據。為此，慧遠專門以薪火為喻：「火之傳於薪，猶神之傳於形。火之傳異薪，猶神之傳異形。前薪非後薪，則知指窮之術妙；前形非後形，則悟情數之感深。」〔註14〕宗炳繼承了慧遠「形盡神不滅」的

〔註12〕〔晉〕釋慧遠撰：《萬佛影銘》，引自〔清〕嚴可均輯；馬志偉審訂：《全晉文》（下），北京：商務印書館，1999 年版，第 1786 頁。

〔註13〕〔晉〕釋慧遠撰：《萬佛影銘》，引自〔清〕嚴可均輯；馬志偉審訂：《全晉文》（下），北京：商務印書館，1999 年版，第 1786 頁。

〔註14〕〔晉〕釋慧遠撰：《沙門不敬王者論》，引自〔清〕嚴可均輯；馬志偉審訂：《全晉文》（下），北京：商務印書館，1999 年版，第 1772 頁。

基本看法，並且將佛教中的形神觀應用於山水畫的創作和欣賞，提出「山水以形媚道」、「應目會心」、「澄懷味象」等觀點，進一步揭示了現實山水感性形象背後蘊含著深層的精神意味，使山水審美指向一種更高的精神境界。

第四，慧遠的「三道一教」觀對宗炳的影響。慧遠的佛學思想具有包容性，他在《與隱士劉遺民等書》中講到：「苟會之有宗，則百家同致。」〔註15〕這百家之中自然也就包括了儒、道、佛等主要思想流派。慧遠進一步分析了這個問題：「常以為道法之與名教，如來之與堯、孔，發致雖殊，潛相影響，出處誠異，終期相同。」〔註16〕也就是說，老莊之道法、孔子之名教以及佛法之精義是殊途同歸的。事實上，這也是思想發展過程中的正常規律，東晉時期，各家思想在完善自身學說的同時也是相互借鑒的，玄學本身就是援道釋儒，道教也是繼承了老莊思想且玄道兼採，而佛學在傳入中國之初就借用了道教的神仙方術並且佛學所講的色空和玄學的有無思想也有內在的相似性。但是慧遠認為「三教合一」的最終落腳點是以佛統道儒，他通過「合而後乖」、「乖而後合」來予以闡釋。首先是「合而後乖」：「理或有先合而後乖，有先乖而後合。先合而後乖者，諸佛如來，則其人也；先乖而後合者，歷代君王，未體極之主，斯其流也。何以明之？經云：佛有自然神妙之法，化物以權，廣隨所入：或為靈仙，轉輪聖帝，或為卿相國師道士，若此之倫，在所變現，諸王君子，莫知為誰，此所謂合而後乖者也。」〔註17〕所謂的「乖」，指的是靈仙、聖帝、卿相、國師、道士等不同形象，這些形象實際上都是後天的變相，這叫作「乖」，其本源都是佛的化身，即「合」。佛是萬事萬物的本源，世間萬象都是從佛轉化而來，這一轉化的過程就是「合而後乖」。其次是「乖而後合」，慧遠說：「或有始創大業，而功化未就，跡有參差，故所受不同，或期功於身後，或顯應於當年，聖王則之而成教者，亦不可稱算，雖抑引無方，必歸途有會，此所謂乖而後合者也。」〔註18〕由佛轉化而成的聖帝、卿相、道士等人各有其任務和功業，這叫「跡有參差」，但是他們在完成各自的

〔註15〕〔晉〕釋慧遠撰：《與隱士劉遺民等書》，引自〔清〕嚴可均輯；馬志偉審訂：《全晉文》(下)，北京：商務印書館，1999年版，第1763頁。

〔註16〕〔晉〕釋慧遠撰：《沙門不敬王者論》，引自〔清〕嚴可均輯；馬志偉審訂：《全晉文》(下)，北京：商務印書館，1999年版，第1770頁。

〔註17〕〔晉〕釋慧遠撰：《沙門不敬王者論》，引自〔清〕嚴可均輯；馬志偉審訂：《全晉文》(下)，北京：商務印書館，1999年版，第1770頁。

〔註18〕〔晉〕釋慧遠撰：《沙門不敬王者論》，引自〔清〕嚴可均輯；馬志偉審訂：《全晉文》(下)，北京：商務印書館，1999年版，第1770頁。

功業之後，依然要返歸本源，回到佛界，這個返歸佛界的過程即「乖而後合」。
由此可見，慧遠的「三教合一」觀實際上是以佛統儒道。

　　這也是宗炳的基本哲學傾向。有學者指出宗炳的繪畫美學思想全屬老莊，
因為《畫山水序》中廣泛運用「道」、「聖」、「神」等和老莊哲學相通相近的
概念。

　　的確，老莊哲學於具象的藝術創作而言有許多契合之處，但不能因此將
所有的藝術構思和藝術創作都歸結於受老莊思想的主導，更何況宗炳的《畫
山水序》不是具體探討山水畫的藝術構思和創作，而是以抽象地把握山水和
山水畫本體精神的為主。在思想上，宗炳的確受到老莊的影響，但這只是他
思想觀念中的一個方面，或者說，宗炳應用了老莊的思想及術語來闡述藝術
創作，並且以老莊逍遙的方式來對待人生，但佛學思想乃是他整個世界觀和
統領萬物的出發點，這並不矛盾，這是內容和形式的關係。此外，筆者認為
不能孤立地就《畫山水序》而談《畫山水序》，必須結合宗炳《明佛論》、《答
何衡陽書》等文章來探討，這樣一來，宗炳以佛統儒道的思想傾向就不言自
明了。如《明佛論》中講到：「孔氏之訓，資釋氏而通，可不曰玄極不易之道
哉！」〔註 19〕類似的論述在《明佛論》中還有很多，可見在宗炳心中，佛國
最偉，以佛統儒道是宗炳的基本思想傾向，也是《畫山水序》的根本思想，
這是理解宗炳繪畫美學思想的關鍵。

第二節　《畫山水序》的山水畫本體論

一、山水畫本體論的提出

　　《畫山水序》的最早見於《歷代名畫記》，文字不多，卻論述精闢，見解
獨到，現存的版本有《津逮秘書目錄》本，《王氏畫苑》本、《佩文齋書畫譜》
本、全宋文本。現根據《王氏畫苑》本摘錄如下：

> 聖人含道應物，賢者澄懷味象。至於山水，質有而趣靈。是以
> 軒轅、堯、孔、廣成、大隗、許由、孤竹之流，必有崆峒、具茨、
> 藐姑、箕首、大蒙之遊焉。又稱仁智之樂焉。夫聖人以神法道而賢
> 者通；山水以形媚道，而仁者樂。不亦幾乎？

〔註19〕〔南朝宋〕宗炳撰：《明佛論》，引自〔清〕嚴可均輯；馬志偉審訂：《全宋文》，
　　　　北京：商務印書館，1999 年版，第 203 頁。

余眷戀廬、衡，契闊荊、巫，不知老之將至。愧不能凝氣怡身，傷砧石門之流，於是畫像布色，構茲雲嶺。

夫理絕於中古之上者，可意求於千載之下；旨微於言象之外者，可心取於書策之內。況乎身所盤桓，目所綢繆。以形寫形，以色貌色也。

且夫崑崙山之大，瞳子之小，迫目以寸，則其形莫睹；迴以數里，則可圍於寸眸。誠由去之稍闊，則其見彌小。今張絹素以遠暎，則昆、閬之形可圍於方寸之內。豎劃三寸，當千仞之高，橫墨數尺，體百里之迴。是以觀畫圖者，徒患類之不巧，不以制小而累其似，此自然之勢。如是，則嵩、華之秀，玄牝之靈，皆可得之於一圖矣。

夫以應目會心為理者，類之成巧，則目亦同應，心亦俱會。應會感神，神超理得。雖復虛求幽岩，何以加焉？又神本亡端，棲形感類，理入影跡，誠能妙寫，亦誠盡矣。

於是閒居理氣，拂觴鳴琴，披圖幽對，坐究四荒。不違天勵之藂，獨應無人之野。峰岫嶤嶷，雲林森眇。聖賢暎於絕代，萬趣融其神思。余復何為哉，暢神而已。神之所暢，孰有先焉！

畫論文字短小，第一段開宗明義地講到：聖人含道應物，賢者澄懷味象。宗炳從山水遊賞的角度提出「道」的問題，闡釋了山水畫的本體問題；二、三段涉及山水畫的意義問題；第四段具體分析山水畫的創作問題；五、六段從欣賞的角度探討山水畫所具有的價值。整篇畫論頗富精義、見解獨到，畫論第一段對山水畫本體，即山水之「道」的闡釋尤為關鍵，是理解宗炳山水畫美學思想的基本出發點。

二、「道」的一般釋義

「道」是一個哲學概念，在思想史上具有特殊意義，中國古代儒、道、玄、佛等各家均以「道」為宇宙人生之本體，只是各家對「道」的理解和運用有所不同。

首先是儒家之道，儒家的道可以概括為天道、地道與人道三個層面，《易經‧說卦》中談到：「立天之道曰陰與陽，立地之道曰柔與剛，立人之道曰仁

與義。」〔註 20〕但是何為天地之「道」，儒家是存而不論的，《論語‧公冶長篇》云：「夫子之文章，可得而聞也；夫子之言性與天道，不可得而聞也。」〔註21〕《論語》中有一段季路與孔子的對話，表明了孔子的態度：「季路問事鬼神。子曰：『未能事人，焉能事鬼？』曰：『敢問死。』曰：『未知生，焉知死？』」〔註22〕因為孔子認為，與其關注人力不能掌控的、具有神秘色彩的「天道」或「地道」，不如關注與人自身切實相關的「人道」，具體來說，「人道」也具有兩個層面的意義，從社會政治的角度來看，「人道」指的是治國之道，如：「邦有道，危言危行；邦無道，危行言孫。」〔註 23〕「天下有道，則禮樂征伐自天子出；天下無道，則禮樂征伐自諸侯出。」〔註 24〕從個人的角度來看，「人道」是指人的修身處事之道，如孔子說「君子謀道不謀食」，同時，儒家認為道不遠人，就在日常生活和行為之中，如《中庸》中談到：「道也者，不可須臾離也，可離非道也。」〔註 25〕並且人在弘道這一問題上具有主觀能動性，即「人能弘道，非道弘人。」〔註 26〕為此，孔子傾其一生來實踐弘道的理想與目標，他甚至說：「朝聞道，夕死可矣。」〔註 27〕不僅如此，社會之道和個人之道又是緊密相連的，個人之道是社會政治之道得以完成的基礎，社會之道是實現個人之道的平臺。

具體來說，儒家所說的「道」是以「仁」為出發點。《論語‧里仁》云：「子曰：參乎！吾道一以貫之。曾子曰：唯。子出，門人問曰：何謂也？曾子曰：夫子之道，忠恕而已矣。」〔註 28〕忠恕即「仁」，但「仁」又不止於忠恕，它包含了以下幾個層面的內涵：第一，「仁」是一種基於血緣關係的親人感情，如《論語‧學而》云：「君子務本，本立而道生。孝悌也者，其為仁之本與！」〔註29〕可見「仁」是「道」得以出的根本，但「仁」並非玄妙不可知的「無」或「有」，而是現實生活中人人可感，人人皆可擁有的血親之情。由血親之情

〔註20〕周振甫譯注：《周易譯注》，北京：中華書局，2008 年版，第 280 頁。
〔註21〕楊伯峻譯注：《論語譯注》，北京：中華書局，2008 年版，第 46 頁。
〔註22〕楊伯峻譯注：《論語譯注》，北京：中華書局，2008 年版，第 113 頁。
〔註23〕楊伯峻譯注：《論語譯注》，北京：中華書局，2008 年版，第 146 頁。
〔註24〕楊伯峻譯注：《論語譯注》，北京：中華書局，2008 年版，第 174 頁。
〔註25〕〔宋〕朱熹撰：《四書章句集注》，北京：中華書局，2008 年版，第 17 頁。
〔註26〕楊伯峻譯注：《論語譯注》，北京：中華書局，2008 年版，第 168 頁。
〔註27〕楊伯峻譯注：《論語譯注》，北京：中華書局，2008 年版，第 37 頁。
〔註28〕楊伯峻譯注：《論語譯注》，北京：中華書局，2008 年版，第 39 頁。
〔註29〕楊伯峻譯注：《論語譯注》，北京：中華書局，2008 年版，第 2 頁。

出發，「仁」進一步擴展為「君君、臣臣、父父、子子」等各種社會關係。

第二，「仁」的內涵由血親之情引申到人所具備的高潔的道德品質。《論語・陽貨》曰：「子張問仁於孔子。孔子曰：『能行五者於天下為仁矣。』『請問之。』曰：『恭、寬、信、敏、惠。恭則不侮，寬則得眾，信則人任焉，敏則有功，惠則足以使人。』」孔子將「仁」概括為「恭、寬、信、敏、惠」五種具有代表性的品質，這是君子成「仁」，完成個人修養進而實踐「道」的基本路徑。

由此可見，儒家之「道」以「仁」為核心、強調個人修為與治國平天下相結合，這是儒家看待一切事物的基本出發點和歸宿，因此孔子面對自然山水會發出「仁者樂山，知者樂水」、「歲寒然後之松柏之後凋也」的感慨，山水成為人的某種精神品德的化身，這便是基於儒家之「道」的「仁智之樂」。

其次是道家，道家是從自然宇宙觀的角度來探討「道」的內涵。《老子・第一章》云：「道可道，非常道；名可名，非常名。無，名天地之始；有，名萬物之母。故常無，欲以觀其妙；常有，欲以觀其徼。此兩者，同出而異名，同謂之玄。玄之又玄，眾妙之門。」〔註 30〕在這句話中，老子揭示了「道」的第一個特徵，即「道」是無形無名的、超越感官、超越語言的存在，正因為如此，「道」是永恆的，這永恆的「道」處在不斷運動變化之中，有著自身的運行規律，並且能化育萬物，如《老子・第二十五章》云：「有物混成，先天地生。寂兮寥兮，獨立而不改，周行而不殆，可以為天下母。吾不知其名，強字之曰『道』。」〔註 31〕在此，「道」為天下母指的是「道」能借萬物來顯現自身，是萬物存在的根據和歸宿，因此自然界的山水也是「道」的顯現。並且，「道」的根本特性是「無為而無不為」，如《老子・第三十七章》所說：「道常無為而無不為。侯王若能守之，萬物將自化。化而欲作，吾將鎮之以無名之樸。鎮之以無名之樸，夫將不欲。不欲以靜，天下將自正。」〔註 32〕也就是說，大自然中一切事物的產生、變化和發展都是無意識、無目的又合目的的，在此基礎上，老子推崇一種自然而然的美學觀，「人法地，地法天，天法道，道法自然。」〔註 33〕他把自然、無為看作是「道」的最高境界，因此也是美、是藝術，是一切人類活動的基本準則，這是一種超功利、超道德

〔註 30〕陳鼓應著：《老子注譯及評介》，北京：中華書局，2007 年版，第 53 頁。
〔註 31〕陳鼓應著：《老子注譯及評介》，北京：中華書局，2007 年版，第 163 頁。
〔註 32〕陳鼓應著：《老子注譯及評介》，北京：中華書局，2007 年版，第 209 頁。
〔註 33〕陳鼓應著：《老子注譯及評介》，北京：中華書局，2007 年版，第 163 頁。

的高遠曠達的境界。正因為如此，道家之「道」與審美相通，最接近藝術精神。

　　莊子進一步發揮了「道」的無名無形、無為而無不為的特徵，將「道」的無限和自由推廣到人生中，主張在實踐中追求一種任情適意、超越的生活方式。在莊子看來，自然界具有「道」的無為而無不為的特徵，是「道」的化身，因此，要獲得「道」，必須「原天地之美而達萬物之理」，觀察自然、親近自然、與物為春，是得「道」、悟「道」的絕佳方式。

　　再次是玄學之「道」。玄學也談本體，但是玄學中的本體不是以「道」來表述，而是以「無」來指稱。王弼在《論語釋疑》中解釋「道」，講到：「道者，無之稱也，無不通也，無不由也，況之曰道，寂然無體，不可為象。」〔註34〕《列子・仲尼篇》中引何晏的「無名論」云：「道者，惟無所有者也。」〔註35〕因此，玄學中的「無」具有道家「道」的本體論意義，和「道」一樣，「無」也是先於實體自然界而存在的絕對精神觀念。玄學的宗旨是崇本息末，以無為本，主張超言絕象。強調以無為本，就是主張通過超越「有限」來把握「無限」，所謂「有限」，指的是生活中有名、有形的事物，「無限」即無名、無形的東西，亦即無象無形之「道」，「無限」的特殊性在於它能統包萬物，表現在「有限」的事物之中，但是人們在面對有限事物的時候卻不能執著於有限的事物，而要拋開有限超越有限，這樣才能以「無」全「有」，通達無限。正因為如此，「無限」就不是某一個具體的事物或者可見可聞的形體，而是某種難以用名言概念窮盡表達的東西。也正是基於「有限」和「無限」的這種辯證關係，玄學的探討中產生了另一個主題，即「言、象、意之辯」。「言、象、意之辯」的邏輯關係是「得象忘言，得意忘象」，在言、象、意三者之中，「言」和「象」屬於有限的層面，「意」屬於無限的層面，得意是目的，言、象只是得意的工具，不執工具為目的，忘言、忘象，是把握無限、得「道」的唯一途徑。

三、宗炳之「道」的哲學闡釋

　　有學者將宗炳所說的「道」歸於儒家所說的聖人、君子所特有的立身處世原則，因為《畫山水序》中涉及到儒家「知者樂水，仁者樂山」的山水觀；

〔註34〕〔魏〕王弼著，樓宇烈校釋：《王弼集校釋》（下），北京：中華書局，1980年版，第 624 頁。

〔註35〕楊伯峻撰：《列子集釋》，北京：中華書局，1985 年版，第 121 頁。

更多的是認為《畫山水序》中的「道」是從屬於老莊的哲學的，因為老莊哲學
是一種藝術哲學，並且《畫山水序》中出現很多老莊哲學的術語。但筆者認為，
不能因為文中出現儒學或老莊的術語就斷定宗炳所謂的「道」是儒家或道家之
「道」。並且上一節中論述過，宗炳本身精於言理，他的思想是儒道佛兼而有
之，但佛學才是根本。下面對比《明佛論》、《答何衡陽書》、《又答何衡陽書》，
對宗炳《畫山水序》中的「道」以及相關的美學問題作一具體分析：

　　第一，「聖人含道應物，賢者澄懷味象」中的「聖人」、「賢者」是從佛學
的角度而言的。弄清這一點是理解宗炳山水美學思想的前提，很多學者之所
以把宗炳歸為儒道，就在於看到「聖人」、「賢者」、「仁智之樂」、「道」等詞，
就不加分析地認為這是儒家和道家的內容。的確，《畫山水序》中提到軒轅、
堯、孔、廣成、大隗、許由、孤竹（即伯夷、叔齊）之流都是道家樹立起來
的聖賢，而崆峒、具茨、藐姑、箕首、大蒙是他們居住或遊覽過的地方，這
在《莊子》一書中多次出現，如《莊子》：「黃帝立為天子十九年，令行天下，
聞廣成子在於空同之山，故往見之。」〔註36〕「黃帝將見大隗乎具茨之山。」
〔註37〕「昔周之興，有士二人處於孤竹，曰伯夷叔齊。二人相謂曰：『吾聞西
方有人，似有道者，試往觀焉。』」〔註38〕但事實上，佛教傳入中原之初是借
助中國傳統文化進行的，即「佛教格義」，所謂的「格義」就是以傳統中國哲
學，尤其是老莊的概念來比配和解釋佛經，如「無我」最早翻譯成「非身」，
即受到《老子·第十三章》：「吾所以有大患，為吾有身。及我無身，吾有何
患？」〔註39〕的影響。宗炳的《明佛論》中就處處以儒家和道家的例子來論
證佛學，如「儒以弘仁，道在抑動，皆已撫教得崖，莫匪爾極矣。雖慈良無
為，與佛說通流，而法身泥洹，無與盡言，故弗明耳。且凡稱『無為而無不
為』者，與夫法身無形，普入一切者，豈不同致哉？是以孔、老、如來，雖
三訓殊路，而習善共轍也。」〔註40〕在《明佛論》中，宗炳還具體講到道家

〔註36〕陳鼓應注譯：《莊子今注今譯》（中），北京：中華書局，2001 年版，第 278
　　　　頁。
〔註37〕陳鼓應注譯：《莊子今注今譯》（下），北京：中華書局，2001 年版，第 633
　　　　頁。
〔註38〕陳鼓應注譯：《莊子今注今譯》（下），北京：中華書局，2001 年版，第 771
　　　　頁。
〔註39〕陳鼓應著：《老子注譯及評介》，北京：中華書局，2007 年版，第 109 頁。
〔註40〕〔南朝宋〕宗炳撰：《明佛論》，引自〔清〕嚴可均輯；馬志偉審訂：《全宋文》，
　　　　北京：商務印書館，1999 年版，第 198 頁。

哲學中所推崇的聖人，如：「史遷之述五帝也，皆云生而神靈。或弱而能言，或自言其名。懿淵疏通，其知如神。既以類大乘菩薩，化見而生者矣。居軒轅之丘，登崆峒，陟三岱，幽陵蟠木之遊，逸跡超浪，何以知其不由從如來之道哉？」〔註41〕還有廣成和大隗：「廣成之言曰：『至道之精，窈窈冥冥。』即《首楞嚴》三昧矣。」〔註42〕「感大隗之風，稱天師而退者，亦十號之稱矣。」〔註43〕此處「首楞嚴三昧」指的是堅固攝持諸法之三昧，為百八三昧之一，乃諸佛及十地之菩薩所得之禪定，而「十號」又稱為「如來十號」，是佛的十種名號，因此在宗炳看來，道家領域內的五帝、廣成和大隗所修之學都和佛教密切相關，因此佛學無所不包。如：「彼佛經也，包《五典》之德，深加遠大之實；含老莊之虛，而重增皆空之盡。高言實理，肅焉感神，其映如日，其清如風，非聖誰說乎？」〔註44〕可見在宗炳心目中，佛學是符合儒學和道家，但又高於儒學和道家的，因而作為最高指稱的「聖人」不是其他，正是佛。《明佛論》中明確講到：「夫佛也者，非他也，蓋聖人之道。」〔註45〕《畫山水序》正是延續了這一思路，其中的「聖人」乃是最高的「佛」，而低於聖人的賢者既是儒道兩家所指的聖賢，又是佛教的信徒或佛學信仰者，因為宗炳始終是以佛學的思想來解釋論證儒道的。

　　第二，《畫山水序》中作為山水本體的「道」，具體指佛的「神道」。宗炳所說的「道」包含在「神明」之中。《明佛論》講到：「今稱『一陰一陽之謂道，陰陽不測之謂神』者，蓋謂至無為道，陰陽兩渾，故曰『一陰一陽』也。自道而降，便入精神，常有於陰陽之表，非二儀所究，故曰「陰陽不測」耳。」〔註46〕宗炳通過以佛釋《周易》，對「道」和「神」的關係做了初步的區分，「道」即陰陽兩渾，亦即「至無」，而這個至無的「道」自產生之初便包含於

〔註41〕〔南朝宋〕宗炳撰：《明佛論》，引自〔清〕嚴可均輯；馬志偉審訂：《全宋文》，北京：商務印書館，1999 年版，第 198 頁。

〔註42〕〔南朝宋〕宗炳撰：《明佛論》，引自〔清〕嚴可均輯；馬志偉審訂：《全宋文》，北京：商務印書館，1999 年版，第 199 頁。

〔註43〕〔南朝宋〕宗炳撰：《明佛論》，引自〔清〕嚴可均輯；馬志偉審訂：《全宋文》，北京：商務印書館，1999 年版，第 199 頁。

〔註44〕〔南朝宋〕宗炳撰：《明佛論》，引自〔清〕嚴可均輯；馬志偉審訂：《全宋文》，北京：商務印書館，1999 年版，第 193 頁。

〔註45〕〔南朝宋〕宗炳撰：《明佛論》，引自〔清〕嚴可均輯；馬志偉審訂：《全宋文》，北京：商務印書館，1999 年版，第 193 頁。

〔註46〕〔南朝宋〕宗炳撰：《明佛論》，引自〔清〕嚴可均輯；馬志偉審訂：《全宋文》，北京：商務印書館，1999 年版，第 193 頁。

神明之中，它不同於神明，卻又不離神明，《明佛論》中還講到：「夫常無者道也，唯佛則以神法道。故德與道為一，神與道為二。二故有照以通化，一故常因而無造。」〔註47〕神與道為二，說明二者是有所區分的，但正因為「道」和「神」之間有差異，二者反而能夠相互統一併化生萬物，即「有照以通化」。並且「道在練神，不由存形」，「道」沒有常態，只有佛能以「神」法道，並且「道」時時向「神」靠攏、以「神」為旨歸。因此，所謂的「聖人含道應物」，就是說聖人以其「神明」所含的佛學之「道」應接萬物。王弼認為，「聖人」高於常人之處在於聖人「神明茂」、「體沖和以通物」，並且「應物而不累於物」，這也就是說，「聖人」具有一般人所不具備的「神明」，這「神明」之中包含有「道」，因此能做到應物不累，只是王弼是玄學家，他所說的「道」是道玄的「沖和之道」，而宗炳的「道」是佛的神明之「道」，因而聖人以神法「道」。

第三，以「常無」為基本特證的「道」通常以「常有」的方式游離於陰陽之表，得以顯現自身。雖然道在練神，不由存形，但是「道」依然要借助具體的形來顯現自身。慧遠在《萬佛影銘並序》中說到：「神道無方，觸像而寄，百慮所會，非一時之感。」〔註48〕這句話表明，佛學之「道」是無處不在的，它隱含在自然界和社會生活中的物象之中，萬事萬物都是佛的「法身」，必然帶有佛的「神明」。宗炳也有類似的觀點，他說：「眾變盈世，群像滿目，皆萬世以來，精感之所集矣。」〔註49〕佛是世間萬感之宗，但佛的精感和神道需要以世間存在的萬象和眾變為依託，那麼自然山水理所當然地成為萬象之一，也是佛教徒感悟佛之神道的中介，為此宗炳指出「山水以形媚道」，即山水具有一種天然的趨向道的特質，如《明佛論》中所說：「夫五嶽四瀆，謂無靈也，則未可斷矣，若許其神，則嶽唯積土之多，瀆唯積水而已矣。得一之靈，何生水土之粗哉？而感託岩流，蕭成一體，設使山崩川竭，必不與水土俱亡矣。」〔註50〕這裡是借用五嶽四瀆、山川水土來說明神不滅

〔註47〕〔南朝宋〕宗炳撰：《明佛論》，引自〔清〕嚴可均輯；馬志偉審訂：《全宋文》，北京：商務印書館，1999 年版，第 200 頁。

〔註48〕〔晉〕釋慧遠撰：《萬佛影銘》，引自〔清〕嚴可均輯；馬志偉審訂：《全晉文》（下），北京：商務印書館，1999 年版，第 1786 頁。

〔註49〕〔南朝宋〕宗炳撰：《明佛論》，引自〔清〕嚴可均輯；馬志偉審訂：《全宋文》，北京：商務印書館，1999 年版，第 196 頁。

〔註50〕〔南朝宋〕宗炳撰：《明佛論》，引自〔清〕嚴可均輯；馬志偉審訂：《全宋文》，北京：商務印書館，1999 年版，第 194 頁。

的觀點，但是也說明在宗炳心中，山水之形受佛的精感所託而生的，是佛的「神明」之「道」的體現，正因為如此，山水能以形媚「道」，「媚」是親近、親和的意思，「山水以形媚道」就是說山水以富於靈趣的形態與「道」相親相悅，並且顯示出「道」的神妙，因而向佛之人能夠通過欣賞山水來把握到佛的神明和神道，獲得精神的解脫和愉悅。這不僅是宗炳的觀點，也是六朝時期佛學信徒的一種共識，隆安四年五月，盧山諸道人的《遊石門詩並序》結尾講到：「俄爾太陽告西，所存已往，乃悟幽人之玄覽，達恆物之大情，其為神趣，豈山水而已哉？」〔註51〕這種觀點也是認為山水之美在於體現了宇宙本體「道」的魅力，山水欣賞的終極目的在於對蘊含山水之中的神趣、神道的體味。

綜上所述，宗炳第一次把山水之美和本體意義上的「道」聯繫起來，從哲學美學的高度闡述了「道」對於山水的欣賞和山水畫創作的重要作用。雖然他所理解的「道」指的是佛的神明之「道」，他以為佛可以統領儒、道、玄三家之道，也包含了對三家思想的不少曲解，但從山水畫的發展來看，重要的是他對山水之美和山水畫的價值作了一種本體論的論證，這裡面有牽強的成分，但是宗炳初步把握到了山水的本體性問題，即認為自然山水的感性形式之美不只在感性形式本身，而在它是超感性、超自然的精神的體現，因而具有了審美的意義。這既是山水審美得以成立的根據，也是山水畫創作的原則，在更高的層次上為山水畫藝術理論確立了堅實的本體論基礎，因此山水畫自然也就有了區分人物畫的獨特價值。此外，宗炳還以「道」為出發點，對山水畫的形神問題做了進一步的解決。

第三節　《畫山水序》的山水畫形神論

自先秦以來，形神問題一直是中國哲學美學中關注的重要問題之一。顧愷之以前，關於形神的討論主要集中在哲學認識論和自然科學的範圍內，顧愷之第一次將玄學影響下關於形神問題的理論應用到繪畫創作中，使之成為繪畫美學中的重要命題。不過，顧愷之首先是針對人物畫而提出的，雖然《畫雲台山記》中也涉及到山水形神問題，但是闡述得並不明晰，而宗炳的《畫山水序》則更為明確在在山水畫領域內探討了形神問題，進一步深化了形神

〔註51〕〔晉〕盧山諸道人撰：《遊石門詩並序》，引自逯欽立輯校：《先秦漢魏晉南北朝詩》（中），北京：中華書局，1988 年版，第 1086 頁。

理論的美學內涵。只是宗炳的基本立場是佛學的，因而他對山水畫形神觀的理解是基於佛學思想之上的。但在山水畫論的建立上，這不是什麼特別重要的問題，更何況宗炳認為他所說的佛是可以統領儒、道、玄三家之道的，非與之無法相容。下面從宗炳對「形」、「神」問題的基本看法入手，分析《畫山水序》中所揭示的山水畫的形神觀。

一、「形」與「神」

宗炳的形神觀是以「神不滅論」為基礎和前提的，中國的本土思想中一直存在著「神不滅」的觀點，不過與佛學理論有明顯區別。如《禮記·檀弓下》云：「骨肉歸復於土，命也；若魂氣則無不之也。」〔註52〕在此，「形」指的是人的骨肉、軀體，「神」的範疇則是魂、氣。此外，墨子也明確表示鬼神是存在的，如《墨子·明鬼》云：「鬼神之有，豈可疑哉！」〔註53〕《墨子》一書中大量的篇幅涉及到「天鬼」、「鬼神」，天鬼、鬼神是永存不滅的，而且還能懲善罰惡。《明鬼》中說：「凡殺不辜者，其得不祥，鬼神之誅，若此之憯速也。」〔註54〕至於人身的精神，墨子不認為可以不死，但人須時時敬畏鬼神，方能成為一個行為正直無畏且有福的人。魏晉以來，佛教大行其道，佛教中的「神不滅論」在思想領域內迅速擴展開來，引起廣泛地討論。「神不滅論」的倡導者認為，精神是宇宙間萬物變化的根本，不會隨著人的形體的消滅而消滅。東晉佛學家慧遠把魏晉以來對「神」的重視推到了另一高峰。他認為萬物都是「神」化生出來的。為此，慧遠以薪火為喻，提出「火之傳於薪，猶神之傳於形，火之傳異薪，猶神之傳異形，前薪非後薪。則知指窮之術妙；前形非後形，則悟情數之感深。」〔註55〕也就是說，人的形好比薪，神好比火，薪燃盡了之後，火卻可以傳至另一支薪上繼續保存下來，由此類推，人的形體消亡之後，神可以投於另一個形體而更生，如此往復不絕。儘管如此，慧遠也強調形神二者之間「形」是「神」得以顯現的物質基礎，是

〔註52〕〔漢〕鄭玄注；〔唐〕孔穎達疏：《禮記正義》，引自《十三經注疏》（上），上海：上海古籍出版社，2007 年版，第 1314 頁。

〔註53〕吳毓江撰；孫啟治點校：《墨子校注》，北京：中華書局，1993 年版，第 337 頁。

〔註54〕吳毓江撰；孫啟治點校：《墨子校注》，北京：中華書局，1993 年版，第 337 頁。

〔註55〕〔晉〕釋慧遠撰：《沙門不敬王者論》，引自〔清〕嚴可均輯；馬志偉審訂：《全晉文》（下），北京：商務印書館，1999 年版，第 1772 頁。

「神」之安宅，即「形神雖殊，相與為化，內外誠異，渾為一體」〔註 56〕，
這為宗炳在藝術創作層面思考形神問題提供了理論上的依據。

宗炳繼承了慧遠的「形盡神不滅論」，對形神關係進行細緻的辨析，以此
論證「神」的精妙性與永恆性，並揭示了山水之「神」的特殊性質。

首先，宗炳認為神為「精」而形為「粗」，強調精神的至高無上。宗炳在
《答何衡陽書》中講到：「今人形至粗，人神實妙，以形從神，豈得齊終？」
〔註 57〕《明佛論》也說：「神非形作，合而不滅，人亦然矣。神也者，妙萬物
而為言矣。若資形以造，隨形以滅，則以形為本，何妙以言乎？夫精神四達，
並流無極，上際於天，下盤於地，聖之窮機，賢之研微。」〔註 58〕在宗炳看
來，神是極其微妙的，而形是粗糙的，因此神絕不是由粗糙的形所產生，更
不會隨著形的消滅而消滅，儘管神要以形為載體，但是形卻是由神而來、由
神產生的。至於神是如何產生形，宗炳也做出了相應的解釋：「形神相資，古
人譬之薪火，薪弊火微，薪盡火滅，雖有其妙，豈能獨存？夫火者薪之所生，
神非形之所作，意有精粗，感而得，形隨之，精神極，則超形獨存。無形而
神存，法身常住之謂也。」〔註 59〕「眾變盈世，群像滿目，皆萬世已來，精
感之所集矣。故佛經云：『一切諸法，從意生形。』又云：『心為法本，心作
天堂，心作地獄。』」〔註 60〕也就是說，世間萬物都是由神的精感而生，而這
個最終的感應者是佛，「神道之感，即佛也」，佛的精神是世界萬物之源，因
而佛是「萬感之宗」。因此，在形神問題上，宗炳遵循著形神二分的原則，在
他看來，精神是絕對永恆的、精妙幽深的，而形則是粗陋有限的、短暫的，
形常滅而精神永存。宗炳強調精神的至高無上的地位，實際上也是對道家、
玄學「重神」、「養神」思想作一種佛學上的論證。

其次，山水之「神」也是佛的精感，「形」由「神」所出，但山水之神同

〔註 56〕〔晉〕釋慧遠撰：《明報應論》，引自〔清〕嚴可均輯；馬志偉審訂：《全晉文》
　　　　（下），北京：商務印書館，1999 年版，第 1776 頁。
〔註 57〕〔南朝宋〕宗炳撰：《答何衡陽書》，引自〔清〕嚴可均輯；馬志偉審訂：《全
　　　　宋文》，北京：商務印書館，1999 年版，第 186 頁。
〔註 58〕〔南朝宋〕宗炳撰：《明佛論》，引自〔清〕嚴可均輯；馬志偉審訂：《全宋文》，
　　　　北京：商務印書館，1999 年版，第 194 頁。
〔註 59〕〔南朝宋〕宗炳撰：《又答何衡陽書》，引自〔清〕嚴可均輯；馬志偉審訂：《全
　　　　宋文》，北京：商務印書館，1999 年版，第 190 頁。
〔註 60〕〔南朝宋〕宗炳撰：《又答何衡陽書》，引自〔清〕嚴可均輯；馬志偉審訂：《全
　　　　宋文》，北京：商務印書館，1999 年版，第 196 頁。

時還具備「趣」、「靈」、「妙」等極富美學意味的特徵。上文已講過，宇宙萬象都是佛的精感所至，自然山水也不例外，並且自東晉以來，名僧普遍熱愛名山秀水，並且於山水之中修建精舍，在他們看來，越是深入山林之中就越接近佛陀。和世間萬象一樣，山水之形自然也是佛的精感和神明的承載體，但是和人之形、其他的物之形不同，山水之形具備一種天然的靈動之氣，顯現出造物的神奇與偉力，這一點，對於皈依佛教，常年入住山林的人而言，體會尤其深刻。如慧遠的《遊廬山》中談到：「崇岩吐清氣。幽岫棲神跡。希聲奏群籟。響出山溜滴。有客獨冥遊。逕然忘所適。揮手撫雲門。靈關安足闢。流心叩玄扃。感至理弗隔。孰是騰九霄。不奮衝天翮。妙同趣自均。一悟超三益。」〔註61〕很顯然，這首詩依然是在借廬山的景致來體悟佛學的精妙之境，山川之形依然是佛的神明的棲息地，如「幽岫棲神跡」，這是「以佛對山水」的典範，但是廬山清幽秀美的景物也給予慧遠佛理之外的審美享受，如最後所說「妙同趣自均，一悟超三益」，這裡所說的「悟」，不僅是感悟佛道的精微，還包括山水之形本身的靈動與趣味。應當承認，皈依佛教的不少是有頗高文化教養的人，這對於豐富、提高人們對自然山水的審美感受是起過重要作用的。

　　宗炳雖然是佛教徒，但他是尚未出家的居士，當然也沒有像慧遠那樣長年深居山野寺院，只是一生之中從未停止過遊玩山水。因此他從山水之中體悟出的佛道和神理也不全等於出了家的佛教徒所體悟到的，其中還包含了一種令人心醉神怡的自然意趣，也就是《畫山水序》中所說的「質有而趣靈」、「萬趣溶其神思」。這裡所說的「趣」既同積水而成的山水形物（即「質有」）相聯，又與感受它的人的「神思」相聯，因此，即是說從最終根源上看，仍出於佛，但又不全等於對佛的領悟，而具有與人世相聯的審美意義，與顧愷之畫論中提出的「趣」，如「骨趣」、「變趣」、「天趣」、「奇趣」等相通。而且宗炳所說的「趣」是針對山水而言，因此宗炳將「趣」與「神」、「靈」相結合，使得「神」和審美的關係更進一步。與此相關，宗炳說「山水以形媚道」的「媚」，也含有人世氣息，與女性特有之「媚」有關，不能完全等同於出家的佛教徒的體道、悟道。

二、暢神與傳神

　　由於「神」是極精微且富於靈趣的，因此對山水之「神」的把握就不是

〔註61〕〔晉〕釋慧遠撰：《廬山東林雜詩》，引自逯欽立輯校：《先秦漢魏晉南北朝詩》（中），北京：中華書局，1988年版，第1085頁。

普通的、簡單的觀看，更不是理智的思考，而是一種審美的直觀、玩味，因此，宗炳提出「澄懷味象」，並通過繪畫「以形寫形、以色貌色」而達到「暢神」的目的。

　　首先，「澄懷」指的是情懷高潔，去除物慾和功利心的內心狀態，這是中國古典美學中經常強調的審美主體心境問題。最早討論這個問題的是道家哲學，老子在論及如何悟道的問題時提出「致虛極，守靜篤。萬物並做，吾以觀復」〔註62〕以及「滌除玄覽」的方式；莊子更是通過「解衣磅礴」、「庖丁解牛」等一系列寓言故事來揭示虛靜的心境對於藝術創作的重要意義。為此，莊子專門提出「心齋」、「坐忘」的概念，以達到創作主體的心境所需要達到的理想狀態，即虛靜，同時也是聖人能「原天地之美而達萬物之理」〔註63〕所必有的心態。老莊的這種「虛靜」觀，其核心在於從思想上去除功利觀念，並且從對象性的思維中解放出來，這樣才能體味到獨立無待、絕對自由的「道」，達到至美至樂、無為而無不為的審美人生境界。

　　宗炳所謂的「澄懷」也是從這個角度上來講的，但宗炳所謂的「澄懷」，其目的不只是悟老莊的有無之「道」，更重要的是味「象」。「味」即體味、觀照，「象」既指向自然山水的外在形象，但更重要的是從自然山水中折射出來的佛的神明和神道。宗炳在《明佛論》中講到：「夫聖神玄照，而無思營之識者，由心與物絕，唯神而已。故虛明之本，終始常住，不可凋矣。今心與物交，不一於神。」〔註64〕「心與物絕」即內心與世俗的物慾相離，達到一種超功利、超世間的直覺狀態，也就是宗炳所說的「澄懷」，但是宗炳所說的「澄懷」強調的是佛學中的「空」，而非老莊意義上的「無」。「空」和「無」都具有「虛無」、「沒有」的意義，但這是從有限的層面上來講的，事實上，道家的「無」是和「有」相對的，「無」是萬物的本質和根源，「有」從「無」生，二者是相生相倚的；而佛學所說的「空」既不是抽象意義上的「無」，也不是具象意義上的「有」，而是萬事萬物皆為空無，只有佛才能使人生具有意義。儘管佛性又體現在萬事萬物中，但只有佛性才是唯一真實的存在。懂得此理而皈依於佛，就可不為人間萬事萬物所累而超生淨土了。因此「澄懷」就不

〔註62〕陳鼓應著：《老子注譯及評介》，北京：中華書局，2007年版，第124頁。
〔註63〕陳鼓應注譯：《莊子今注今譯》（中），北京：中華書局，2001年版，第563頁。
〔註64〕〔南朝宋〕宗炳撰：《明佛論》，引自〔清〕嚴可均輯；馬志偉審訂：《全宋文》，北京：商務印書館，1999年版，第196頁。

是簡單的保持虛靜，去除功利，而是「悟空息心」，做到「心用止而情識歇，則神明全矣」〔註65〕，可見「澄懷」的意義就在於「懷遠以開神道之想，感寂以照靈明之應」，以一種超功利、超物質的空無之心去直觀和品味那表現於山水之中的佛的神明和神道。這是一種宗教意義上的靜觀，以這種方式把握到的山水之神能讓人獲得一種「披圖幽對，坐究四荒」的空寂情懷，以至於達到「獨應無人之野」的精神境界。但如上文已指出，未出家的佛教信徒宗炳的「澄懷味道」不全等於已出家的佛教信徒的體道、悟道。

其次，表現山水之「神」依然離不開對「形」的把握，「以形寫形，以色貌色」是主要表現方法，而「應會感神」是感知的方式，也是溝通「形」與「神」的橋樑。前文講過，慧遠認為萬事萬物都是佛的「法身」，具有佛的神明，並且佛的神明可以通過自然山水體現出來，如「廓矣大象，理玄無名。體神入化，落影離形。回暉層岩，凝映虛亭。在陰不昧，處暗愈明。」〔註66〕也就是說，可見可感的自然山水是佛的神理的影子。受慧遠的影響，宗炳認為自然山水是佛的「神明」的影跡，因此山水畫只要「類之成巧」，用筆得當，也可以表現佛的「神明」，此處的「類」就是「以形寫形，以色貌色」，它包含了摹仿的成分，但這種摹仿不是簡單客觀地描摹，而是對佛的神明的感性的呈現。黃賓虹先生談到這個問題的時候有深刻的見解，他說：「六朝宗少文論畫謂『以形寫形，以色貌色』，意義深透。……貌山水之色，此是隨類賦彩，然各有不同貌法。」〔註67〕繪畫藝術具有感性、直觀的特點，它可以通過具體的「形」和「貌」，而非語言文字上的「意求」來達到傳神的目的。西方美術大師達‧芬奇曾經說過：「詩用語言把事物陳列在想像之前，而繪畫確實地把物象陳列在眼前，使眼睛把物象當成真實的物體接受下來。」〔註68〕說明繪畫的普遍的感性直觀的特徵。但是宗炳的「以形寫神、以色貌色」並不是西畫意義上的「形似」，在中國畫領域中，「寫」是和筆墨技法、書法、文學等藝術聯繫在一起的，本身還包含了心靈的感悟，其目的在於「傳神」，把握

〔註65〕〔南朝宋〕宗炳撰：《明佛論》，引自〔清〕嚴可均輯；馬志偉審訂：《全宋文》，北京：商務印書館，1999年版，第196頁。

〔註66〕〔晉〕釋慧遠撰：《萬佛影銘》，引自〔清〕嚴可均輯；馬志偉審訂：《全晉文》（下），北京：商務印書館，1999年版，第1787頁。

〔註67〕王伯敏編：《黃賓虹畫語錄》，上海：上海人民美術出版社出版，1978年版，第11頁。

〔註68〕楊身源、張弘昕編：《西方畫論輯要》，南京：江蘇美術出版社，1998年版，第113頁。

萬物之「道」及佛的神理。謝靈運談佛影的時候也講到：「模擬遺量，寄託青彩。豈唯象形也篤，故亦傳心者也極矣。」〔註69〕佛的神明可以通過青彩和物形得以表現，但是表現的過程中需要有主體心靈的選擇和感悟。因此，宗炳所說的「以形寫形，以色貌色」的方式在表現自然山水客觀形象的同時，也經歷著以心靈感悟佛的神明的過程，其中的橋樑是「應會感神」。實即由此體悟萬物均存而實為空，達到那唯一的最高的真實──佛。因為如無佛，萬物即不能產生與存在，即使產生與存在也無意義可言。這是佛學與道家的一大區別，因為道家認為天地萬物是自然而然地產生出來的，既非人心，也非佛的產物。

「感」既是一種主觀感受，又是一種宗教的情懷，具有主體性、情感性和直接性的特點，這是把握「神」、「理」的第二個層面。也就是說，在較低的層面上，宗炳以「寫」的方式完成對包含「神」之「形」的視覺上的直觀把握，而在較高的層面，宗炳也強調充分調動人的感知能力、理解能力和情感傾向，深入發掘自然山水包含的「神」、「道」、「理」的本質屬性，從而在「以形寫形」和「以形寫神」之間達成理論上的異質同構。

最後，對「神」的把握獲得的不僅是宗教層面上的參悟或者直觀層面上的感知，還是審美意義上的「暢神」，包含了審美的愉悅。對於「暢神」這一概念，很多著作中將其看作山水畫的功能論，但筆者認為這不僅涉及到山水畫的功能問題，更具有價值論和目的論的意義。宗炳認為山水是佛的「精感」化生出來的，因此對山水的欣賞和描繪關鍵在於通過感性的形制來體悟和感受佛的神明，他說「但宛轉人域，囂於世路，故唯覺人道為盛，而神想蔑如耳。若使回身中荒，升嶽遐覽，妙觀天宇澄肅之曠，日月照洞之奇，寧無列聖威靈尊嚴乎其中，而唯唯人群，匆匆世務而已哉？固懷遠以開神道之想，感寂以照靈明之應矣。」〔註70〕，即通過山水的欣賞實現與佛的神明的圓融合一，這是宗炳對待形神問題的基本觀念。但是與此同時，宗炳也非常看重自然山水、山水畫作帶給他的精神的愉悅和自由，宗炳在《畫山水序》中指出「於是閒居理氣，拂觴鳴琴，披圖幽對，坐究四荒。不違天力之藂，獨應無人之野。峰岫嶤嶷，雲林森渺，聖賢映於絕代，萬趣融其神思，余復何求

〔註69〕〔南朝宋〕謝靈運撰：《佛影銘》，引自〔清〕嚴可均輯；馬志偉審訂：《全宋文》，北京：商務印書館，1999 年版，第 323 頁。

〔註70〕〔南朝宋〕宗炳撰：《明佛論》，引自〔清〕嚴可均輯；馬志偉審訂：《全宋文》，北京：商務印書館，1999 年版，第 203～204 頁。

哉，暢神而已。」所謂的「無人之野」最早出自《莊子》：「今子有大樹，患其無用，何不樹之於無何有之鄉，廣漠之野，彷徨乎無為其側，逍遙乎寢臥其下。」〔註71〕這體現的是道家一種逍遙遊的思想，而宗炳所說的「無人之野」就其在自然山水中體會到的逍遙無為的、臥遊和心遊的境界而言，可與道家相通，但這種精神的自由愉悅首先又是建立在宗炳佛學信仰之上的，是在山水畫的創作和欣賞中得到一種與山水之「道」、佛之神明、神理契合無間的感受，但是這種感受卻並不止於佛學。從某種意義上來說，宗炳對山水的體驗和眷戀已經超出了宗教的神秘體驗。因為他認為佛家可以統領道家、玄學的思想，因此他在某種程度上整合了佛學與道家、玄學的美學思想，進入到山水之美帶給他的精神體驗之中。這和黑格爾所說的審美的境界是：「對真實的心滿意足，作為情感，這就是享受神福，作為思想，這就是領悟，這種生活一般地可以稱為宗教生活」〔註72〕以及「審美帶有令人解放的性質」〔註73〕的觀念有某種契合之處。從這點來看，「暢神」是山水及山水畫審美進一步獲得獨立發展空間的體現。

第四節　《畫山水序》的山水畫創作論

　　《畫山水序》中具體談創作過程的內容不多，主要涉及到兩個問題：一是「應目會心」，即山水畫創作中的觀察寫生問題；二是對於「近大遠小」創作原理的理解。這對山水畫的獨立發展具有不可忽視的重要意義。

一、山水寫生的方式

　　前面介紹宗炳生平的時候談到，宗炳一生熱衷於遊歷，即便到老了，還念念不忘山水之美，感慨「有疾還江陵，歎曰：『老疾俱至，名山恐怕難遍觀，唯當澄懷觀道臥以遊之。』凡所遊履，皆圖之於室」〔註74〕。這至少可以說明，宗炳對自然界的山山水水是了然於心的，落實到具體的山水畫創作中，

〔註71〕陳鼓應注譯：《莊子今注今譯》（上），北京：中華書局，2001 年版，第 29～30 頁。

〔註72〕〔德〕黑格爾著；朱光潛譯：《美學》（第一卷），北京：商務印書館，1996 年版，第 128 頁。

〔註73〕〔德〕黑格爾著；朱光潛譯：《美學》（第一卷），北京：商務印書館，1996 年版，第 147 頁。

〔註74〕〔梁〕沈約撰：《宋書》（八），北京：中華書局，2008 年版，第 2279 頁。

宗炳強調對真山真水的觀察和寫生，即「應目會心」。

《畫山水序》中講：「夫以應目會心為理者，類之成巧，則目亦同應，心亦俱會。」「應目」就是以眼睛來觀察客觀存在的自然界，瞭解自然山水的姿態和形制，而「會心」即心領神會、心有所動，是內心的一種藝術加工。事實上，「應目」也就是中國傳統哲學中《易傳》最早涉及到了的「觀物取象」的宇宙觀照方式，《老子》提出「致虛極，守靜篤。萬物並作，吾以觀復」〔註75〕進一步發揮了「觀物」思想。而宗炳的「應目」說則是從藝術創作的角度豐富了傳統「觀物」思想的內涵，極大地強調了創作主體的「目見」在審美構思活動中的重要作用。六朝的文論家陸機、鍾嶸等人也提倡這種「觀物」的審美方式，如陸機《文賦》中講到：「雖濬發於巧心，或受嗤於拙目。」〔註76〕鍾嶸《詩品》說：「寓目輒書」〔註77〕，都是宗炳「應目」觀的另一種解讀，也反映了六朝以來文學藝術領域在這一問題上的普遍認識。

自然景物是豐富而又繁雜的，它們是藝術家感性審美的直接源泉，然而「應目」又不是機械地用眼睛去看，或者相機式的複製，它是創作主體以深情靜觀眼前的景物而與心中情感相契合的「妙觀」，目的不僅是感受自然山水的外在形勢，還要把握蘊含於感性的形象之中的「神」，而「神」是不離於形象又不止於形象的，因此「應目」的同時也要用心靈去選擇和領會，即「會心」，把自己對自然山水的感受和體驗融入對自然景物的耳聽目視之中，使情與景契合無間，從而獲得一種超越於感性形象之上的精神和意味。又由於宗炳是佛學理論家，這種精神性的內容不同於一般意義上的愉悅或者玄學意義上的道理，而是佛之「神理」。宗炳在《明佛論》中也明確講到：「夫鍾律感應，尤心玄會，況夫靈聖以神理為類乎？」〔註78〕山水固然能使人應目會心，但是山水屬於以「神理為類」的範疇，因此「會心」之處不在其他，正在於領會神明之理。但由於這種目擊心會的過程能感發欣賞者的審美思維，從而感悟到「神」的精妙，因而成為審美的重要特徵。因為審美的過程就是形象

〔註75〕陳鼓應著：《老子注譯及評介》，北京：中華書局，2007 年版，第 124 頁。

〔註76〕郭紹虞著：《中國歷代文論選》，上海：上海古籍出版社，1979 年版，第 70 頁。

〔註77〕〔南朝梁〕鍾嶸著；周振甫譯注：《詩品譯注》，北京：中華書局，1998 年版，第 49 頁。

〔註78〕〔南朝宋〕宗炳撰：《明佛論》，引自〔清〕嚴可均輯；馬志偉審訂：《全宋文》，北京：商務印書館，1999 年版，第 200 頁。

的直感和心靈的領悟相結合的過程，通過感性的形象進而體驗到某種精神性的內容。

「應目會心」是一個不可分割的整體，也是繪畫藝術中必須遵循的觀察和創作原則，宗炳可以說是這一理論的最早倡導者，五代山水畫家荊浩提出「度物象而取其真」〔註79〕張彥遠「凝神遐想，妙悟自然，物我兩忘，離形去智」〔註80〕，張璪「外事造化、中得心源」等觀點都是對宗炳「應目會心」觀點的繼承和進一步闡釋。

二、近大遠小的原理

顧愷之的《畫雲台山記》對空間經營有了初步的探索，涉及到了中國山水畫構圖中的賓主關係，呼應關係，開合、虛實、藏露、疏密、簡繁等關係。宗炳的《畫山水序》沒有系統地談山水畫的構圖或經營，但其中提出的「張綃素以遠暎，則昆閬之形可圍於方寸之內」的觀念涉及到了中國山水畫透視法的基本問題，在山水畫的創作技法上產生深遠的影響，解決了一個有限的畫面何以能描繪廣大無限的山水這一問題。

《畫山水序》云：

> 且夫崑崙山之大，瞳子之小，迫目以寸，則其形莫睹；迴以數里，則可圍於寸眸。誠由去之稍闊，則其見彌小。今張綃素以遠暎，則昆、閬之形可圍於方寸之內。豎劃三寸，當千仞之高，橫墨數尺，體百里之迴，是以觀畫圖者，徒患類之不巧，不以制小而累其似，此自然之勢。如是，則嵩華之秀，玄牝之靈，皆可得之於一圖矣。

宗炳肯定山水畫具有「存形」、「暢神」的功用，但是在山水畫初創的階段，如何以有限的畫面將巨大的真山真水錶現出來，是擺在畫家面前亟待解決的難題。在此，宗炳提出一種「遠觀取勢」的觀察方法，即「迴以數里，則可圍於寸眸。誠由去之稍闊，則其見彌小」，以長鏡頭的方式將真山真水全部囊括於視線之中，在此，宗炳已經意識到了視覺上「近大遠小」的基本原理，以全景式的觀察視角來構建藝術的圖景，初步改變了東晉時期「人大於山，水不容泛」的構圖方式。馬采和宗白華先生認為，宗炳的這種觀念是中

〔註79〕〔五代〕荊浩撰：《筆法記》，引自俞劍華編著：《中國古代畫論類編》（上），北京：人民美術出版社，1998年版，第605頁。

〔註80〕〔唐〕張彥遠著；俞劍華注釋：《歷代名畫記》，上海：上海人民美術出版社，1964年版，第40～41頁。

國山水畫透視法的最初表現，其中的「張綃素以遠映」即隔著玻璃板以透視，便可以很容易地確實地把眼前立體形的遠近的景物，看做平面形移到畫面上。〔註81〕這比意大利畫家勃呂奈萊斯克（Pmilippe Brunlles co，1377～1446 年）創立的遠近法的年代約早一千年，基本上決定了中國山水畫在世界畫壇的特殊路線。北宋沈括也講到：「大都山水之法，蓋以大觀小，如人觀假山耳。」〔註82〕但是，中國畫的遠近法在表現客觀對象的時候不是從一個固定的視角出發來描摹對象的外形，而是從多個角度出發，採取多層視點，流轉曲折地構成一個心靈化、節奏化的空間，如宗炳所說「身所盤桓，目所綢繆」，表現無往不復的天地之際和大自然整體的和諧秩序，所以宗炳興之所至時說：「撫琴動操，欲令眾山皆響！」這種近大遠小空間的表現方法和中國人特有的俯仰宇宙觀密不可分，王羲之《蘭亭詩序》：「仰觀宇宙之大，俯察品類之盛，所以遊目騁懷，足以極視聽之娛，信可樂也！」〔註83〕謝靈運也講到：「俛視喬木杪。仰聆大壑淙。」〔註 84〕六朝是山水審美意識覺醒並不斷被發掘的時代，從山水的欣賞中，人們感受到的不僅是目見的有形有限的真山真水，還包含了節奏化的、「俯仰自得」的宇宙感。

　　事實上，山水畫藝術中的「近大遠小」原理也是哲學思想中「有限」與「無限」問題的延伸。宗炳說：「豎劃三寸，當千仞之高；橫墨數尺，體百里之迥。」畫面的尺幅是有限的，但是卻能將大自然的崇山大川、朝暉夕陰乃至嵩、華之秀，玄牝之靈悉數納入。《畫山水序》中所講的「玄牝」最早源自道家，《老子·第六章》云：「谷神不死，是謂玄牝。玄牝之門，是謂天地根。」〔註85〕道家所說的「玄牝」是指大自然化生萬物的那個本源，宗炳以「玄牝」來指稱宇宙天地，說明山水畫具有通過有限的山水之形通達於無限、與宇宙精神相感應的獨特效能，故宗炳說：「於是閒居理氣，拂觴鳴琴，披圖幽對，坐究四荒，不違天勵之藂，獨應無人之野。」以有限表現無限是藝術的特點

〔註81〕馬采著：《藝術學與藝術史文集》，廣州：中山大學出版社，1997 年版，第 253 頁。

〔註82〕〔宋〕沈括著；張富祥譯注：《夢溪筆談》，北京：中華書局，2009 年版，第 182 頁。

〔註83〕〔晉〕王羲之撰：《三月三日蘭亭詩序》，引自〔清〕嚴可均輯；馬志偉審訂：《全晉文》（上），北京：商務印書館，1999 年版，第 257～258 頁。

〔註84〕〔南朝宋〕謝靈運著：《於南山往北山經湖中瞻眺詩》，引自逯欽立輯校：《先秦漢魏晉南北朝詩》（中），北京：中華書局，1988 年版，第 1172 頁。

〔註85〕陳鼓應著：《老子注譯及評介》，北京：中華書局，2007 年版，第 85 頁。

之一，繪畫藝術更是要以有限的尺幅和空間將宇宙的根源性、創造性的生命象徵性地形象化地表現出來。

　　總的來說，宗炳的山水畫我們現在無法看到，畫史上對他畫作的評價不是很高，較晚於他的謝赫以「六法」為準則評價宗炳的畫：「炳於六法，亡所遺善，然含毫命素，必有損益。跡非準的，意可師效。」〔註 86〕於是將宗炳列為第六品，在劉紹祖上，毛惠遠下。張彥遠對此評價頗有不滿，解釋道：「既云『必有損益』，又云『非準的』；既云『六法亡遺善』，又云『可師效』。謝赫之評，固不足採也。」〔註 87〕但是張彥遠也沒有具體來重評宗炳的畫作，只是說「宗公高士也，飄然物外，不可以俗畫傳其意旨」〔註 88〕，後來的畫史和評論者也沒有像為顧愷之爭地位一樣來為宗炳的繪畫作品重定地位。但是這絲毫不影響《畫山水序》在畫史上的地位，該文將古代的哲理思想充分融入繪畫的創作和表現之中，第一個將山水畫與「道」聯繫起來，確立了山水畫的「道」本體論。此外，宗炳提出「澄懷味象」、「以形寫形、以色貌色」、「應目會心」、「暢神」等理論，初步分析了中國畫透視學中的「遠小近大」原理，涉及到山水畫的創作本體、創作心境、藝術技巧和審美感受等一系列問題，構成了一個比較完整的理論體系，使中國的山水畫逐漸擺脫稚拙的表現而走上藝術創作的道路。不過，中國畫對物象不只遠觀而已，還要近察，兩者是分不開的。這一問題宗炳尚未涉及，直到後世，宋代的郭熙才作了明確的說明，提出「遠望之以取其勢，近看之以取其質」〔註 89〕。但宗炳已提出了山水的「形質」問題，因此我們也可以推想，他著重講了的遠觀、遠映也並不排斥對「形質」的近察，否則「形質」就無從表現了。

〔註 86〕　〔南朝齊〕謝赫撰：《古畫品錄》，引自俞劍華編著：《中國古代畫論類編》（上），北京：人民美術出版社，1998 年版，第 367 頁。

〔註 87〕　〔唐〕張彥遠著；俞劍華注釋：《歷代名畫記》，上海：上海人民美術出版社，1964 年版，第 131 頁。

〔註 88〕　〔唐〕張彥遠著；俞劍華注釋：《歷代名畫記》，上海：上海人民美術出版社，1964 年版，第 131 頁。

〔註 89〕　〔宋〕郭熙、郭思撰：《林泉高致》，引自俞劍華編著：《中國古代畫論類編》（上），北京：人民美術出版社，1998 年版，第 634 頁。

第四章　王微山水繪畫的美學思想

　　王微，字景玄，琅邪臨沂人（即今山東臨沂）。王微生於公元 415 年（東晉安帝義熙十一年），卒於公元 443 年（宋文帝元嘉二十年），和宗炳一樣，王微也是生活在由東晉入宋的時代，並且和宗炳卒於同一年，但是王微只活了 29 歲。

　　王微出生於顯赫的王氏家族，與王羲之、王獻之等人屬同族，六朝的書法、文學、繪畫領域都少不了王氏家族的成員。王微的父親是當時的光祿大夫王孺，叔伯皆「配食高祖廟廷」，其兄弟以及侄孫輩都是晉宋齊梁時期著名的政治和文化人士。受家庭的影響，王微早年也曾參與政治，歷任司徒祭酒、參軍、太子中舍人等職，直至父親王孺去世，王微才去官歸隱，閉門不出，「常住門屋一間，尋書玩古，如此者十餘年」〔註 1〕。在與其弟的書信中，他還講到「奇士必龍居深藏，與蛙蝦為伍」〔註 2〕，反映出他的隱逸情懷。

　　在思想上，王微對正始玄風頗為傾心，王微曾經對何偃講：「卿少陶玄風，淹雅修暢，自是正始中人。吾真庸性人耳，自然志操不倍王（戎）、樂（廣）。」〔註 3〕可見王微對正始玄學家的崇敬。受正始名士的影響，王微也服五石散，《宋書》記載：「至於生平好服上藥，起年十二時病虛耳。」〔註 4〕在六朝玄佛合流的大背景下，王微對佛學也有一定的研究，他與當時有名的佛學家交往甚密，還為竺道生立傳，但總的來說，王微的思想以玄學為主，並且有脫離玄、佛的傾向，這是理解王微繪畫美學思想的關鍵。

〔註 1〕〔梁〕沈約撰：《宋書》（六），北京：中華書局，2008 年版，第 1670 頁。
〔註 2〕〔梁〕沈約撰：《宋書》（六），北京：中華書局，2008 年版，第 1668 頁。
〔註 3〕〔梁〕沈約撰：《宋書》（六），北京：中華書局，2008 年版，第 1669 頁。
〔註 4〕〔梁〕沈約撰：《宋書》（六），北京：中華書局，2008 年版，第 1669 頁。

　　儘管王微的生命很短暫，但是他才華橫溢，《宋書》本傳載其「少好學，無不通覽，善屬文，能書畫，兼解音律、醫方、陰陽術數。」〔註5〕在文學上，王微主張「文詞不怨思抑揚，則流澹無味。文好古，貴能連類可悲，一往視之，如似多意」〔註6〕。齊梁時期的文論家鍾嶸在《詩品》中將王微的五言詩列為中品，並且在序文中對王微的「風月」之作極力推許，譽為「五言之警策……篇章之珠澤，文采之鄧林」〔註7〕，可見王微在當時的文學領域是享有聲譽的。在繪畫方面，王微銳意經營、深有造詣，《宋書》中記載王微曾自述：「性知畫繢，蓋亦鳴鵠識夜之機，盤迂糾紛，或記心目，故兼山水之愛，一往跡求，皆仿象也。」〔註8〕鵠是一種善於記憶山川地形的鳥，以鵠自喻，說明王微能博識強記，對自然山水具有敏銳的感受力，謝赫在《古畫品錄》中將王微列為第四品，並將他和史道碩進行比較，評為「並師荀衛，各體善能。然王得其細（《歷代名畫記》中作「意」），史傳其真。細而論之，景玄為劣。」〔註9〕在中國繪畫史上，王微最大的貢獻是寫了畫論《敘畫》，該文寫於《畫山水序》之後，繪畫史上常常將王微的《敘畫》與宗炳的《畫山水序》並舉，甚至將兩人同時視為中國山水畫論之祖。《歷代名畫記》云：「宗炳、王微皆擬跡巢由，放情林壑，與琴酒而俱適，縱煙霞而獨往。各有畫序，意遠跡高，不知畫者難可與論。因著於篇以俟知者。」〔註10〕兩篇畫論有相似之處，如都提高了山水畫的獨立價值，都主張山水寫神。但王微和宗炳在很多問題上觀點是相異的，並且在山水畫功能、山水畫的創作和欣賞上，王微提出了許多創見，下文逐一進行分析。

第一節　《敘畫》的山水畫功能論

　　繪畫從產生之初便具有一定的功能和意義，六朝以前的繪畫被人們賦予了教育鑒戒的功能，直至六朝這種觀念依然深入人心。山水畫產生之後，人

〔註5〕〔梁〕沈約撰：《宋書》（六），北京：中華書局，2008年版，第1664頁。
〔註6〕〔梁〕沈約撰：《宋書》（六），北京：中華書局，2008年版，第1667頁。
〔註7〕穆克宏，郭丹著：《魏晉南北朝文論全編》，南京：江蘇教育出版社，2004年版，第233頁。
〔註8〕〔梁〕沈約撰：《宋書》（六），北京：中華書局，2008年版，第1669頁。
〔註9〕〔南朝齊〕謝赫撰：《古畫品錄》，引自俞劍華編著：《中國古代畫論類編》（上），北京：人民美術出版社，1998年版，第364頁。
〔註10〕〔唐〕張彥遠著；俞劍華注釋：《歷代名畫記》，上海：上海人民美術出版社，1964年版，第133頁。

們對繪畫功能的認識有了很大的轉變，山水畫的功能問題涉及的是山水畫的價值和作用的問題，並最終歸結為山水畫存在的必要性與合理性問題。王微的《敘畫》針對以上問題做出了很好的回答，這也成為他山水畫美學思想的閃光點。

一、繪畫功能觀的歷史變遷

六朝及六朝以前，繪畫的主題以人物為主，因此在繪畫的功能上主要是鑒戒賢愚，但也與宗教祭祀有關。

1. 宗教功能

中國早期的宗教是以巫術的形式出現的，《左傳・成公十三年》云：「國之大事在祀與戎。」〔註11〕可見巫術在早期的人類社會生活中具有十分重要的作用。作為一種原始宗教，巫術將各種自然界的變化和人事變化歸結為某種超自然的神秘力量，如天、神、地祇，乃至祖先或鬼等，並且認為只要通過某種特定的方法和手段，就能與這些超自然的神秘力量進行溝通，獲得神祇的庇祐。在此基礎上，以描繪自然界動植物、人、神、鬼等形象為主要特徵的繪畫應運而生，因此巫術說也成為人類藝術史上關於藝術起源的一大學說。在中國的遠古時代，這些繪畫的形象不是單純稚拙的摹仿自然，也不是現代意義上的藝術創作，而是被賦予了某種神奇的力量或神秘的作用的活動。

《左傳・宣公三年》最早記載了繪畫的這種功能：「昔夏之方有得德也，遠方圖物，貢金九牧，鑄鼎象物，百物而為之備，使民知神奸。故民入川澤山林，不逢不若，魑魅罔兩，莫能逢之。」〔註12〕這也是中國繪畫史上最早的關於繪畫功能的文獻。此處的繪畫是刻製在青銅器上的圖案，該圖案在當時的作用不是裝飾或審美，而是「使民知神奸」，並使人趨利避害。除此之外，東漢王充的《論衡》中也有類似言論，《論衡・亂龍篇》云：「楚葉公好龍，牆壁槃盂皆畫龍，必以象類為若真是，則葉公之國常有雨也。」〔註13〕「縣官斬桃為人，立之戶側；畫虎之形，著之門闌……刻畫效象，冀以禦凶。」〔註14〕在古人的觀

〔註11〕〔周〕左丘明撰；〔晉〕杜預注；〔唐〕孔穎達疏：《春秋左傳正義》，引自《十三經注疏》（下），上海：上海古籍出版社，2007年版，第1911頁。

〔註12〕〔周〕左丘明撰；〔晉〕杜預注；〔唐〕孔穎達疏：《春秋左傳正義》，引自《十三經注疏》（下），上海：上海古籍出版社，2007年版，第1868頁。

〔註13〕黃暉撰：《論衡校釋》（第三冊），北京：中華書局，1990年版，第694頁。

〔註14〕黃暉撰：《論衡校釋》（第三冊），北京：中華書局，1990年版，第699頁。

念中，龍是能夠呼風喚雨的靈物，而桃木和老虎自古迄今被人們賦予神秘的神彩，其功能莫過於鎮鬼防邪。當然，王充本人是一位無神論者，他描述這些繪畫形象是為了反駁當時盛行的認為繪畫能溝通鬼神的巫術觀，但這種觀念在當時的人們心中確實是根深蒂固的。《史記》卷二十《孝武本紀》云：「夫人卒，少翁以方術蓋夜致王夫人及竈鬼之貌云，天子自帷中望見焉。於是乃拜少翁為文成將軍，賞賜甚多，以客禮禮之。文成言曰：『上即欲與神通，宮室被服不像神，神物不至。』乃作畫雲氣車，及各以勝日駕車辟惡鬼。又作甘泉宮，中為臺室，畫天、地、泰一諸神，而置祭具以致天神。居歲餘，其方益衰，神不至。」〔註15〕可見連帝王也深信畫像能通神。

長沙馬王堆漢墓出土的帛畫也很好地反映了這個問題，以一號墓出土的 T 型帛畫為例，該圖分為兩部分，上部描繪了日、月、升龍、蛇身神人以及門神等圖像，象徵著天上的境界，下部描繪交龍及墓主人形象，其中兩條青色和赤色的龍分列左右，穀璧之上，兩個龍首之間是拄杖而立的老嫗，左側有兩個男人舉案跪迎，右側有三個侍女拱手相隨。穀璧以下，懸掛著帶有彩色圖案的帷帳，帷帳上對棲著兩個人首鳥身的怪物。帷帳下面，是宴饗或準備祭祀的場面。很顯然，這幅帛畫的主題思想是「引魂昇天」，楚人「敬鬼好祀」，認為人死後「靈魂」可以升入天國，「魄」則入土為安，所以楚人常常用「魂幡」來招魂安魂，馬王堆漢墓出土的帛畫在當時的社會無一例外都是出於這種功用而創作的。

古代繪畫的宗教功能有其幼稚荒謬之處，但是它也傳達了一個重要的觀念，即繪畫不是刻板地描摹，而是一種象徵符號，它能傳達出某種深層次的精神上的意味，從這一點來看，它對繪畫藝術的發展以及後來的繪畫理論依然有深遠的影響。此外，在這種巫術的觀念中，人們也能明顯地感受到趨利避害，從善懲惡的社會心態，而這也直接促進了古代繪畫功能觀念的進一步轉變。

2. 教化功能

梁啟超談中國學術思想的變遷時說過：「孔子謂『夏道尊命，事鬼敬神而遠之』；『殷人尊神，率民而事神，先鬼而後禮』，『周人尊禮尚施，事鬼敬神而遠之』。言三代思想之變遷，於其事鬼神之間，最注意焉。」〔註16〕先秦儒

〔註15〕〔漢〕司馬遷撰：《史記》（二），北京：中華書局，1963 年版，第 458 頁。
〔註16〕梁啟超著：《論中國學術思想變遷之大勢》，上海古籍出版社，2001 年版，第 13 頁。

家向來有理性主義傳統,隨著周代禮制制度的完善和儒家影響力的不斷上升,人們更加關注個體的自我完善和理想社會的和諧建構,於是繪畫的政治教化作用逐漸取代了通神的觀念。《孔子家語‧觀周》記載:「孔子關乎明堂,睹四門墉,有堯舜之容,桀紂之象,而各有善惡之狀,興廢之誠焉。又有周公相成王,抱之負斧扆南面以朝諸侯之圖焉。」〔註 17〕事實上,先秦兩漢時期的繪畫通神觀念本身和統治階級的禮制觀念有著密切的聯繫,強調繪畫的通神,很大程度上是為了告誡人們在生活中要棄惡揚善,如王延壽《魯靈光殿賦》云:「圖畫天地,品類群生。雜物奇怪,山神海靈。寫載其狀,託之丹青。千變萬化,事各繆形。隨色象類,曲得其情。上紀開闢,遂古之初。五龍比翼,人皇九頭。伏羲鱗身,女媧蛇軀。鴻荒樸略,厥狀睢盱。煥炳可觀,黃帝唐虞。軒冕以庸,衣裳有殊。下及三后,淫妃亂主。忠臣孝子,烈士貞女。賢愚成敗,靡不載敘。惡以誡世,善以示後。」〔註 18〕直接表達了繪畫具有教化或者勸誡的作用。西漢武帝獨尊儒術,並下令將古代的聖賢、功臣烈士的形象繪成圖畫,掛在漢代的宮室中,作為人們遵依效法的對象,如徵和二年,漢武帝讓黃門畫者畫《周公負成王朝諸侯圖》賜給大臣霍光,借繪畫來表明表明託孤於霍光的政治決策。東漢以後,各州郡也開始流行畫像,並且進行專門的讚頌,稱之為「畫贊」。《漢書》郡國志注云:「郡府廳事壁諸尹畫贊,肇自建武,迄今陽嘉,注其清濁進退。所謂不隱過,不虛譽,甚得述事之實,後人是瞻,是以勸懼。」〔註 19〕延熹末年,司隸校尉應奉「下諸官府郡國,各上前人像贊」。可見這一時期畫像畫贊成為了政治內容的一部分,被賦予特殊的意義。

曹魏時期的文學家曹植在《畫贊序》中也講到:「觀畫者見三皇五帝,莫不仰戴;見三季暴主,莫不悲惋;見篡臣賊嗣,莫不切齒;見高節妙士,莫不忘食;見忠節死難,莫不抗首;見放臣斥子,莫不歎息;見淫夫妒婦,莫不側目;見令妃順后,莫不嘉貴。是知存乎鑒戒者,圖畫也。」〔註 20〕何晏《景福殿賦》中說:「欽先王之允塞,悅重華之無為。命共工使作繢,明五彩

〔註 17〕王國軒、王秀梅譯注:《孔子家語》,北京:中華書局,2009 年版,第 90 頁。
〔註 18〕〔梁〕蕭統編;〔唐〕李善注:《文選》(二),上海:上海古籍出版社,1986 年版,第 515～516 頁。
〔註 19〕〔清〕王先謙撰:《後漢書集解》,明國王氏虛受堂刻本,1915 年版,第 1086 頁。
〔註 20〕〔魏〕曹植撰:《畫贊》,引自〔清〕嚴可均輯;馬志偉審訂:《全三國文》(上),北京:商務印書館,1999 年版,第 169 頁。

之彰施。圖像古昔，以當箴規。椒房之列，是準是儀。觀虞姬之容止，知治國之佞臣。見姜后之解佩，寤前世之所遵。賢鍾離之讜言，懿楚樊之退身。嘉班妾之辭輦，偉孟母之擇鄰。」……〔註21〕曹植、何晏表達的觀點和漢代以來對繪畫的看法是一致的，他們都認為繪畫的主要作用在於鑒戒，具有道德教化的意義。

　　正因為如此，六朝以前存在大量著用於道德教育的繪畫，六朝時期列女圖盛行，顧愷之就創作了不少此類作品，如《列女仁智圖》、《女史箴圖》就是對女性的社會形象及其行為規範作「苦口陳箴、莊嚴警世」的勸誡，此外，顧愷之還有名為《魏晉勝流畫贊》的畫論傳世。東晉書畫家王廙曾說過：「余兄子羲之，幼而岐嶷，必將隆余堂構，今始年十六，學藝之外，書畫過目便能，就予請書畫法，余畫《孔子十弟子圖》以勵之，嗟爾羲之，可不勗哉；畫乃吾自畫，書乃吾自書。吾餘事雖不足法，而書畫固可法。欲汝學書則知積學可以致遠，學畫可以知師弟子行己之道，又各為汝贊之。」〔註22〕王羲之是王廙的侄兒，在這段話中，王廙「畫《孔子十弟子圖》以勵之」，是借繪畫來教育、鼓勵王羲之瞭解「師弟子行己之道」，這依然是強調繪畫的教化功能。

　　但是藝術是不斷發展的，作為一種文化載體，藝術的發展也有著自身的規律。陳師曾先生談六朝繪畫的審美風尚時講過：「六朝以前之繪畫，大抵為人倫之補助，政教之方便，或為建築之裝飾，藝術尚未脫束縛。迨至六朝，則美術始具獨立之精神，審美之風尚因以興起，漸見自由藝術之萌芽。」〔註23〕這種「獨立之精神」便是六朝時期人的「個體」意識的高揚和自我意識的覺醒，在此基礎上，人們對繪畫藝術功能的理解逐漸超越了「宣教」的範圍而走向精神的自由和真正的審美愉悅。王微的《敘畫》最為明確地道出了這一藝術特徵。

二、《敘畫》的山水畫功能觀

　　本文第一章已講到，六朝乃至整個魏晉南北朝處於國家分裂，儒家式微、

〔註21〕〔梁〕蕭統編；〔唐〕李善注：《文選》（二），上海：上海古籍出版社，1986年版，第530～531頁。

〔註22〕〔唐〕張彥遠著；俞劍華注釋：《歷代名畫記》，上海：上海人民美術出版社，1964年版，第96頁。

〔註23〕陳師曾著：《中國繪畫史》，南京：江蘇古籍出版社，2010年版，第9頁。

新思潮不斷湧現的大背景之中。這在客觀上促使人們將目光從關注倫理綱常問題轉而關注個體自身的生存問題，進而催化了人的個性意識的覺醒，促進了全社會對人的價值和人生的意義的追問。在此基礎上，人們對繪畫的功能也有了一種新的認識。宗炳最早觸及到了繪畫的審美功能，《畫山水序》中講到：「於是閒居理氣，拂觴鳴琴，披圖幽對，坐究四荒。不違天勵之藂，獨應無人之野。峰岫嶢嶷，雲林森眇，聖賢映於絕代，萬趣融其神思。余復何為哉？暢神而已。神之所暢，敦有先焉！」很明顯，宗炳所說的「閒居理氣」、「獨應無人之野」、「萬趣融其神思」以及「暢神」明顯擺脫了繪畫教化意義的束縛，指向了一種審美的心理活動。這一方面是由於宗炳探討的是山水畫問題，和人物畫相比，山水畫本身就不是教化的載體；另一方面是六朝以來的山水審美風尚極大地提高了人們對山水以及山水畫美感的認識。但是宗炳所謂的「閒居理氣」、「暢神」著眼於從山水之中感悟佛的精感和神明，具有一種宗教的理性情懷，儘管其中包含了審美愉悅，但更多的是和佛學圓融統一的精神愉悅，是一種「體悟」式的經驗活動，而非純粹感性意義上的情感愉悅。

王微從根本上提升了山水畫的地位、功能和價值，並對山水畫的審美功能做了進一步的發揮，以下從三個方面予以分析：

首先，在貴書賤畫的背景下，王微極力提高繪畫和畫家的地位。中國的書法藝術至六朝時期已經發展得非常完善，不僅有了豐富多樣的形式和成熟的字體，在理論上也有了相當的探索。東晉書法家衛鑠首次將「意」引入書法藝術，她在《筆陣圖》中談到：「意後筆前者敗」〔註24〕，「意前筆後者勝」。〔註25〕王羲之對她的觀點加以發揮：「意在筆前，然後作字。」〔註26〕「意」的本義與「心」的活動有關，《說文解字》釋「意」云：「生於心……從言含一。」〔註27〕又將「意」與「志」互訓：「意，志也，從心，察言而知意。」〔註28〕因此「意」也是表達心理內容的概念，突出了主體心靈的能動作用，

〔註24〕〔東晉〕衛夫人撰：《筆陣圖》，見〔唐〕張彥遠輯；洪丕謨點校：《法書要錄》，上海：上海書畫出版社，1986 年版，第 6 頁。

〔註25〕〔東晉〕衛夫人撰：《筆陣圖》，見〔唐〕張彥遠輯；洪丕謨點校：《法書要錄》，上海：上海書畫出版社，1986 年版，第 6 頁。

〔註26〕〔東晉〕王羲之撰：《題衛夫人〈筆陣圖〉後》，見〔唐〕張彥遠輯；洪丕謨點校：《法書要錄》，上海：上海書畫出版社，1986 年版，第 6 頁。

〔註27〕〔東漢〕許慎撰：《說文解字》，北京：中華書局，2009 年版，第 58 頁。

〔註28〕〔東漢〕許慎撰：《說文解字》，北京：中華書局，2009 年版，第 217 頁。

與審美活動和藝術創作心理有密切關係。這也是因為書法在形態上具有抽象的特徵，「象形」的因素較少，因而表意的空間就比較大。「意」成為書法藝術中一項重要的美學原則，也表明書法藝術在理論形態上的成熟，因此書法很早就成為了一門藝術，上至帝王嬪妃、王侯公卿，下至士大夫、文人學士都工書法。而早期的專業繪畫者都是工匠，「漢以前士大夫階層中是無人從事繪畫的，漢末少數文人士大夫業餘作畫，魏晉時文人士大夫大量加入繪畫隊伍。」〔註29〕即便如此，六朝時期的繪畫無論在技法上還是理論上都要滯後於書法，因此有「工篆隸者，自以書巧為高」的觀念。這種輕視繪畫的思想在《世說新語・巧藝》中有所體現，如：「戴安道就范宣學，視范所為，范讀書亦讀書，范鈔書亦鈔書，唯獨好畫。范以為無用，不宜勞思於此。戴乃畫《南都賦》圖，范看畢，咨嗟甚以為益，始重畫。」〔註30〕《顏氏家訓・雜藝》更是認為繪畫是「猥役」，但不否認文人高士之作。可見這一時期繪畫的地位低於書法，王微對此很不以為然。他說：「而工篆隸者，自以書巧為高。欲其並辯藻繪，覈其攸同。」也就是說，要辯明書法和繪畫各自具有的光輝價值，並考核二者的相通之處，言下之意繪畫的價值並不亞於書法。

不僅如此，王微還賦予繪畫與《易》象同體的地位。《敘畫》中明確講到：「辱顏光祿書，圖畫非止藝行，成當與《易》象同體。」顏光祿就是南朝宋與謝靈運齊名的文學家顏延之，張彥遠《歷代名畫記・敘畫之源流》中摘錄了顏延之談繪畫的語句：「圖載之意有三：一曰圖理，卦象是也；二曰圖識，字學是也；三曰圖形，繪畫是也。」〔註31〕在此，顏延之將繪畫理解為「圖形」，並且這「圖形」可與卦象並稱。卦象即指《周易》之卦象，《周易》在中國古代思想史上有著十分重大的意義，包含了人們對社會政治人事、宇宙本體以及「有限」與「無限」等哲學問題的重要思考，因此成為玄學的經典讀本，即「三玄」之一。王微充分贊同顏光祿「畫成當與《易》象同體」的觀點，這就說明在王微心目中，繪畫的價值甚至可以和聖人的經典相提並論，既然如此，那麼畫家也就可以和聖賢比肩了，這在中國繪畫史上是前所未見

〔註29〕陳傳席著：《中國山水畫史》，天津：天津人民美術出版社，2001年版，第14頁。

〔註30〕〔南朝宋〕劉義慶著；余嘉錫箋疏：《世說新語箋疏》（下冊），北京：中華書局，2007年版，第845頁。

〔註31〕〔唐〕張彥遠著；俞劍華注釋：《歷代名畫記》，上海：上海人民美術出版社，1964年版，第3頁。

的，儘管在王微之後相當長的一段歷史時期裏，繪畫依然不被社會所重視和尊重〔註32〕，以為是眾工之事，但顏光祿和王微的看法為後來文人參加繪畫創作，提高繪畫的地位提供了理論依據。

其次，王微通過將繪畫與「圖形」進行區分來具體揭示繪畫的特殊功能。《敘畫》云：「夫言繪畫者，競求容勢而已。且古人之作畫也，非以案城域、辨方州、標鎮阜、劃浸流。」早期的山水畫中有一類是具有軍事性質的實用地圖，如《歷代名畫記》中記載：「孫權嘗歎魏、蜀未平，思得善畫者圖山川地形，夫人乃進所寫江湖九州山嶽之勢。夫人又於方帛之上，繡作五嶽列國地形。」〔註33〕這是說三國時期吳丞相趙達之妹善於書法繪畫，孫權曾經哀歎魏蜀未平，很想使人畫出各國山川地形圖，趙夫人便將自己所畫的江湖九州山嶽地形圖交給了孫權，而且還在方帛上繡上五嶽列國地形圖。這在當時是不易做到的，因此張彥遠將趙夫人列為第一位女畫家。但是趙夫人所繪的並不是嚴格意義上的山水畫，而是具有實用價值的地形指示圖，王微稱之為是為了「求容勢」，「容勢」即「形勢」，是自然界的客觀外形，在王微看來，這類圖形並非山水畫。之所以如此，是因為繪畫能與《易》象同體，「象」是「意」的載體。王弼在《周易略例》中解釋「象」云：「夫象者，出意者也」〔註34〕，並且「象生於意，故可尋象以觀意。」〔註35〕也就是說，「意」是卦象的根源，卦象是「意」的載體和外在表現形式，王弼所說的「意」指的是聖人之意，在某種程度上還具備本體論的意義。成功的繪畫能與《易》象同體，也就是說繪畫也可以傳達「意」的，和書法一樣具有表「意」的功能，而非僅僅追求形似。前文講過，「意」關乎到人的主觀心靈和情感，山水畫達「意」指的是山水畫要通過對山水之形的藝術描繪來體現與深層的自然、宇宙情懷相通的個人內心情感，這就使得山水畫脫離早期實用地圖的範疇而進入藝術的行列。

再次，山水畫的終極意義是使欣賞者獲得情感上的觸動和精神上的怡悅。

〔註32〕如《舊唐書》記載唐代閻立本對兒子說：「……唯以丹青見知，躬廝役之務，辱莫大焉，汝宜深戒，勿習此末技！」

〔註33〕〔唐〕張彥遠著；俞劍華注釋：《歷代名畫記》，上海：上海人民美術出版社，1964年版，第105～106頁。

〔註34〕〔魏〕王弼著；樓宇烈校釋：《王弼集校釋》（下），北京：中華書局，1980年版，第609頁。

〔註35〕〔魏〕王弼著；樓宇烈校釋：《王弼集校釋》（下），北京：中華書局，1980年版，第609頁。

王微說：「望秋雲，神飛揚；臨春風，思浩蕩。雖有金石之樂，珪璋之琛，豈能髣髴之哉；披圖按牒，效異《山海》。綠林揚風，白水激潤。嗚呼！豈獨運諸指掌，亦以明神降之。此畫之情也。」這說明繪畫有音樂、文學及其他藝術形式不能代替的重要功能，同時也是對繪畫這種功能的熱烈讚揚。《山海》指晉宋時期流行的《山海經》，該書是地理方面的著作，涉及到山川地理的有關知識。「牒」即小簡，在古代，大簡叫冊，因此「牒」指的是小型畫冊，「披圖按牒」就是打開畫冊欣賞山水畫，此時獲得的不是山川地形的地理知識，而是激發人的情感，使人的精神從塵俗的物質羈絆中超脫出來，體會到審美的樂趣，也即「望秋雲，神飛揚；臨春風，思浩蕩」，這是中國美學中的生命境界，這種樂趣異於《山海經》所能提供的抽象的概念和知識。因此，從根本上來說，山水畫是藝術品，它不需要按照客觀景物的實際比例來安排，而是按照美的規律進行的創造性的活動，其功能在於從精神上和思想感情上陶冶人的性格，獲得對個體人身意義和價值的感悟和懷想，關於這一點，本章第四節將詳細分析。

總的來說，王微對山水畫地位、功能的看法揭示了山水、山水畫具有調節主體精神和外部客觀世界的關係的重要作用，這是繪畫審美愉悅功能產生的標誌，也使山水畫獨立於其他圖畫之上，具有審美的價值。而且，主體精神、情感在繪畫中的充分能動的抒發也為後世文人畫理論的產生提供了理論基礎。

第二節　《敘畫》的山水畫形神論

在王微的繪畫美學思想中，形神問題貫穿於山水畫的創作和欣賞的全過程，這和顧愷之、宗炳關於山水畫問題的看法是一致的。但顧愷之的傳神論主要是基於人物畫而來的，因此山水之「神」指的是與人物相聯的精神特徵。宗炳的看待山水之「神」更多地帶有宗教的精神，以佛的精感和神明為傳神的前提。而細讀《敘畫》可以發現，在形神問題上，王微也更側重於「神」的發掘和表達，這和六朝時期的哲學思想、審美風尚是一致的，但王微是從人的精神世界中來探求山水畫的藝術價值，將繪畫主體的內在精神作為山水畫的傳神基礎。具體所說來，《敘畫》中的山水形神觀包含了以下四個層面的內容。

一、「神」與「靈」

《敘畫》云：「本乎形者融靈，而動變者心也。」王微並不直接談形與神的關係，在《敘畫》中，「靈」即「神」。具體分析「形」與「靈」的關係之前，有必要就王微形神思想的基本觀點做一簡要分析。

本文第三章分析宗炳《畫山水序》的美學思想時已談到，宗炳是「形盡神不滅」論的響應者，他強調「神本亡端，棲形感類」，將「形」和「神」分為二體，因此宗炳的妻子去世時，宗炳並不悲傷，在他看來，他的妻子只是形體消亡了，精神依然存在。王微是無神論者，反對「形神分殊」說，《宋書・王微傳》記載王微臨死之時「遺令薄葬，不設輼輬旗鼓挽之屬。」〔註 36〕這和莊子的態度如出一轍，《莊子・列禦寇》云：「莊子將死，弟子欲厚葬之。莊子曰：『吾以天地為棺槨，以日月為連璧，星辰為珠璣，萬物為齎送。吾葬具豈不備邪？何以加此！』」〔註 37〕因此，王微的思想屬於形神一體，形盡神滅一類。「本乎形者融靈」正好體現了「形」和「神」本是一體，不可分割這種觀點。

首先，「本乎形者融靈」強調了「形」與「靈」不可分割。王微「本乎形者融靈」的觀點與顏延之的佛學思想不無關係。王微和顏延之的學術觀點有很多相同之處，前文講到王微認為繪畫可與《易》象同體，就是承接顏延之的看法而來的。《全宋文》載顏延之關於形神問題的看法：「神道不形，固眾端之所假，未能體神，而不疑神無者。以為靈性密微，可以積理知，洪變欻恍，可以大順待。」〔註 38〕也就是說，「神道」乃世界萬物存在的根本，萬物因為依託神道而具有精微的靈性。這和王微「本乎形者融靈」的本意是一致的。在此，「融」指的是化合、合而為一，因而「本乎形者融靈」強調了「形」與「靈」不可分割的特性。

其次，「靈」是「神」的內在要求，並且具有美的意味。「靈」與「神」是兩個關係密切，但不完全等同的概念。從某種意義上來說，「靈」是「神」的題中應有之義。道家哲學最早講到了「靈」與「神」的關係問題。《老子・第三十九章》云：「天得一以清；地得一以寧；神得一以靈；谷得一以盈；萬

〔註 36〕〔梁〕沈約撰：《宋書》（六），北京：中華書局，2008 年版，第 1672 頁

〔註 37〕陳鼓應注譯：《莊子今注今譯》（下），北京：中華書局，2001 年版，第 850頁。

〔註 38〕〔南朝宋〕顏延之撰：《清者人之正路》，引自〔清〕嚴可均輯；馬志偉審訂：《全宋文》，北京：商務印書館，1999 年版，第 359 頁。

物得一以生。」〔註39〕在老子看來，「靈」是「神」的內在要求，「神無以靈，將恐歇」〔註40〕神如果不包含靈，不顯示靈，則將無所寄託而趨於衰竭，而連接「靈」和「神」的橋樑就是「一」，也就是天地之大道。《老子·第四十二章》：「道生一，一生二，二生三，三生萬物。」〔註41〕《說文》解釋「一」云：「，惟初泰始道立於一，造分天地，化成萬物。」〔註42〕《淮南子·詮言》云：「一也者，萬物之本也。」〔註43〕「神得一以靈」就是說「靈」乃得「道」之「神」，或者說，物含道則「靈」。反映在山水中更是如此，所以宗炳也強調「山水質有而趣靈」。從哲學和美學的層面來看，「靈」和「神」的內涵不完全等同，但無神即不能有靈。對於山水畫的創作與欣賞而言，「靈」和「神」均指向了一種超越於客觀實體之上的精神性的東西，並且直接訴之於人的內心情感，「靈」比「神」更具趣味性，因而也更具美學意味。因此王微所說的「本乎形者融靈」實質上就是對山水畫形神問題的闡述，強調山水之「形」與山水之「神」的契合無間的、直接訴之內心情感的關係。從某種意義上說，山水「形者融靈」是王微對山水之美、山水精神的重要發現，它是山水之靈即大自然美的最微妙生動的表現，同時又與人的心靈契合無間。

二、「靈」與「動」

由以上論述可知，在王微的繪畫美學思想中，「靈」與「神」有相通之處，山水融靈即山水融神。但是和「神」相比，「靈」更具有自由無礙、變化無端的特性，因此，山水畫要體現出「靈」，就不是靜態的「觀」或者摹仿，而是一個動態的領會過程，體現為「靈」與「動」的相互關係。具體來說，「靈」與「動」的關係表現在以下三個方面。

首先，「靈」乃含道之「神」，靈是生動感人的，寄託於山水之形，但如果人不能受其中之靈，其形就無法感動人，所以《敘畫》云：「靈亡所見，故所託不動。」這也就是說，寄託於山水之形的「靈」如果不能為人們的視覺所把握，那麼山水之形的靈就也不能感動人心。這樣一來，山水之「靈」便成為了無靈性、無生氣的物體。因此，生動的「靈」必須和可見的山水之「形」

〔註39〕陳鼓應著：《老子注譯及評介》，北京：中華書局，2007 年版，第 218 頁。
〔註40〕陳鼓應著：《老子注譯及評介》，北京：中華書局，2007 年版，第 218 頁。
〔註41〕陳鼓應著：《老子注譯及評介》，北京：中華書局，2007 年版，第 232 頁。
〔註42〕〔漢〕許慎撰；〔宋〕徐鉉校定：《說文解字》，北京：中華書局，2009 年版，第 7 頁。
〔註43〕何寧撰：《淮南子集釋》（中），北京：中華書局，1998 年版，第 1012 頁。

結合在一起，才能發揮應有的功能和效用。從另一個角度來說，看似靜態的山水之形實際上處於微妙生動的變化之中，這就使山水畫從創做到欣賞都貫穿著生動的觀念。事實上，王微這種「動」的觀念是傳統生命哲學在繪畫藝術中的折射，前文講到，王微將繪畫與《易》象相提並論，而「變」、「動」、「生」正是《周易》哲學中的重要觀念，如「窮則變，變則通，通則久」、「天地之大德曰生」、「生生之謂易」等。可見王微從繪畫的角度強調了美與生命的運動變化之間的關係，這一點和宗炳是很不一樣的，也是他的獨特的重要貢獻。儘管宗炳提出的「山水質有而趣靈」中也涉及到了「靈」的觀念，但是深受佛教的影響，宗炳所說的「靈」、「趣」、「神」都是從佛的神明出發的，更多的是一種「靜觀」，即便有「動」，也是寓動於靜，以靜為旨歸。相比之下，王微「靈」、「動」的觀點更富有審美意味，也反映了劉宋至齊梁時期美學思想上的變化，從某種角度來講，齊梁時期文學上「感物興起」、「感蕩性靈」，以及南齊謝赫著名的「氣韻生動」的觀點都可能受到王微強調「融靈而動」的繪畫美學思想的影響。

其次，山水這種靈變之「動」可以通過筆墨的運用來全面把握。《敘畫》中講「目有所極，故所見不周」，是由於人的視覺對客觀山水之「形」的感知是有限的，即便是山水之形融靈，也未必能通過肉眼全面地把握「形」中所寄託的「靈」，這就需要有山水畫的創造。對此，王微講到「縱橫變化，故動生焉；前矩後方出焉」，也就是說，「動」的產生並不完全取決於自然山水本身，還取決於繪畫創作本身，即景物形象的安排布置和筆法的橫縱變化能有力地表現出山水的生動之美，使山水之「靈」的特徵得以更好、更全面地呈現。可見，王微談山水的神、靈問題並沒有陷入神秘不可知的圈子，而是從現實角度出發來看待這個問題，這也使得山水畫的生動傳神成為可能。

再次，山水和山水畫融「靈」，使得相對靜態的山水和山水畫具有了內在的動變之勢，因此藝術家和欣賞者需要發揮「心」的主觀能動作用來把握。這也就是「本乎形者融靈，而動變者心也」中所講的動變者「心」。宗炳也探討過山水畫中「心」的作用，如「應目會心」，《世說新語》記載簡文帝在華林園遊賞，對身邊的人說：「會心處不必在遠。翳然林水，便有濠濮間想也。覺鳥獸禽魚，自來親人。」〔註44〕但是宗炳所講的「會心」是基於佛學靜觀

〔註44〕〔南朝宋〕劉義慶著；余嘉錫箋疏：《世說新語箋疏》（上冊），北京：中華書局，2007年版，第143頁。

的角度而言的，其目的在於通過這種靜觀來體悟佛的精感；簡文帝所說的「會心」是一種玄學意義上的默然心會，因此他們二人的「會心」伴隨著內向、凝聚的情感，有一種「心如止水」、宗教般的寧靜和虔誠。而王微的「會心」是和「動變」聯繫在一起的，伴隨著想像和熱情，是心靈在飛揚高舉的情感抒發中獲得的愉悅體驗。由此可見，王微從山水畫的角度著重強調了傳統哲學美學中美和生命的關係。在他看來，山水以及山水畫的美就在於它們體現了生命的生生不息和運動變化，表現了「靈動」的生命意象。王微的這種山水「靈」、「動」的觀點是前所未有的，它要求審美主體將自己的主體精神意識充分融入到審美對象的內在生命中，達到一種「心物交融」的理想境界，進而引發出山水之靈、山水之神與人的主觀感情的互動關係，如王昌齡所說：「搜求於象，心入於境，神會於物，因心而得。」〔註45〕

三、「神」與「情」

值得注意的是，在山水畫的形神問題上，王微首次將人的主體之「情」納入「神」的範疇，使山水融「靈」、山水傳「神」包含了創作者和欣賞者主體的情感和懷想。《敘畫》云：

> 望秋雲，神飛揚；臨春風，思浩蕩。雖有金石之樂，珪璋之琛，豈能彷彿之哉！披圖按牒，效異《山海》。綠林揚風，白水激澗。呼呼！豈獨運諸指掌，亦以明神降之。此畫之情也。

首先，「神」、「思」是心物交感的結果，包含了強烈的情感要素。從空間上來看，「望秋雲」，指向了天空，天空是廣袤無邊的，卻又最能引發人們的無限情思，因而王微面對「秋雲」和廣闊的天空就產生一種「神飛揚」的精神訴求，這種飛揚之「神」不是宗教意義上的神明或僅僅是客觀對象的精神特徵，而是由於欣賞主體的情感與大自然生生不息的運動變化相契合而產生的、情不自禁的歡喜愉悅，是一種含「情」之「神」。與此同時，「臨春風」是觀賞者全身心投入大自然中，從而思緒萬千，情懷浩蕩，產生了難以遏止的審美愉悅。

宗炳在《畫山水序》中提出「山水以形媚道」、「暢神」的觀念，涉及到了自然山水能帶給人以美的愉悅，但是宗炳更多的是揭示自然本身的美，並且這種美是以一種靜觀默察的方式來把握，是審美主體通過自然山水而感悟

〔註45〕〔唐〕王昌齡：《詩格》，引自張伯偉撰：《全唐五代詩格校考》，南京：江蘇古籍出版社，2002年版，第173頁。

到佛的神明神理、進而獲得精神自由的過程。而王微提出的「望秋雲，神飛揚；臨春風，思浩蕩」體現了主體情感的積極參與，體現了一種宏大的精神境界。「秋雲」、「春風」、「綠林」、「白水」等自然形象是對純粹的自然景觀的描述，沒有宗教或倫理的色彩。這些生動的形象之所以令人精神愉悅，不能自己，是由於灌注了創作者和欣賞者的神思，即「神飛揚」、「思浩蕩」，並且這裡的飛揚之「神」和浩蕩之「思」不是宗教意義上的神明或心靈的靜思，而是灌注了主體意志的積極高昂的審美情感。這種與情感合而為一的「神」帶給審美主體的精神愉悅甚至超越了音樂所能引發的美感，如「雖有金石之樂，珪璋之琛，豈能彷彿之哉！」在中國古代，音樂具有的強烈的情感特徵和審美功能很早就被人們發現並獲得廣泛的認同，如《禮記・樂記》云：「凡音之起，由人心生也，人心之動，物使之然也。感於物而動，故形於聲」[註46]，「樂者，音之所由生也。其本在人心之感於物也。」[註47]無論是音、樂或是聲，都是由於人心感於物而產生的，都包含了個體的感情、思慮和懷想。因此，王微將山水畫與音樂相比，認為繪畫所引起的審美愉悅超越音樂，雖然不一定能得到所有人認同（尤其是從事音樂藝術的人），但山水畫也能表現人的情感節奏，這是沒有問題的。王微無疑極大地凸顯了山水畫藝術中情感的重要作用，此乃「畫之情」。

其次，關於山水畫效異《山海》也有兩種解釋，一是上文講到的，將《山海》解釋為《山海經》，這是產生於先秦時期富於神話傳說的最古老的地理書。它主要記述古代地理、物產、神話、巫術、宗教等，也包括古史、醫藥、民俗、民族等方面的內容，該書在晉宋時期頗為流行。山水畫效異《山海》，指的是山水畫不同於山川地圖，而是具有創造性的藝術作品。另一種說法將《山海》理解為自然界的真山真水，這也是古代經常的用來形容自然山水的詞，如南朝宋謝莊《懷園引》云「去舊國。違舊鄉。舊山舊海悠且長。」[註48]此外《文心雕龍・誇飾》中也講到：「至如氣貌山海，體勢宮殿，嵯峨揭業，熠燿焜煌之狀，光采煒煒而欲然，聲貌岌岌其將動矣。」[註49]這裡就是明

〔註46〕〔漢〕鄭玄注；〔唐〕孔穎達疏：《禮記正義》，引自《十三經注疏》（下），上海：上海古籍出版社，2007 年版，第 1527 頁。

〔註47〕〔漢〕鄭玄注；〔唐〕孔穎達疏：《禮記正義》，引自《十三經注疏》（下），上海：上海古籍出版社，2007 年版，第 1527 頁。

〔註48〕〔南朝宋〕謝莊撰：《懷園引》，引自逯欽立輯校：《先秦漢魏晉南北朝詩》（中），北京：中華書局，1988 年版，第 1253 頁。

〔註49〕周振甫著：《文心雕龍今譯》，北京：中華書局，1998 年版，第 334 頁。

確地用「山海」指稱自然山水。從這個意義上來講,「披圖按牒,效異《山海》」指的是從山水畫的欣賞中獲得的審美愉悅要大於對真山真水的欣賞遊玩,因為在山水畫創作的過程中,創作主體不僅是簡單地觀賞「綠林揚風、白水激澗」的自然風光,還需要調動個體的情感和心靈,將藝術家的生活感受融入創作之中,使山水畫成為情感灌注的生命意象,從而表現山水之神,引起欣賞者情感上的共鳴,這種方式類似於西方美學理論中所講的「移情」。筆者認為,無論從哪種角度來理解王微《敘畫》中「山海」一詞的意義,都說明了一個問題,即山水之形不再是因為承載了玄遠神妙的佛學之「道」或抽象的思想而顯得生動靈趣,而是因為山水本身就具有靈氣灌注之「神」和生動飛揚之「美」,並且,這種「神」和「美」契合了人的情感體驗和精神內涵,因而更接近現實和人生,也更具美學意味。王微的這種形神觀對晉宋以後的審美觀產生了一定的影響。劉綱紀先生指出:「王微的這種思想對於後來的劉勰提出的『神思』,以及『登山則情滿於山,觀海則意溢於海』的說法,可能也產生了某種影響。」〔註50〕因此從某種意義上來說,王微將山水畫帶入了一個豐富完滿的情感表現世界。

四、「形」與「神」

在王微的繪畫美學思想中,「神」是山水畫的靈魂,但是王微並不因此而忽略對「形」的把握。「本乎形者融靈」本身就說明「神」是不能離開「形」而存在的,山水畫之「神」不是神秘不可捉摸的東西,對它的發掘不是通過宗教式的感悟,而在於主體對「形」的客觀表現,因此《敘畫》云:

> 縱橫變化,故動生焉;前矩後方□□出焉。然後宮觀舟車,器
> 以類聚;犬馬禽魚,物以狀分。此畫之致也。

也就是說,山水畫之「靈」、「動」蘊藏在對「形」的縱橫變表現之中,這種縱橫變化是富有創造性的表現手法,是為了避免畫面的僵化呆滯,使整個畫面相互銜接呼應,形成一種縱橫開合的藝術張力,呈現出動態之美。但是這種變化不是隨意的,它需要遵循一定的客觀規律,即「前矩後方□□出焉」,這句話中有兩個脫落的字,鄭午昌先生和日本學者中村茂夫認為這兩個字應該是「而靈」,徐復觀先生和劉綱紀先生認為「其形」二字更合情理,因

〔註50〕李澤厚、劉綱紀主編:《中國美學史》(第二卷下),北京:中國社會科學出版社,1987 年版,第 535 頁。

為在古代的語言中，「矩」是與「形」相關的〔註51〕，本文同意劉綱紀先生的說法，無規矩不成方圓，山水畫的創作不能完全偏離現實山水的形制，所謂「前矩後方」指的是畫家在進行創作的時候心中有一個藝術的準則，遵循創作規律，從而準確精練地把握山水之「形」，這是「靈」得以出、「神」得以顯的前提和基礎，如同與王微素有交情的顏延之所說：「若徒有精靈，尚無形體，未知在天，當憑何以立。」〔註52〕這體現了儒道、玄學均認同，但又認為神可超越於形的「形神一體」論的哲學觀，也是王微的形神觀和宗炳很不相同的地方。而「宮觀舟車，器以類聚；犬馬禽魚，物以狀分」也是對山水畫中必要的客觀對象進行有選擇的合理安排，同樣體現了對自然之形和客觀規律的尊重。

　　總的來說，在山水畫形神觀的問題上，「形」指的是客觀對象的外形、形制，這和六朝以來人們關於形神問題的討論是一致的、容易理解的，而「神」的內涵相對比較微妙複雜。在顧愷之那裡，「神」指的是客觀對象本身所散發出來的精神氣質和本質特徵，傳神就是要以精當之筆墨，把握住對象的精神特徵。在宗炳的思想觀念中，山水之「神」更多的是宗教意義上的神明，傳神就是通過玩味山水之形領悟那微妙難言的佛的精感。而王微所闡述的山水之神落腳點在欣賞主體和創作主體本身的主觀精神與山水之形的情感契合，山水「本乎形者融靈」既包含了山水之形本身的性靈，也包含了主體的情感投入，二者的融合產生出令人神情飛揚的審美愉悅。

第三節　《敘畫》的山水畫創作論

　　上一節談到《敘畫》中關於山水畫形神問題的探討，事實上，在整個《敘畫》的內容體系中，形神問題並不是凌駕於其他問題之上的，也不是游離於其他問題之外的，王微將山水畫的形神問題貫穿於山水畫創作、欣賞的全過程，山水畫的創作就是極力表現山水之「神」、山水之「靈」的過程。

　　在討論山水畫形神問題之後，王微一針見血地指出「目有所極，故所見不周」，「神」是豐富而空靈的，人的肉眼所能把握到的山水之「神」是有限

〔註51〕李澤厚、劉綱紀主編：《中國美學史》（第二卷下），北京：中國社會科學出版社，1987年版，第530頁。

〔註52〕〔南朝宋〕顏延之撰：《釋何衡陽達性論》，引自〔清〕嚴可均輯；馬志偉審訂：《全宋文》，北京：商務印書館，1999年版，第365頁。

的，而山水畫的創作正好可以彌補這一缺憾。山水畫能通過審美感知與審美情趣充分發掘自然山水之形中的神，並將這種自然景觀與情感相結合發生的意象物化為藝術作品，使人充分領略包含於山水之形中的「神」、「靈」。至於如何創造，以及山水畫創造需要把握哪些問題，《敘畫》中有以下兩段論述：

> 於是乎以一管之筆，擬太虛之體；以判軀之狀，畫寸眸之明。

> 曲以為嵩高，趣以為方丈，以叐之畫，齊乎太華；枉之點，表夫龍準。眉額頰輔，若晏笑兮。孤岩鬱秀，若吐雲兮。

> 綠林揚風，白水激澗。呼呼！豈獨運諸指掌，亦以明神降之。此畫之情也。

一、山水畫的取象構圖

　　王微對山水畫的取象構圖做了獨特的探索。針對「目有所極，故所見不周」的感官侷限，王微提出「以一管之筆，擬太虛之體」的構圖方式。「太虛」最早是用來形容「道」的。老子認為，道大而虛靜，後莊子用「太虛」來指稱空寂玄奧的境界，如《莊子‧知北遊》云：「是以不過乎崑崙，不遊乎太虛。」〔註53〕後又引申為「天空」、「宇宙」，如東晉孫綽《遊天台山賦》中有：「太虛遼廓而無閡，運自然之妙有。」〔註54〕李善注：「太虛，謂天也。」〔註55〕南朝梁沈約《均聖論》：「我之所久，莫過軒、羲。而天地之在彼太虛，猶軒、羲之在彼天地。」〔註56〕和「道」一樣，「太虛」是一個具有宇宙本體意義的概念，其本身是不可見的，但自然界的一切都是由「太虛」生成，因此，「太虛」在此指的是以真山真水為基礎的想像空間。藝術家以「一管之筆擬太虛之體」，就是用一種整體的眼光，通過去粗存精、去偽存真，將以自然界真山真水為基礎的想像空間集於一幅，這是一種極其精當的構圖方法。取象構圖、經營位置一直是中國山水畫著力解決的重要問題，從南齊謝赫將「經營位置」列為六法之一，直至宋代郭熙在《林泉高致》中說：「千里之山，不能盡奇……一概畫

〔註53〕陳鼓應注譯：《莊子今注今譯》（中），北京：中華書局 2001 年版，第 581 頁。

〔註54〕〔梁〕蕭統編；〔唐〕李善注：《文選》（二），上海：上海古籍出版社，1986年版，第 494 頁。

〔註55〕〔梁〕蕭統編；〔唐〕李善注：《文選》（二），上海：上海古籍出版社，1986年版，第 494 頁。

〔註56〕〔南朝梁〕沈約撰：《均聖論》，引自〔清〕嚴可均輯；馬志偉審訂：《全梁文》（上），北京：商務印書館，1999 年版，第 314 頁。

之，版圖何異？」〔註57〕可見人們對這個問題的重視，它是山水畫的重點和難點所在。宗炳在《畫山水序》中提出「張綃素以遠暎」、「迥以數里，圍於寸眸」，為山水畫定下了一種全景式的觀察視角和藝術圖景，但王微並不主張將自然全景不加選擇地收入畫中，而是在縱觀全景的基礎之上選取最能體現山水之神的那一部分形象進行描繪和創作，即「以判軀之狀，畫寸眸之明」。「判軀之狀」指的是眼前所見的有限的山水形象，但這個形象不是任意的景象，而是經過藝術家內心加工選擇的、具有典型性特徵的山水之「形」。這種以少見多、遠取其勢、近取其質的構圖方式充分體現了中國繪畫藝術凝練之美，對後世山水畫的構圖方法產生了一定影響。如南宋的馬遠等人在山水畫構圖上善選取「邊角之景」，即描繪山之一角或水之一涯的局部，畫面上留出大幅空白以突出景觀，即使是長卷山水畫，也只是選取取山水中的精華部分加以表現，但卻能引起人無盡的想像。這種構圖方法從王微的《敘畫》中已可見出端倪。

二、畫與書的同源同構

王微從創作層面將繪畫與書法聯繫起來，對山水畫的用筆做了一定的探索。在「曲以為嵩高，趣以為方丈，以叐之畫，齊乎太華；枉之點，表夫龍淮」這句話中，王微談到了書法中的「曲」、「趣」、「叐」、「點」四種筆法。具體來說，「曲」指的是曲折、內斂之勢，顧愷之《畫雲台山記》中提到「使勢蜿蟺如龍」，也是這個意思；嵩高指的是嵩山，嵩山是中國的五嶽之一，最早稱為「外方」，夏商時稱「崇高」。《國語・周語》稱禹之父鯀為「崇伯鯀」，「崇高」之名緣結於此，五代以後稱為嵩山，嵩山高聳，層巒疊嶂綿延起伏於黃河南岸，所以要用「曲」筆來表現，「曲」是書法中的一種收斂的筆勢，相當於蔡邕《九勢》中所說的「澀勢」。顧愷之在《畫雲台山記》中談到「使勢蜿蟺如龍」、「抱峰直頓而上」也當是應用了這種曲折澀緩的筆勢。「方丈」也是山名，出自《史記・秦始皇本紀》，是傳說中海上的三大仙山之一，「方丈」浮於海上，並且是仙山，因此把握的時候不宜過於僵硬，王微以「趣」來形容，「趣」也是書法中的筆法，王羲之在《題筆陣圖》中就講到：「每作一放縱，如足行之趣驟。」〔註58〕書法中的「趣」通於「趨」，「趨勢」也就

〔註57〕　〔宋〕郭熙、郭思撰：《林泉高致》，引自俞劍華編著：《中國古代畫論類編》
　　　　　（上），北京：人民美術出版社，1998 年版，第 637 頁。
〔註58〕　〔晉〕王羲之撰：《題筆陣圖》，引自〔清〕嚴可均輯；馬志偉審訂：《全晉文》
　　　　　（上），北京：商務印書館，1999 年版，第 260 頁。

是《九勢》當中的「疾勢」。「澀勢」和「疾勢」是書法中兩個非常重要的筆法,蔡琰在《述石室神授筆勢》中談筆勢:「臣父造八分時,神授筆法曰:書有二法,一曰疾,二曰澀。得疾澀二法,書妙盡矣。」〔註59〕將「澀勢」和「疾勢」看作是神授筆法,可見其基礎性的地位。王微將這兩種筆法引入繪畫,可謂是對山水畫筆法的最早規範。此外,「夭之畫」與「柱之點」指的是書法中的點畫,這兩種說法出自東漢趙壹的《非草書》〔註60〕。根據《康熙字典》,「夭」應該書寫為「龍」,與「拔」相通,指的是驟然突起,體現了一種力度。太華就是華山,位於陝西省關中平原東部的華陰縣境內,是我國五嶽之中的西嶽,華山向來以奇險冠絕天下,奇峰聳立,高擎天空,懾人魂魄,所以用「夭」這種曲折且突兀的筆法來表現華山的雄奇險峻,類似於後來所講的斧劈皴的繪畫筆法。「柱之點」,指的是沉著、準確、有力的點,「龍準」本義指帝王或帝王之鼻,出自《史記‧高祖本紀》:「高祖為人,隆準而龍顏。」〔註61〕此處使用「龍準」指的是山之高聳挺拔處,《世說新語‧排調》中講到:「康僧淵目深而鼻高,王丞相每調之。僧淵曰:「鼻者面之山;目者面之淵。山不高則不靈,淵不深則不清。」〔註62〕可見用人的鼻樑來比喻山體的特徵在這一時期非常普遍。因此,在具體表現的時候用「柱之點」來表現山之高處是可以更好地凸顯山的高聳與渾厚蒼潤。

從藝術的角度來講,繪畫和書法都是以形象的塑造為其根本特點的,並且中國古代的繪畫和書法使用的工具是相同的,而書法在當時又發展得比較成熟了,因此王微採用書法的筆法和術語討論山水畫的創作技法也是在情理之中的。但是繪畫畢竟是不同於書法藝術門類,並且王微本人書畫皆精通〔註63〕,因此他也瞭解繪畫與書法的區別,並沒有全盤引用書法的筆法和筆勢來討論繪畫,而是有選擇性地從「曲」、「趣」、「夭」、「點」幾個角度出發分析繪畫的筆法,並且王微所說的「曲」、「趣」、「夭」、「點」也不是要求繪畫和書法筆法的絕對對應,而是強調山水畫要像書法那樣有豐富的筆勢筆法,

---

〔註59〕〔漢〕蔡琰撰:《述石室神授筆勢》,見〔清〕孫岳頒撰:《佩文齋書畫譜》,清文淵閣四庫全書本,第111頁。

〔註60〕參見李澤厚、劉綱紀主編:《中國美學史》(第二卷上),北京:中國社會科學出版社,1987年版,第529頁。

〔註61〕〔漢〕司馬遷撰:《史記》(二),北京:中華書局,1963年版,第342頁。

〔註62〕〔南朝宋〕劉義慶著;余嘉錫箋疏:《世說新語箋疏》(下冊),北京:中華書局,2007年版,第939頁。

〔註63〕《佩文齋書畫譜》中將王微列入書法家的行列。

以不同的筆法應用於不同的山川對象，從而增強繪畫技法上的豐富性和靈活性，最終體現創作主體的精神、情感和氣勢。中國認為畫法通於書法之說已見於王微的《敘畫》。

正因為畫家在山水的表現上取得了成功，因此山水畫才呈現出「眉額頰輔，若晏笑兮。孤岩鬱秀，若吐雲兮」的生命意象。「眉額頰輔，若晏笑兮」依然是將自然山水與人相比較，體現山水生動的靈氣。北宋郭熙在《林泉高致・山水訓》中談山水，有「春山淡冶而如笑，夏山蒼翠而如滴，秋山明淨而如妝，冬山慘淡而如睡」〔註64〕的感悟，也是將山水和人的情感體驗相結合。而「孤岩鬱秀，若吐雲兮」是形容山石樹木秀麗多姿，雲卷雲舒之際，有若吞吐之態，這些都是由於人們對自然山水傾注了主觀情感和生命體驗，使自然山水具有生命的靈動意象。

三、山水畫的審美想像

王微強調了藝術想像和藝術構思在山水畫創作中的重要作用。《敘畫》充分肯定了山水和山水畫包含了藝術家主體情感，因而具有靈動的意象，能給人帶來審美愉悅，並且藝術家能通過對筆墨來刻畫山水之「形」，進而把握山水之「神」，但是在文章最後一句，王微由衷感歎道：「豈獨運諸指掌，亦以明神降之」，也就是說，山水及山水畫所能揭示的山水之「神」不是單純靠筆墨技巧就能實現的，還需要充分調動創作主體的審美想像，進行積極的藝術構思，而且還與藝術家天賦的才能、個性有關，這就是「明神降之」。此處的「神」不是單純意義上的主體情感，而是一種難以捉摸的狀態和特徵，是《周易》「陰陽不測之謂神」〔註65〕的「神」。「明」是和「神」密切相關的概念，《莊子》中最早涉及到了「明」和「神」的問題，《莊子・天下》云：「神何由降？明何由出？」〔註66〕此外，《莊子・列禦寇》對此做出初步解釋：「明者唯為之使，神者徵之。夫明之不勝神也久矣。」〔註67〕關於「明」和「神」，陳鼓應先生解釋為：「神，靈妙。明，智

〔註64〕〔宋〕郭熙、郭思撰：《林泉高致》，引自俞劍華編著：《中國古代畫論類編》（上），北京：人民美術出版社，1998年版，第634頁。

〔註65〕周振甫譯注：《周易譯注》，北京：中華書局，2008年版，第234頁。

〔註66〕陳鼓應注譯：《莊子今注今譯》（下），北京：中華書局，2001年版，第855頁。

〔註67〕陳鼓應注譯：《莊子今注今譯》（下），北京：中華書局，2001年版，第851頁。

慧。」〔註68〕梁啟超先生也認為：「神明猶言智慧。」〔註69〕此外，陳鼓應先生在《莊子今注今譯》中還引林雲銘、唐君毅先生對神、明的解釋：「神者，明之藏。明者，神之發。」〔註70〕「以明言靈臺靈府之心，尤莊子之所擅長。神與明異，唯在『神』乃自其為心所直發而說，『明』則要在自其能照物而說，故明亦在神中。」〔註71〕以上諸說都認為「神」、「明」與人的心靈、智慧相關，並且「明」包含在「神」之中。漢代以來，受道教的影響，「神明」被賦予了宗教的意義，《太平經》云：「夫人本生混沌之氣，氣生精，精生神，神生明。」〔註72〕這裡也是談到了「明」和「神」的關係問題，並認為「明」包含於「神」，和《莊子》中的觀點基本一致，但是《太平經》是道教的主要經典之一，因此它談「神明」落腳點不是分析神明的具體含義或誰者為先的問題，而是借「神明」來強調「守一」的修道方法。《太平經》云：「守一之法，將與神遊，萬神自來，昭昭可儔。」〔註73〕這裡的「守一」是道教修煉的術語，類似於道家哲學中所說的「抱一」，《老子·第十章》云：「載營魄抱一，能無離乎？專氣致柔，能如嬰兒乎？滌除玄鑒，能無疵乎？」〔註74〕在老子哲學中，「一」即「道」，「抱一」、「守一」即得「道」的方式，這一得道的方式說得更具體就是「滌除玄鑒」，「滌除玄鑒」指保持內心的虛靜與純粹，使心靈深處明澈如鏡。莊子對「抱一」、「得道」的方式做了進一步闡釋，提出「心齋」、「坐忘」，這和老子的「滌除玄鑒」一樣，都是強調主體保持無知、無欲的純淨狀態，內心澄明，使人生命中的精、氣、神保持合而為一的狀態，獲得一種純粹的生命體驗。這種體驗具有神秘色彩，但更是審美化的，是一種朦朧的可感的對審美對象的把握。而王微指的「明神」就是這個意義上來說的，此處的「明神」就是一種審美化了的「道」。《太平經》中的一段話很好地印證了這一點：「神者，道也。入則為神明，出則

〔註68〕陳鼓應注譯：《莊子今注今譯》（下），北京：中華書局，2001 年版，第 856 頁。

〔註69〕陳鼓應注譯：《莊子今注今譯》（下），北京：中華書局，2001 年版，第 856 頁。

〔註70〕陳鼓應注譯：《莊子今注今譯》（下），北京：中華書局，2001 年版，第 856 頁。

〔註71〕陳鼓應注譯：《莊子今注今譯》（下），北京：中華書局，2001 年版，第 856 頁。

〔註72〕王明編：《太平經合校》，北京：中華書局，1960 年版，第 739 頁。

〔註73〕王明編：《太平經合校》，北京：中華書局，1960 年版，第 741 頁。

〔註74〕陳鼓應著：《老子注譯及評介》，北京：中華書局，2007 年版，第 96 頁。

為文章，皆道之小成也。」〔註75〕這句話的意思是說，「道」表現為主、客體兩個方面，「入」即主體方面，表現為「神明」，「出」即客體方面，表現為「文章」，這裡的「文章」是廣義的文章，泛指一切經由主觀加工、創造的客觀對象。當然，《太平經》並不是在探討審美想像或審美構思的問題，但是「道」的這種「入則為神明，出則為文章」的特徵無意中契合了藝術創作中審美主體與審美對象的互動關係，也揭示了「神明」在體道、得道過程中的重要作用。王微所謂的「明神降之」就是從這個意義上來講的，王微平生淡泊名利，且好仙道之術，常年服藥、對道家和道教的文化都非常熟悉，因此他從道家、道家的哲學思想中獲得靈感，進而來探討山水畫創作過程中藝術構思的心理問題，也是在情理之中的。具體來說，「明神降之」中的「明神」也就是「神明」，山水畫的創造不僅僅是靠筆墨技巧的運用，在運筆之前，乃至運筆的過程當中，保持一種無欲無求、虛靜澄明的審美心境，使創作主體的主觀思維達到一種「視接千載，神通萬里」的自由狀態，從而獲得對客觀對象的審美把握。

　　總的來說，歷史上沒有對王微山水畫畫作具體的評論，但是張彥遠在《歷代名畫記》中談到了王微：「宗炳、王微皆擬跡巢由，放情林壑，與琴酒而俱適，縱煙霞而獨往。各有畫序，意遠跡高，不知畫者難可與論。因著於篇以俟知者。」〔註76〕張彥遠將宗炳和王微並提，因而後世的評論家常常將二人進行比較，並認為王微和宗炳的繪畫美學思想是一致的，如俞劍華先生就說：「《敘畫》的中心思想和宗炳《畫山水序》的中心思想是非常一致的，這證明他們兩人的時代、階級、性情、思想都是相同的……他們的氣味是十分相投的。」〔註77〕事實上王微和宗炳的繪畫美學思想既有一致性又有區別，並且區別大於一致。

　　首先，在形神問題上，王微和宗炳的思想有根本的分歧。前文講過，受宗教思想的影響，宗炳持「形神二分」的形神觀，因而在對待自然山水的形神問題上也是將二者割裂開來，認為山水之形是佛的神明得以顯現的載體。而王微則認為形神本來就是融為一體的，山水融靈是一個動態而不可分割的過程。

〔註75〕王明編：《太平經合校》，北京：中華書局，1960 年版，第 734 頁。

〔註76〕〔唐〕張彥遠著；俞劍華注釋：《歷代名畫記》，上海：上海人民美術出版社，1964 年版，第 133 頁。

〔註77〕陳傳席著：《中國山水畫史》，天津：天津人民美術出版社，2007 年版，第 13 頁。

其次，宗炳的「山水以形媚道」更多地是以靜觀的態度對待自然山水，目的是從山水之「形」中感悟佛的神明，獲得宗教式的體驗，即「披圖幽對，坐究四荒」的空寂情懷，以至於達到「獨應無人之野」的精神境界，這是一種宗教意義上的靜觀，並且對於山水畫，宗炳傾向於「以形寫形，以色貌色」的摹擬性的創作手法，而王微在探討山水畫創作技法的同時提出「明神降之」的觀點，將人的主體情感和審美想像引入山水畫創作的全過程，揭示了山水畫所帶給人們的情感上的愉悅，這種愉悅不僅是現實可感的，而且具有飛動的意趣。

最後，在山水畫的欣賞上，宗炳提出「暢神」，「暢神」固然指出了山水畫給人的審美愉悅，但這種愉悅是「澄懷觀道」、「澄懷味象」的結果，山水畫之美在於山水體現了佛的精感；而王微在面對山水、山水畫時則提出了一種更為積極主動的欣賞過程，即「望秋雲，神飛揚，臨春風，思浩蕩。」這種情感灌注、神采飛揚的欣賞過程不僅體現了山水之美，還體現了欣賞者以生命和情感對山水之美的熱烈擁抱。這種愉悅和美感即便是「金石之樂，珪璋之琛」也是無法比擬的，以至於山水畫創作和欣賞所帶來的審美愉悅甚至超越了人們對真山真水的欣賞，這是對藝術美與自然美的關係的深刻體認。

但是從目前的研究現狀來看，人們對王微的關注和發掘遠不及對宗炳的深廣，但筆者認為，王微《敘畫》中蘊含的美學思想對於推動山水畫向前發展具有更鮮明的歷史意義。這表現在《敘畫》旗幟明確地將山水畫與地圖區分開來，進一步使山水畫脫離作為人物畫附庸的地位，為山水畫成為一門獨立的藝術畫科開闢了道路。此外，王微在山水畫的形神問題、創作本質和創作技巧、山水畫欣賞等問題上都提出了自己獨到的見解，體現出他對繪畫藝術規律的深刻認識，是六朝時期山水審美自覺在繪畫領域中的更進一步的體現。

第五章　六朝山水畫論美學思想對中國畫的影響

在中國的山水畫史上，六朝是山水畫的萌芽和初創時期，山水畫的技法還並不成熟，也沒有確實可靠的山水畫作流傳下來。但是六朝的山水畫論卻深刻地反映了當時的山水審美觀念和創作理念，在思想層面體現出了較高的理論水平，六朝以後的傳統山水畫及山水畫論，都是在不同層面上對六朝畫論的實踐和補充，所論及的問題都繞不開六朝畫論所提出的基本理念。下面從六朝山水畫的總體特徵出發，對六朝山水畫論的美學思想及其對中國畫的影響做一總結。

第一節　六朝山水畫論的總體美學特徵

六朝的山水畫論一個突出的特點在於它們不是對山水畫具體技法的羅列和總結，而是對於山水畫理、山水畫思想的發掘。它們根植於中國傳統哲學思想和人們內心深處渴望與自然山水合二為一的原初觀念，因而具有深層的哲理性和開拓性，體現了中國傳統文化的精神。

一、重道理

潘天壽曾經說過：「東方繪畫之基礎，在哲學。」〔註1〕傅抱石先生也認為中國畫具有哲學特質：「中國繪畫是中國民族精神的最大表白，也是中國哲

〔註1〕轉引自姜澄清著：《中國繪畫精神體系》，瀋陽：遼寧教育出版社，1992年版，第1頁。

學思想的某種親切樣式。」〔註2〕中國畫之所以能夠以一種獨特的姿態呈現於世界藝術之林，是因為中國畫無論在畫法上還是在畫理上都體現了中國傳統哲學的內涵。六朝的山水畫論最早體現了哲學思想對藝術的滲透和融，是中國繪畫藝術精神的起點。

首先，六朝山水畫論揭示了「道」與「藝」的關係問題。「道」與「藝」最早是哲學問題，後成為中國藝術的基本範疇之一。「道」具有形而上的本體意義，「藝」即形而下的藝術創作。從體用關係來看，「道」為體，「藝」為用；從形質關係來看，「道」為質，「藝」為形。從哲學層面來講，儒家和道家都曾涉及到「道」與「藝」的問題，孔子談哲學理想時講到：「志於道，據於德，依於仁，游於藝。」〔註3〕他將「道」與「藝」作為開端和結尾來構建理想人生的體系，只是在儒家哲學中，「道」是一種社會倫理之道，其核心在於「仁」，人的一切行為活動都是要為了實踐「仁」這一終極意義上的「道」，藝術也是如此。《論語·八佾》云：「子謂韶：『盡美矣，又盡善也。』謂武：『盡美矣，未盡善也。』」〔註4〕在音樂藝術中，美與善是對舉的，此處的「善」即社會倫理之「道」。同樣地，繪畫的意義也是在於它承載著成教化、助人倫、知神奸、明戒鑒的社會之「道」。道家哲學從另一條道路闡釋了「道」與「藝」的關係，莊子談庖丁解牛「臣之所好者道也，進乎技矣。」〔註5〕「技近乎道」是道家對待藝術的根本態度，即便是解牛這樣的純粹技術卻也蘊含有接近於「道」的微言大義，並且這裡的「道」無關社會倫理，直指宇宙自然和人的內在精神，莊子的繪畫觀體現了一種與天地合二為一的境界，他推崇的畫家是「解衣磅礡」、物我兩忘的真畫者，這個真畫者不以物執，以畫筆為媒介而心遊太虛，以畫筆來完成「道」的世界的構建。

當然，筆者並不贊成將六朝的山水畫論和道家、莊學思想簡單地劃等號或者相比附，因為六朝是一個思想活躍，觀念碰撞融和的時期，除了傳統的老莊哲學以外，玄學、佛學和道教等思想也深刻地影響著士人們的價值觀。但是在山水畫創作和欣賞問題上，顧愷之、宗炳和王微不約而同地傾向於將其與形而上的精神問題、宇宙問題、本體問題聯繫在一起，使得山水畫脫離

〔註2〕葉宗鎬選編：《傅抱石美術文集》，南京：江蘇文藝出版社，1986 年版，第 228 頁。
〔註3〕楊伯峻譯注：《論語譯注》，北京：中華書局，2008 年版，第 67 頁。
〔註4〕楊伯峻譯注：《論語譯注》，北京：中華書局，2008 年版，第 33 頁。
〔註5〕陳鼓應注譯：《莊子今注今譯》（上），北京：中華書局，2001 年版，第 96 頁。

了形而下的物質層面而指向了形而上的精神領域。從這個宏觀的角度來看，六朝的山水畫論是受了中國傳統哲學尤其是道家哲學「藝道一律」觀念的影響的。顧愷之的「以形寫神」放棄了過去「畫求形似」的傳統，開中國畫以神韻、境界為追求的先河；宗炳「以一管之筆，擬太虛之體」所要表現的對象絕非客觀現實中的自然形象，而是大自然無窮的空間和充塞於自然形象之中的精感之「道」，所以山水要以形媚「道」，山水畫的欣賞能使人獲得精神上的高度曠達的感受，以至於披圖幽對之際，能達到坐究四荒、獨應無人之野的境地，這是將山水、山水畫創作和超驗之「道」相結合的開端。王微更是從《易》象的角度出發，將山水畫提高到經綸天地的高度，山水畫不是倫理道德的載體，也並非佛學式靜觀的對象，而是活潑潑的生命之「道」和情感之「道」的載體，所以欣賞山水畫能獲得和真山真水一樣，甚至高於真山真水的審美感受。這一見解突破世俗，具有開創性的意義，其背後是特殊的社會背景、哲學思潮影響下人的自我意識的覺醒，人們開始積極主動地思索人生的意義以及藝術創作的終極目的。唐代符載的《觀張員外畫松石序》云：「觀夫張公之藝，非畫也，真道也。當其有事，已知遺去機巧，意冥玄化，而物在靈符，不在耳目……氣交衝漠，與神為徒。」〔註6〕北宋韓拙《山水純全集》云：「夫畫者筆也，此乃心術索之於未兆之前，得之於形儀之後，默契造化，與道同機。」〔註7〕直至清代石濤，在《春江圖》中題到：「書畫非小道，世人形似耳，出筆混沌生，入拙聰明死。」〔註8〕從這個意義上來講，六朝畫論將「道」的概念的引入繪畫領域，使得中國的山水畫逐漸超越單純追求形似的形而下的技藝範圍，走向一種觀念性的、形而上的精神層面，以「藝道一律」為旨歸和最高境界。

其次，六朝山水畫論將哲學中的形神問題引入繪畫領域。形神問題最早是一個哲學問題，「形」最初有圖畫、圖形的含義，進而泛指可見可感的萬物；「神」是一個綜合性的抽象概念，是神秘不測的現象和力量的概括性的表述。先秦時期，關於形神問題討論的焦點是形神的離合問題，由此引出兩個觀點：

〔註6〕〔唐〕符載撰：《觀張員外畫松石序》，引自俞劍華編著：《中國古代畫論類編》（上），北京：人民美術出版社，2007年版，第20頁。

〔註7〕〔北宋〕韓拙撰：《山水純全集》，引自俞劍華編著：《中國古代畫論類編》（下），北京：人民美術出版社，2007年版，第674頁。

〔註8〕傅抱石原著，葉宗鎬、萬新華選編：《傅抱石論藝》，上海：上海書畫出版社，2010年版，第175頁。

「形神相離」與「形神相俱」。「形神相離」的觀點認為人的生命是由肉體和靈魂兩部分構成，並且人死後靈魂可以離開形體而單獨存在。如《春秋繁露·為人者天》云：「人之形體，化天數而成；人之血氣，化天志而仁，人之德行，化天理而義；人之好惡，化天之暖清，人之喜怒，化天之寒暑。」〔註9〕人的形體、仁德、好惡、喜怒等都是上天賦予的，所以它們之間沒有關聯，精神不依附於形體，可以離開形體而單獨存在。主張「形神相俱」的一方對此予以反駁。在董仲舒之前的《呂氏春秋·盡數》已指出：「精神安乎形，而年壽得長焉」，「形氣亦然。形不動則精不流。」〔註10〕形體是精神的載體，精神與形體結合併相互作用，才會產生生命，因此，形體不動，精神也就失去了活力和意義。王充從元氣論出發，提出：「人之所以生者，精氣也；死而精氣滅。能為精氣者，血脈也；人死血脈弱，竭而精氣滅，滅而形體朽，朽而成灰土。」〔註11〕王充認為人的精神是由形體所產生出來的，而不是先於形體存在，這一點是對此前以「天命」為核心的神學先驗論的有力反駁。

魏晉時期佛教中的「神不滅論」在思想領域內取代了秦漢「天命」論，並在此基礎上展開新一輪的形神之辯。「神不滅論」者認為，精神是宇宙間萬物變化的根本，不會隨人形體的消滅而消滅。慧遠、鄭鮮之等人以薪火為喻，認為「此薪之火，移於彼薪然後為火」，「此形既盡，更宅彼形」（鄭鮮之《神不滅論》，《弘明集》卷五）即人的形好比薪，神好比火，薪燃盡了之後，火卻可以傳至另一支薪上繼續保存下來，由此類推，人的形體消亡之後，神卻可以成鬼神，或者投於另一個形體而更生。范縝以「刃」和「利」為比喻來闡明形神關係，提出「形質神用」，他認為鋒利只是刀刃的一種屬性，它依賴於刀刃而存在，所以沒有刀刃，就沒有鋒利這一屬性，同樣，沒有形體，也就沒有精神。以上關於「形神」問題的爭論實際上是我國思想史上關於於思維與存在、精神與物質關係問題上的論戰。這種爭論雖然並沒有得出一致的結論，但卻深化了人們的哲學思維和思辨能力。

由於特殊的時代環境和學術思想本身的演進，魏晉時期形成了一種新的哲學思潮，即玄學。與此相應，產生了具有美學意味的人物品藻。由此，魏晉人物品藻中關於「形神」的討論的不再是一般地關注肉體和精神以誰為本，

〔註9〕 蘇輿撰；鍾哲點校：《春秋繁露義證》，北京：中華書局，1992 年版，第 318 頁。

〔註10〕 〔漢〕高誘注：《呂氏春秋》，上海：上海書店，1992 年版，第 25、26 頁。

〔註11〕 黃暉撰：《論衡校釋》（第三冊），北京：中華書局，1990 年版，第 871 頁。

以及肉體消亡之後精神是否存在的問題，而是具體地討論個體的外形和精神
的關係問題，亦即明確地將對人物的觀察區分為兩個方面，即外在的可見的
感性形體和內在的不可見的精神，並且提出了由外而知內、由形以徵神的原
則，這就使得人物品藻具有了美學的意味，因為任何美的事物都包含著外在
的感性形態和內在的精神特質，並且是二者的圓融統一。此外，具有理趣詩
性的人物品藻，本身也是通往玄學的。玄學是以老莊哲學為基礎，兼收儒道
而建立起來的新的理論體系，特點是略於具體人事而講究抽象原理，貴尚玄
遠，探討有無、本末、言意、動靜、名教與自然的問題。由於思想家對本體
問題的看法不同，玄學中產生「貴無」、「崇有」、「有情」、「無情」等不同派
別，但總的說來，玄學的宗旨是崇本息末，以無為本，主張超言絕象。強調
以無為本，就是主張通過超越「有限」來把握「無限」，所謂「有限」，指的
是生活中有名、有形的事物，「無限」即無名、無形的東西，亦即無象無形
之「道」。「無限」的特殊性在於它能統包萬物，表現在「有限」的事物之中，
但是人們在面對有限事物的時候卻不能執著於有限的事物，而要拋開有限超
越有限，這樣才能以「無」全「有」，通達無限。正因為如此，「無限」就不
是某一個具體的事物或者可見可聞的形體，而是某種難以用名言概念窮盡表
達的東西。也正是基於「有限」和「無限」的這種辯證關係，玄學的探討中
產生了另一個主題，即「言、象、意之辯」。「言、象、意之辯」的邏輯關係
是「得象忘言，得意忘象」，在言、象、意三者之中，「言」和「象」屬於有
限的層面，「意」屬於無限的層面，得意是目的，言、象只是得意的工具，
不執工具為目的，忘言、忘象，是把握無限、得意的唯一途徑。至此，思想
界開始呈現出明顯的「重神輕形」的傾向。何晏最早賦予「神」以極高的地
位，他引用《周易》中的概念「深」、「幾」來評價同時代的夏侯玄、司馬師，
而以「神」自況。在他的哲學體系中，「神」是高於「神」和「幾」的。王
弼以「無」釋「道」，指出「道者何？無之稱也，無不通也，無不由也。況
之曰道，寂然無體，不可為象」〔註12〕。同時，王弼所謂的「神」的特徵也
是「無」，他說：「神，無形無方也。」〔註13〕明確地將「神」提高到「道」
的層次，二者的區別在於，「道」是「無」，亦即本體，而「神」則是本體在

〔註12〕〔魏〕王弼著；樓宇烈校釋：《王弼集校釋》（下），北京：中華書局，1980
　　　　年版，第541頁。

〔註13〕〔魏〕王弼著；樓宇烈校釋：《王弼集校釋》（下），北京：中華書局，1980
　　　　年版，第77頁。

個體中微妙難言的表現。可見在王弼玄學思想中，形神關係即有限與無限的關係，與「有限」的「形」相比，「神」是具有超越性特徵的「無限」，因此要通達「神」，其方法是「忘形得神」。這使得重神而遺形的觀念成為魏晉時期普遍的思想傾向，正如湯用彤先生所言：「按玄者遠。宅心玄遠，則重神理而遺形骸。」〔註14〕

更重要的是，由於魏晉士人重神、親神、并追求神形相親，因而他們積極尋求「修性保神」之道，其中最重要的方式便是對自然美的親近和對藝術美的欣賞，因此，形神理論很自然地和美學、藝術結合在一起，並深刻影響了當時的藝術創作和藝術理論的形成。顧愷之「以形寫神」的繪畫美學觀就是在此基礎上形成的，之後的宗炳和王微將傳神論正式引入山水畫創作中，也並未脫離這一大的哲學背景和思想氛圍。

二、重神氣

六朝山水畫論體系主要由顧愷之、宗炳和王微構成，他們大致處於同一歷史背景之下，因而在一些基本的繪畫觀念上既有類似之處，又有新的發展，構成六朝山水畫論的內在邏輯，呈現出鮮明的時代特色，而其中的連接點就是「傳神」理論。此外，六朝山水畫論對繪畫空間的探索也有內在的一致性。

第一，形神理論是六朝山水畫論的核心和連接點。形神論是在六朝重神理遺形骸的社會意識和哲學背景之下產生的，其間的發展經歷了從人物品藻到人物畫傳神、從人物傳神到山水傳神、從傳客體之神到傳主體之神的過程。

首先，從人物品藻到人物畫傳神。前文談到，「形神」最早是哲學爭辯的焦點，涉及的是存在與意識的關係問題。魏晉以來的人物品藻具體地討論個體的外形和精神的關係問題，使形神觀念具有了美學的意味，由此而來的玄學更是使得形神理論從純粹的抽象思辨層面逐漸滲透到了美學乃至具體的繪畫藝術領域，在此背景下，顧愷之提出「以形寫神」，並尤其強調通過人物的形體外貌特徵來把握人的內在精神和靈氣。當然，顧愷之並不完全否認「形」的價值，只是從根本上講，「形」是藝術表現手段，「神」的達到才是目的。「以形寫神」的終極目的是通過有限的形體表現出無限的人的精神內涵。這與玄學本體論強調本末、有無的精神是一脈相承的，也是顧愷之「以形寫神」理論的基本原則。但是顧愷之的傳神論主要是針對人物畫而言的。在人物畫領

〔註14〕湯用彤著：《魏晉玄學論稿》，上海：上海古籍出版社，2001年版，第35頁。

域，顧愷之有意識地強調傳神的觀點，並且形成了「以形寫神」、「遷想妙得」、「神儀在心」等比較完整的傳神體系。本文第一章中講過，畫史上記載顧愷之畫過山水畫，並且現存的《洛神賦》、《女史箴》等宋代摹本中也有山水的圖景，但是顧愷之並未明確地將傳神論應用到山水畫中。《畫雲台山記》中關於山水的描寫其實也涉及到了到傳神，但是這種傳神是通過營造與道教相契合的特殊的精神氣氛、表現山水的險絕之勢、凸顯出大自然造物的力量之美等方式間接地實現的。

　　其次，從人物傳神到山水傳神。最早明確地將傳神觀念應用到山水畫的是宗炳。宗炳是佛教徒，主張形神二分，信仰「神不滅」論，因此，在形神的基本問題上，他認為「神」為「妙」而「形」為粗；「神」為「虛」而「形」為「有」，強調精神的至高無上。並且他所謂的「神」不是人的精神，而是佛的「神明」和「精感」，但是這種神明能寄託於自然山水的形質之中。自東晉以來，佛教名僧普遍熱愛名山秀水，並且於山水之中修建精舍，在他們看來，越是深入山林之中就越接近佛陀。因此，宗炳提出山水「質有而趣靈」的命題，「質有」即山水具有可見可感的「形質」，而這種形質之中又因為包含了佛的神明而顯得靈動而有生趣，即「趣靈」。因此，自然山水的作用和意義在於「以形媚道」，即通過山水的形質與佛家的「神道」相親相悅，以體會「神道」的精神和意味。儘管宗炳所謂的山水之「神」並非由山水本身所具有的感性形式而來，而是佛教中的「神明」所託，但是這裡體現了一個觀點，即自然事物感性形式的美在於它是某種超感性的精神性的東西的體現，這一點深刻地把握住了審美的實質和內在規律的，是對顧愷之傳神理論的深化。

　　再次，從傳客體之神到傳主體之神。顧愷之的傳神論關注的焦點是要刻畫的人物本身，傳神是表現人物的精神、氣質和本質特徵，因此畫家要懂得「遷想妙得」，通過藝術家的想像來把握客觀對象的「神」。宗炳認為「神」是佛的精感，傳神即通過對山水形質的欣賞領悟來把握佛的神明。由此可見，無論顧愷之還是宗炳，儘管傳神的對象和關注點有所不同，但他們的傳神理論都是討論客體之「神」。而稍晚於宗炳的王微卻從人的精神世界中去發掘「神」，將創作主體的精神和情感作為山水畫的精神。和宗炳不同，王微在形神的哲學問題上主張「形神一體」，因此王微所理解的山水之神不是獨立於山水之外的佛家之「神明」，而是山水本身所具有的精神和靈性，亦即山水之美。他在《敘畫》中談到：「本乎形者融靈，而動者變心。止靈無見，故所託不動。」

也就是說，山水和人一樣，包含了形質和精神兩個方面，並且二者不可分割，不僅如此，山水的精神具有靈動的特點和生命的意味，因此需要欣賞者調動「心」的功能來體悟，這樣一來，王微就將山水之神與個人情感的抒發和精神的愉悅聯繫起來，並且強調了審美感受中人的情感和想像的能動作用，他講道：「望秋風，神飛揚；臨春風，思浩蕩。」山水之形不再是因為承載了玄遠神妙的佛學之「道」而顯得生動靈趣，而是因為山水本身就具有靈氣灌注之「神」和生動飛揚之「美」，並且，這種「神」和「美」契合了人的情感體驗和精神內涵，因而更接近現實和人生，更具美學意味。重神、傳神、暢神、以形寫神，這是中國人物畫與山水畫共同追求，並逐漸成為了中國繪畫的審美主旨，這一美學思想就是在六朝時期得以確立的。

第二，六朝山水畫論對山水畫空間的探索也具有內在的一致性。對空間經營的探索是山水畫發展的重要支撐，人物畫也有空間的安排，但相比山水畫的宏大廣闊，人物畫的空間安排要簡單一些，因此山水畫從產生之初就不可避免地要面對這一問題，或者說，有沒有對空間問題進行思考是山水畫是否產生的重要標誌。從這一點來看，六朝山水畫論均做出了有益的嘗試。顧愷之在《畫雲台山記》中對雲台山的空間布局採取的是漢代以來用上下表示遠近的方法，並在此基礎上加以具體化，在某種程度上確立了中國山水畫「高遠」的空間經營特徵；而宗炳在《畫山水序》中描述的空間經營方法是「張綃素以遠映」，即以平視為基準的透視法原則，這也是後來郭熙「三遠法」中的「深遠」的運用。王微的空間結構與顧愷之、宗炳又有不同，他主張「以一管之筆，擬太虛之體」，即用想像的俯視的經營方法表現目不所及的遠景。由此可見，後來謝赫所提出來的「六法」之「經營位置」，郭熙提出來的「三遠法」透視原理，實際上在顧愷之、宗炳和王微的山水畫論中就已經初見端倪了。其基本特點，就是要把山水無限廣闊的空間全方位地呈現出來，體現了六朝山水畫論在空間問題上的總體看法。因此，六朝山水畫論實質上是中國山水畫「遠取其勢、近取其質」的空間經營方法的起點，並且空間視覺的原則也在思想上得到深化，對後世繪畫觀念和繪畫創作產生了不容忽視的影響。

六朝是山水畫萌芽與探索時期，同時也是劇烈變化的時期，因為它沒有深厚的傳統可以繼承，也沒有成型的規則可以傚仿，因此六朝山水畫的每一步發展和每一個問題的提出同時也是自由的創過程，是開拓創新的過程。

由於六朝時期人們的山水審美意識已經覺醒，山水成為了一種審美的對

象，不必承載傳統禮制道德，正因為如此，山水畫的創作可以反映畫家自由的心境，抒發畫家的心緒與情懷，因此這一時期的山水畫論也具有鮮明的創新意識和開拓性特徵。這種開拓性不僅體現在提出一些前所未有的新的美學理論理論，如「傳神」、「暢神」、「明神降之」等，還在於對過去繪畫理論、繪畫觀念的更新。

徐復觀先生認為中國藝術精神在老莊，這一看法是極有見地的，老莊哲學中包含了深刻的藝術思想和審美精神，契合和藝術發展的本質規律。但是老莊哲學畢竟不是專門探討藝術理論，並且自秦漢以來，儒家哲學是封建皇權社會中占主導地位的意識形態，影響到社會的方方面面，以至於藝術為社會服務成為一種根深蒂固的主流觀念，因此老莊哲學中許多寶貴的關於藝術創造本質和規律的觀點並沒有被充分發掘。而最早將老莊的哲學思想充分運用到繪畫藝術上來的則是六朝的山水畫論，對自然山水的親近本身就是道家「道法自然」、「與天地精神相往來」等觀念的具體實踐，而六朝山水畫論中對山水畫精神內核的重視、對山水畫藝術構思、自由創造、審美欣賞心理等問題的探討更是對老莊思想中有關心的主客合一、知覺活動、藝術的共感和想像等藝術哲學觀的深度發掘，開啟了老莊哲學作為中國藝術精神、進而影響中國古代藝術創作、藝術理論建構的先河。此外，六朝思潮對山水畫論也對玄佛合流而產生的思想做了積極的借鑒，為後世禪宗對中國藝術的滲透創造了條件。

三、重心靈

六朝之前，中國先秦哲學和美學的核心問題是「天」、「人」關係問題。其思想的開端是「天」的問題，而落腳點則是「人」的問題。具體地說，它是從「天」（天地）的問題的討論開始，繼而落實到「人」（人心、人性、人生）的問題的討論。同時又在關於「人」的問題的討論基礎上，繼而從人的立場來看「天」（天地）及「人」與「天」（天地）的關係。到了西周以後，特別是春秋戰國以後，隨著具有人格神意義的「天」的地位的下落，「人」的問題和人的生存問題逐漸成為哲學思考的一個中心問題。而人的問題，根本上又是「心」或「人心」的問題。在中國哲學家看來，人是萬物之靈，人之所以為人的本質，不在於人有不同於其他動物的身體，而在於人有「知天」即揭示宇宙奧秘的「心」。「心」才是人的生命中最本質的東西，沒有「心」

便不能稱為「人」和「人的生命」。因此,中國哲學的主體可以說是建立在宇宙哲學基礎之上的,而中國山水畫藝術的哲學基礎就是心學或心靈哲學。

如前所述,在「神」與「形」的關係問題上,六朝哲學家的看法是認為「神」主宰「形」。對應地,在「心」與「身」的問題上,則是認為「心」主宰「身」。而且,在「心」與「物」這個在西方近代哲學中非常重要的關係問題上,中國古代哲學家並不討論「物」的存在與是否可知,而更關心「物」對於人的意義以及這種意義如何在「心」中顯現出來。在中國古代哲學家看來,「物」的意義,天地、宇宙或世界的意義,以及所謂「道」的意義,都只有經由心的作用(心的體認、覺悟、涵攝)才能顯現出來。在六朝之前,莊子有「有真人而後有真知」的思想,孔子有「人能弘道,非道弘仁」的思想,孟子有「盡心」而後「知性」、「知性」而後「知天」的思想,荀子有「人何以知道?曰心」的思想,以及禪宗的「自性是佛」的思想,都是強調「心」的重要作用。六朝之後,陸九淵的「心外無理」及王陽明的「心外無物」的思想,等等,究其實質而言,都是基於同一理路。所以也可以說,中國古代哲學的核心其實是一種「心學」——即關於「心」的理論或「心靈哲學」——以及由「心學」展開的人生哲學和藝術哲學。

更重要的是,這種「心學」或「心靈哲學」主要討論的不是「心」的心理學意義上的構成,而是「心」的宗教學、倫理學和美學意義上的自我超越,即本心如何超脫物慾和成見的束縛回到它自身,即通過去蔽(迷、執、障、困、溺等)的工夫回到「本心」,藉此顯現出世界和事物的「本相」或「真相(真理)」。

中國古代沒有西方那樣的認識論和邏輯學,因為中國的心學或心靈哲學並不致力於客觀知識體系的建構,而是致力於「本心」的發明或建構。中國的心學或心靈哲學是關於人生境界的心學或心靈哲學。在中國古代哲學中,人對世界和自身的認識雖然也被認為是「知」的活動,但這「知」同時也具有「覺」的含義,如現代漢語中的「感覺」、「知覺」、「直覺」等詞,都包含有「覺」的含義。而「覺」是內向的活動,它的重點不是外部世界的認知,而是主體精神的提升。因此,這種關於心的理論,是一種追求內在超越的心靈哲學,即用余英時先生的話說,是一種與西方的「外在超越」不同的「內向超越」的學問。〔註15〕

〔註15〕 參見余英時:《余英時文集》(第四卷),桂林:廣西師範大學出版社,2004年版,第4~23頁。

　　此外，中國心靈哲學在討論「心」的時候，主要是側重於「心」的作用。在中國哲學家看來，在實際生活過程中，「心」是能動的、有指向的。「心」的墮落與超越，執迷與覺悟，失去與回歸，都是基於「心」的作用。而「心」的構成和內容，則恰恰是由它所指向的對象所決定的。換句話說，心的對象規定了心的性質和內容。「心」指向什麼，「心」就是什麼。

　　由於指向的對象不同，中國哲學一般將「心」分為兩種，即以「物」為對象的「習心」和以「道」為對象的「本心」。

　　「習心」，即「感於物而動」的「心」，也可以叫做「現象的心」、「經驗的心」，具體表現為生理性的、功利性的知、情、意等。莊子所謂「成心」、「賊心」、「機心」、「滑心」、「不肖之心」、「近死之心」，佛教所謂「執心」、「無明之心」。在中國哲學家看來，「習心」是隨「物」遷移、變動不居的。它所對應的是變動不居的外部世界，它的活動相關於肉體的存在和外部世界的刺激（所謂「感於物而動」），因此它在性質上為身體和外物所規定和限制，而它最根本的內容則是「物慾」或情慾。「物慾」或情慾雖然為人生所必需，但卻常常表現為一種負面的價值。所以，在中國哲學中，有關「習心」的各種稱謂都幾乎帶有貶義。在中國哲學家看來，這樣的「心」只是心的現象，甚至假象。它不能反映心應有的主動的、自覺的、自由的、創造的、真實的本質，也不能提供關於宇宙和人生的「真知」。

　　因此，「習心」實質上也是「心」的自我異化。只有回到「本心」才能彰顯人之作為人的本質，才能揭示宇宙和人生的真相。

　　「本心」，也可以叫做「本質的心」、「本體的心」或「超越的心」。在中國哲學中，「本心」是與「天地之心」一致的、為人所擁有的、本真的心理活動或精神世界，具體表現為非生理性的、功利性的真知、真情、真意等。莊子所謂「常心」、「靜心」，孟子所謂「良心」，禪宗所謂「本心」、「真心」、「自心」，佛教經典中普遍提到的「初心」、「佛心」、「真如之心」都是指的「本心」。

　　與「習心」不同，「本心」不是為「物」所規定，而是為「道」所規定。它所對應的是恒常不變的宇宙法則（道、理），故《荀子・正名》中說：「心也者，道之工宰也。」〔註16〕因此，「本心」的活動無關於肉體的存在和外部世界的刺激，並且凌駕於物質功利和現象世界之上（即如莊子所謂「乘物以

〔註16〕〔清〕王先謙撰；沈嘯寰、王星賢點校：《荀子集解》（上），北京：中華書局，1988 年版，第 423 頁。

遊心」的「心」。「乘」，即凌駕於其上的意思），它最根本的內容是真實無妄的情感和智慧。因此，它在本質上是主宰性的、建構性的和創造性的，並且具有「虛」、「靜」「純」（淨）、「明」、「智」、「聖」（神）等特點。

作為對「習心」的否定，「本心」的最高規定也可以說是「虛無」，即「本心」也可以稱為「無心」。但這「虛無」並不是什麼也沒有的意思，也並非要斷絕一切欲望、經驗和情感。「本心」不是與日常生活經驗完全隔絕的另一「精神實在」。「本心」、「習心」只是程度的不同，指向的不同。它是禪宗所說的「念念無念」、「於念無念」的、自作主宰（不滯於物）的「本覺真心」。「本心」的「虛無」同時也是全面的「擁有」，因此它的最高規定也可以說是「真實」、「自然」（自由）。

中國哲學中所說的「本心」為「道」所規定，而「道」有不同，因此，「本心」的內涵也不一樣。大體說來，儒家的「本心」主要是一種道德的心，而道家和禪宗的「本心」則具有超道德的意義。它更接近於是一種審美的或藝術的心。賀麟先生稱「本心」為「邏輯的心」，〔註17〕則是一種新的發展，其中融入了西方哲學、尤其是黑格爾哲學的思想。

在中國哲學中，「本心」是規定人的本質、存在和價值的根本概念，無此「心」則為非人。中國哲學的主題在於此本心的建構，或曰「復其本心」、「回歸本心」，即把人所具有的、作為人的本質規定的「心」的本來面目顯現出來。這一顯現的過程，既是對「習心」的不斷「清洗」和「揚棄」，也是堅定不懈的內心修為和現實努力，是「要人以自己的力量，加以開拓而使其顯發出來」的。〔註18〕

中國古代的這種追求內在超越的心靈哲學，不僅是美學中意境理論的重要基礎，而且也具體影響到中國藝術家（尤其是文人藝術家）對藝術創作的態度和看法，從一開始便對中國的山水畫觀念產生了影響。特別是在六朝時期，隨著士大夫階層介入藝術作品的創作和品評，並主導美學的話語權，加上玄學和佛學的發展，一種以心靈的自我超越為藝術活動的前提的思想便大行其道。我們可以看到，六朝的畫論中有一種逐漸抬高「心」的作用的傾向，如顧愷之「神儀在心」，宗炳「應目會心」、「心亦俱會」，王微「動變者心也」，

〔註17〕 賀麟：《賀麟選集》，長春：吉林人民出版社，2010 年版，第 25 頁。
〔註18〕 徐復觀：《中國人的生命精神》，上海：華東師範大學出版社，2004 年版，第183 頁。

都強調「心」的主體作用。

在隋唐以後的各種書論、畫論、詩論和文論中，對「心」的重視就更為突出了，如唐代張璪的「外師造化，中得心源」，張彥遠《歷代名畫記》中所說的「骨氣形似皆本於立意而歸乎用筆」，朱景玄《唐朝名畫錄》中所說的「揮纖毫之筆，則萬類遊心」，宋代郭若虛《圖畫見聞志》中所說的「氣韻本乎遊心」，清代石濤《畫語錄》中所說的「夫畫者，從於心者也」，等等。這對中國古代的藝術產生了深遠的影響，主要表現為以下幾點，即：

第一，重視審美的、藝術的心靈（它在中國傳統美學語境中，被冠以不同的名稱，如「靈心」、「性靈」、「童心」、「真我」、「趣遠之心」、「林泉之心」、「玄妙之心」等）的培植與建構。在中國美學家看來，心靈的解放與自覺——或者換句話說，審美的、藝術的心靈的培植與建構是審美發生和藝術創造的前提，甚至可以說，審美的、藝術的心靈的培植與建構比藝術創作本身更重要，如宋代郭熙在《林泉高致‧畫意》中說：「人須養得胸中寬快，意思悅適，所謂易直子諒油然之心生，則人之笑啼情狀，物之尖斜偃側，自然布列於胸中，不覺見之於筆下。」〔註19〕宋韓純全《山水純全集》：「夫畫者筆也。此乃心術索之於未兆之前，得之於形義之後，默契造化，與道同機。」〔註20〕「凡未操筆間，當無凝神著思，預想目前，所以意在筆先，用意於內然後以格法推之，可謂得之於心應之於手也。」〔註21〕得「心」方能應手，「心」在此等同於「意」，被看做是山水畫創作的先決條件。

第二，與上述看法相關的是重視人品或人格對藝術境界的決定作用，即所謂「畫品即人品」、「文品即人品」，等等。如清代王昱在《東莊論畫》中說：「學畫者先貴立品，立品之人，筆墨之外自有一種光明正大之概，否則畫雖可觀，卻有一種不正之氣，隱躍毫端。文如其人，畫亦有然。」〔註22〕認為人品的高低優劣決定了繪畫的光明與剛正與否，這個「人品」的概念具有道德比附的意義。除此之外，「人品」也有審美的意義。就審美方面而言，

〔註19〕〔宋〕郭熙、郭思撰：《林泉高致》，見俞劍華編著：《中國古代畫論類編》（上），北京：人民美術出版社，2007年版，第640頁。

〔註20〕〔宋〕韓拙撰：《山水純全集》，見俞劍華編著：《中國古代畫論類編》（下），北京：人民美術出版社，2007年版，第674頁。

〔註21〕〔宋〕韓拙撰：《山水純全集》，見俞劍華編著：《中國古代畫論類編》（下），北京：人民美術出版社，2007年版，第675頁。

〔註22〕〔清〕王昱《東莊論畫》，見王伯敏、任道斌主編：《畫學集成》（明～清），石家莊：河北美術出版社，2002年版，第421頁。

所謂「人品」，即是一種超功利的審美心胸，也即前文所謂「審美的、藝術的心靈」。如明代李日華《竹嬾論畫》「姜白石論書曰『一須人品高。』文徵老自提其米山曰：『人品不高，用墨無法。』乃知點墨落紙，大非細事，必須胸中廓然無一物，然後煙雲秀色，與天地生生之氣，自然湊泊，筆下幻出奇詭。若是營營世念，澡雪未盡，即日對丘壑，日摹妙跡，到頭只與髹彩圬墁之工爭巧拙於毫釐也。」〔註23〕李日華借姜夔、文徵明談論書畫的語言來表達了自己的觀點，認為山水畫的煙雲秀色與生生之氣不是僅靠技巧的練習能習得的，而是要有高潔的人品和滌除玄鑒的澄明之心。總之，中國傳統的書法和繪畫藝術幾乎都將人品看做是藝術創作的第一要務和先決條件，這也是中國藝術的精神所在。

第三，因為強調「心」的作用，因此，相應地，也就強調「意」對於「形」、「象」、「境」、「法」等的優先地位。並因此，在山水畫的創作中，不追求視覺經驗的真實，不追求感官的刺激，而追求想像的、本質的真實，強調對建立在對宇宙法則（道）的領悟基礎上的「意」或「意境」的傳達。同時在創作主體方面，強調天才或妙悟的作用。《說文解字》在解釋「意」的時候指出：「志也，從心。察言而知意也，從心從音。」〔註24〕它是一個會意字，表示言生於心，故有「言為心聲」的說法，在古代，「言」與「音」同字，關於「音」字，《說文解字》云：「生於心……從言含一」。〔註25〕（第58頁）因此，「意」本身也是「心」的活動。「意」本是一個哲學概念，源於《周易·繫辭》中的「書不盡言，言不盡意……聖人立象以盡意。」〔註26〕從而形成「言、象、意」的辯證關係，莊子明確提出了「得意而忘言」的言論，肯定了「意」這一心理活動優先於「言」這一客觀存在。到了魏晉時期，王羲之、劉勰等人以「意」討論書法和文學，發掘了「意」的美學意味，逐漸將「意」轉變為藝術創造和欣賞的重要標準，尤其是山水畫創作，幾乎就是以「意」、「意境」為最高追求。六朝時期，雖然沒有明確「意」的地位，但是顧愷之畫論中對「形神」的討論，宗炳的「澄懷味象」、「意求於千載之下」、旨微

〔註23〕〔明〕李日華：《竹嬾論畫》，見陳洙龍編：《山水畫語錄類選》，北京：人民出版社，2010年版，第313頁。

〔註24〕〔漢〕許慎撰，〔宋〕徐鉉校定：《說文解字》，北京：中華書局，2009年版，第217頁。

〔註25〕〔漢〕許慎撰，〔宋〕徐鉉校定：《說文解字》，北京：中華書局，2009年版，第58頁。

〔註26〕周振甫譯注：《周易譯注》，北京：中華書局，2008年版，第249頁。

於言象之外，可心取於書策之內」〔註27〕、「神超理得」、「萬趣融其神思」的觀點；王微在《敘畫》中所講的「本乎形者融靈而動變者，心也」〔註28〕、「動生」、「靈出」；南齊謝赫的「取之象外」說，實際上都已經涉及到「意」和「心」的關係問題，並且體現了推崇繪畫之「意」的傾向。唐代以後，山水畫重「意」幾乎成為共識，如唐代畫家張彥遠說：「意存筆先，畫盡意在，所以全神氣也。」〔註29〕明確指出「意」是繪畫形象的根本。宋元以後，人們對「意」的追求可謂空前絕後。清代畫家布顏圖提出：「夫意之為用大矣哉！非獨繪事然也，普濟萬化一意耳。意先天地而有，……故善畫必意在筆先；寧使意到而筆不到，不可筆到而意不到。」〔註30〕極大地拓展了「意」的內涵，「意」不再侷限於藝術創作前的審美心理活動，而是宇宙之本、生命之源，這樣一來，他就把「意」提高到了本體論的層面上來。除此之外，清代的笪重光在《畫筌》中說：「繪法多門，諸不具論。其天懷意境之合，筆墨氣韻之微，於茲篇可會通焉」〔註31〕，這些言論都從不同的角度闡發了「意」或「意境」的重要地位，它是山水畫之本，是山水畫所呈現出來的神似、氣韻、意趣，有了「意」，整個繪畫作品就充滿蓬勃的生氣，從而顯現出無窮的意境來。

第四，由於「本心」為「道」所規定，因此中國的文人畫家們反對把藝術等同於技術，或當成職業和謀生的手段，而把藝術當成完美人生的一部分，當成通向至善、獲得真知和自由的手段。而且，在具體的藝術創作中，推崇建立在心物一體基礎上的「自由」的藝術精神和「自然」的藝術境界，將「無心」和「自然」視為藝術創作的最高境界，如宗炳所言：「聖人含道暎物，賢者澄懷味象。至於山水，質有而靈趣，是以軒轅、堯、孔、廣成、大隗、許由、孤竹之流，必有崆峒、具茨、藐姑、箕、首、大蒙之遊焉。又稱仁智之樂焉。」「夫聖人以神法道，而賢者通；山水以形媚道，而仁者樂。不亦

〔註27〕〔南朝・宋〕宗炳著，陳傳席譯解，吳焯校訂：《畫山水序》，北京：人民美術出版社，1985年版，第5頁。

〔註28〕〔南朝・宋〕王微著，陳傳席譯解，吳焯校訂：《敘畫》，北京：人民美術出版社，1985年版，第3頁。

〔註29〕〔唐〕張彥遠：《歷代名畫記》（卷二），北京：中華書局，1985年版，第67～68頁。

〔註30〕〔清〕布顏圖：《畫學心法問答》，見俞劍華：《中國畫論類編》（上卷），北京：人民美術出版社，2007年版，第204～205頁。

〔註31〕〔清〕笪重光：《畫筌》，見俞劍華：《中國畫論類編》（下卷），北京：人民美術出版社，2007年版，第817頁。

幾乎？」〔註32〕山水是仁智之樂，那麼山水畫也就是對聖人仁智之樂的藝術表現，自然也具有了「媚道」的形而上的價值和趣味，通達人生之「道」，山水畫創作的目的也不是為了生存或者職業所迫，而是精神的陶冶和人生至樂的藝術實踐，如「閒居理氣，拂觴鳴琴，披圖幽對，坐究四荒，不違天勵之藂，獨應無人之野。」〔註33〕最終達到「暢神」的目的。王微在談到山水畫的時候更是直白地發出感歎：「雖有金石之樂，王圭璋之琛，豈能彷彿之哉！」〔註34〕在王微看來，山水畫不是案城域、辨方州的圖像臨摹，而是以一管之筆，擬太虛之體，其功能當與聖人的著作《易》象一樣重要，即使是金石絲竹這樣高雅優美的音樂，諸侯朝王手中的圭璋，也不能與之媲美。因此，山水畫創作的過程也是一種精神享受，如「綠林揚風，白水激澗」〔註35〕極其動人，在繪畫的過程中，「心」與「物」相應和，筆墨之間激情湧動，畫面中生氣流淌，神采飛揚，產生「望秋雲，神飛揚，臨春風，思浩蕩」〔註36〕的審美聯想和自由境界。

此外，在中國歷代的山水畫創作和鑒賞之中，山水畫的最高準則不是「形似」或「謹嚴」，而是「自然」或「無心」。所謂的「自然」即是老子所謂的「自然而然」，不刻意求取，「無心」也不是不用心經營畫面，而是「應目會心」之後的胸有成竹，表現在畫面上呈現為一種不經意而為之，卻恰到好處的妙境。如宋代米芾《畫史》評董源的山水畫：「峰巒出沒，雲霧顯晦，不裝巧趣，皆得天真。」〔註37〕平淡天真即是一種純熟之後順其自然的淡泊之美，這幾乎成為宋代普遍追求的藝術標準。另一位宋代畫家韓拙也說：「今有卿士大夫之畫，自得優游閒適之餘，握管濡毫，落筆有意，多求簡易而取清逸，出於自然之性，無一點俗氣。」〔註38〕求簡逸、取輕逸，不是投機取巧地省略筆墨，而是極工

〔註32〕〔南朝・宋〕宗炳著，陳傳席譯解，吳焯校訂：《畫山水序》，北京：人民美術出版社，1985 年版，第 1 頁。

〔註33〕〔南朝・宋〕宗炳著，陳傳席譯解，吳焯校訂：《畫山水序》，北京：人民美術出版社，1985 年版，第 8 頁。

〔註34〕〔南朝・宋〕王微著，陳傳席譯解，吳焯校訂：《敘畫》，北京：人民美術出版社，1985 年版，第 7 頁。

〔註35〕〔南朝・宋〕王微著，陳傳席譯解，吳焯校訂：《敘畫》，北京：人民美術出版社，1985 年版，第 7 頁。

〔註36〕〔南朝・宋〕王微著，陳傳席譯解，吳焯校訂：《敘畫》，北京：人民美術出版社，1985 年版，第 7 頁。

〔註37〕〔宋〕米芾：《畫史》，見陳洙龍編：《山水畫語錄類選》，北京：人民出版社，2010 年版，第 278 頁。

〔註38〕〔宋〕韓拙：《山水純全集》，見陳洙龍編：《山水畫語錄類選》，北京：人民出版社，2010 年版，第 280 頁。

之後的凝練和寫意，寥寥數筆，便能中的，營造出天然天真的平和之境。清代松年在《頤園論畫》中所說的：「天地以氣造物，無心而成體。人之作畫亦如天地以氣造物。」〔註39〕他將繪畫比作天地造物，天地造物純任自然，看似無為卻又無不為，遵循自然規律使一切恰好好處，好的繪畫亦是如此，在遵循基本的法度之上達到心手相應、純任自然的流利之境。而這種境界，在六朝時期的山水畫論中便已得到相應的重視，這是十分難能可貴的。

第二節　六朝山水畫論美學思想對中國畫的影響

　　六朝山水畫論主要是從哲學美學、精神層面探討山水畫的畫理，因而對中國畫的影響主要是在繪畫精神方面，這對「文人畫」的形成和發展產生了積極的影響。此外，六朝山水畫論在繪畫空間問題上的嘗試也為後世「三遠法」的空間經營原則奠定了基礎。

一、六朝山水畫論對文人繪畫觀念的影響

　　「文人畫」是在中國畫史上長時期占主流地位的畫風，集中體現了中國畫的美學特徵。「文人畫」不是一個短暫的繪畫流派，它的形成經歷了漫長的歷史過程並成為中國畫的特殊類型，六朝山水畫即是文人畫的濫觴，這一時期的山水畫論初步闡述了文人畫的基本特質，成為文人畫美學精神和寫意傳統的基石。

（一）從文人畫產生的條件看

　　從字面上來講，「文人畫」就是文人或者士人所創作的畫，因此文人畫得以產生的首要條件就是文人士大夫參與繪畫創作。但是在中國古代，文人士大夫也是一個很寬泛的概念，並且文人還有在野和在朝之分，因此關於什麼是「文人畫」歷來有很多種說法。在「文人畫」的分類界定上，劉綱紀先生認為「文人畫」可以有廣義和狹義兩種理解，廣義的文人畫又包括兩類，一是「皇室貴族和接近皇室貴族的文人的趣味、要求」〔註40〕，二是「非皇室貴族的一般文人，包括在朝和在野的文人的趣味、要求」〔註41〕，這是一個

〔註39〕〔清〕松年《頤園論畫》，見王伯敏、任道斌主編：《畫學集成》（明～清），石家莊：河北美術出版社，2002年版，第829頁。
〔註40〕劉綱紀著：《文徵明》，長春：吉林美術出版社，1996年版，第1頁。
〔註41〕劉綱紀著：《文徵明》，長春：吉林美術出版社，1996年版，第1頁。

大的劃分，其中非皇室貴族的一般文人的繪畫追求一種「與皇室貴族富麗堂皇的生活不同的風雅趣味，經常有由於仕途失意而產生的與道家、玄學、佛學禪宗相聯的隱逸思想，但在根本上又不離儒家的思想。……他們追求著一種天然、含蓄、悠遠、平和的美，……對藝術的特徵有深刻的理解，不願把藝術變為單純進行道德說教的工具，高度重視藝術家的個性情感的表現」〔註42〕，狹義的「文人畫」專指元四家（黃公望、王蒙、倪瓚、吳鎮）為代表的成熟形式的文人畫。在「文人畫」的審美構成上，陳師曾先生總結出四要素：「文人畫之要素：第一人品，第二學問，第三才情，第四思想。具此四者，乃能完善。」〔註43〕基本上規定了文人畫的內涵和審美特徵。

中國繪畫史上最早明確倡導「文人畫」或「士人畫」的是宋代的蘇軾，在此基礎上，明代董其昌直接拈出「文人之畫」這一明目，得到了廣泛的支持，遂使「文人畫」長遠地影響著中國畫壇。儘管如此，「文人畫」並不是一個孤立的現象，而是在深厚的歷史傳統基礎之上產生的，是六朝以來文人士大夫的審美觀念和思想意趣向繪畫，尤其是山水畫滲透的必然結果。

首先，從創作者身份和個人修養來看，顧愷之、宗炳、王微無疑是文人畫家的先驅。顧愷之出生於江南世族，其父顧悅之官至尚書右丞，因此顧愷之從小擁有優越的家庭條件，有機會受到充分的教育，具備文學、藝術上的基礎教養。顧愷之做過參軍和散騎常侍，和當時的政治人物交往密切，但實際上並不直接參與政治軍事，而是以繪畫著稱於世。恒溫、謝玄等人欣賞的也是顧愷之在繪畫和文學上的突出才華，因此顧愷之可以說是具有文人氣質和內涵的畫家，因而他在從事繪畫創作的時候能有意識地進行理論上的總結。顧愷之的才情自不必說，時稱顧愷之有「三絕」：才絕，畫絕，癡絕。他的文學造詣可以和嵇康相比，畫名在當時更是出眾，謝安評價他為「有蒼生以來未之有」，瓦棺寺畫維摩詰圖的事蹟至今被傳為佳話。和顧愷之等世族大家相比，宗炳的出生並不顯赫，據《宋書·宗炳傳》記載，宗炳的祖父宋承曾經任宜都太守，父親宗繇曾做湘鄉令，但是宗炳的母親師氏聰辯有學識，親自教授諸子，因此宗炳也是出生知識分子家庭，受到了良好的基礎教育，具有很高的文學和藝術修養。王微出生於顯赫的琅琊王氏家族，和王羲之、王獻

〔註42〕劉綱紀著：《文徵明》，長春：吉林美術出版社，1996年版，第2頁。
〔註43〕劉夢溪主編：《中國現代學術經典·魯迅吳宓吳梅陳師曾卷》，石家莊：河北教育出版社，1996年版，第813頁。

之等人屬同族，他的父親是當時的光祿大夫王孺，叔伯兄弟以及侄孫輩都是晉宋齊梁時期著名的政治和文化人士。王氏家族在文學藝術上取得了極高的成就，王微本人亦是才華橫溢，精通文學、書畫，還能解音律、醫方、陰陽、術數等，因此能有《敘畫》一文。

其次，從哲學思想層面來看，六朝山水畫論突出體現了文人畫的思想特點。六朝的士大夫階層是以研習儒家經典起家的，儒學思想自然而然地滲透到他們思想的最深處，因此，顧愷之的思想是以儒家為根基的，他的畫作中有很大一部分是宣揚儒家政治道德，但顧愷之同時還深受道、玄、佛學的影響。他推崇嵇康，詩文中體現出強烈的玄學傾向，在性格上也是崇放達、善思辨，與天師道有密切關係。宗炳的思想中則表現出明顯的佛學傾向，事實上，由於才華出眾，宗炳在當時受到很多政治人士的賞識，但宗炳對政治不感興趣，熱衷於佛學，常懷隱逸之心，人稱宗居士，《答何衡陽書》、《明佛論》等文章鮮明地體現了他的宗教立場和佛學思想。此外，宗炳也精於道、玄理論，在生活中很重視洗心養性，並且宗炳並不排斥儒家思想，在畫論中多次提到聖人、賢者，具體論山水欣賞時，也以「仁智之樂」來形容。受家庭影響，王微早年也曾參與政治，歷任司徒祭酒、參軍等職，但他和宗炳一樣，志不在此，因此父親去世後，王微去官歸隱，閉門不出，並認為「奇士必龍居深藏，與蛙蝦為伍。」〔註 44〕另外，王氏家族在思想文化上有很大的包容性和靈活性，除了儒學外，對玄、釋、道也兼採眾長。

因此，在哲學思想上，顧愷之、宗炳、王微的傾向各不相同，但是受六朝文化背景的影響，他們的思想都是玄、釋、道兼融的，並且始終是不離儒家的。由此可見，從身份和個人的文化修養、精神品格、思想情懷等方面來講，顧愷之、宗炳、王微完全符合後世文人畫家的要求。

（二）從文人畫的美學精神看

「文」的本義是「交錯」〔註 45〕，後引申為典章制度、外在紋飾、形式。在中國古代，孔子說「文質彬彬，然後君子」〔註 46〕，可見「文」是士大夫們的一種志向和理想。但是「文」又不是單純的美的形式或雅的象徵，還是

〔註 44〕〔梁〕沈約撰：《宋書》（六），北京：中華書局，2008 年版，第 1668 頁。
〔註 45〕《說文解字》：「錯畫也，象交文。」〔漢〕許慎撰；〔宋〕徐鉉校定：《說文解字》，北京：中華書局，2009 年版，第 185 頁。
〔註 46〕楊伯峻譯注：《論語譯注》，北京：中華書局，2008 年版，第 61 頁。

「道」的體現，從劉勰開始，「文以明道」就逐漸成為中國古代知識分子的普遍意識。

因此，繪畫領域中的「文人畫」也就不是一般意義上的技藝，而是意味著文人畫是精神性的創作，要達到超出技藝之外的形而上的「道」的境界。

最早表達了這一思想的是顧愷之，顧愷之提出「以形寫神」繪畫創作觀最早是針對人物畫而言的，但觸及了繪畫藝術中「形」與「神」的關係，並表現出明顯的重「神」的傾向。「神」雖然不等同於「道」，但它和「道」一樣，屬於形而上的精神層面的內容。宗炳在《畫山水序》中明確將山水和山水畫與「道」聯繫起來，他說：「聖人以神法道而賢者通，山水以形媚道而仁者樂。」宗炳從哲學美學的高度闡述了「道」對於山水的欣賞和山水畫創作的重要作用，雖然他所理解的「道」指的是佛的神明之「道」，而不是儒家和道家哲學中「道」，但是宗炳也揭示了山水的本體性問題，即自然山水的感性形式之美不僅僅停留在事物的形式本身，而在於它是某種超感性、超自然的精神性的體現。王微反對將繪畫當做「存形」、「案城域、辨方州、標鎮阜、劃浸流」的工具，認為繪畫與《易》象同體，將山水畫提高到經綸天地的高度，這同樣是對山水畫之「道」的強調。

由此可見，六朝山水畫論對「道」的重視使得中國畫逐漸走上了重內涵、重精神、反對單純追求形似的道路，而變成了一種哲理性的藝術，對對象外形的表現只是繪畫的手段，其終極目的是要通過形獲得某種超越的、形上學的特殊意味。但又不是對某種哲理的圖解說明，而是個體人生的意義價值的實現，從而與內心情感的自由抒發不能分離。

由於中國美學中的「道」指向宇宙、天地、自然，是一種超越形體和技巧之上的本質，因此繪畫之「道」也就是自然之「道」的表現，它強調遵循規律，契合人的本質心靈，反對過多的人為技巧，反對精細地刻畫，如宗炳說：「是以觀畫圖者，徒患類之不巧，不以制小而累其似，此自然之勢。」旨在以簡潔精練的筆墨表達深遠的意境，從而起到觀道暢神的作用，即「豎劃三寸，當千仞之高，橫墨數尺，體百里之迴」。所以六朝的山水畫論探討畫理的內容居多，具體技法往往點到為止，未作過多論述。而且和山水畫論相比，六朝的山水畫實踐顯得落後。這是山水畫在草創之初難以避免的。

唐代的畫家張璪初步具備了文人畫的特徵。符載在《觀張員外畫松圖》中評價張璪的畫，認為張璪能「遺去機巧，意冥玄化」，張彥遠也說他「中遺巧飾，

外若混成」〔註47〕，就是因為他的畫不止是在畫形，還是在畫形上之「道」，如張璪自己所說的「外師造化，中得心源」。後世文人畫的倡導者無不將繪畫與「道」相聯繫，清唐岱在《繪事發微》中講「藝成而下，即道成而上矣」〔註48〕，清代王原祁《麓臺題畫稿》云「畫雖一藝，而氣合書卷，道通心性，非深於契合者，不輕以此為酬酢也」〔註49〕，王昱在《東莊論畫》中說「畫雖一藝，其中有道」〔註50〕，惲格更是直接引用宗炳的「澄懷觀道」之說：「川瀨氤氳之氣，林嵐蒼翠之色，正須澄懷觀道」〔註51〕。近代畫家陳師曾先生談文人畫時也總結道：「畫之為物，是性靈者也，思想者也，活動者也。非器械者也，非單純者也。」〔註52〕這些言論都是強調繪畫不止於「藝」，而要力求超越於「藝」而通達「道」，從而提升繪畫的藝術價值。

總的來說，文人畫美學精神的核心就是主張「藝道一律」，這一特殊的精神路線就是在六朝時期奠定的。

（三）從文人畫的寫意傳統看

陳師曾先生在《文人畫之價值》中指出：「所貴乎藝術者，即在陶寫性靈，發表個性與其感想……幽然起澹遠幽微之思，而脫離一切塵垢之念。」〔註53〕「文人畫」顧名思義，是具有文人性質的畫，因此含有文人的趣味，要抒發個人的性靈和感想，從而體現高雅的趣味，通往一種幽微玄遠的境界。因此，「文人畫」的突出特點就是強調「意」的表達以及「意境」的創造。「意」或者「意境」是中國美學中的核心範疇之一，「意」是與創作主體內在精神、心緒、情感及意志等因素緊密相連的概念，是一種若有若無、可意會而不可言

〔註47〕　〔唐〕張彥遠著；俞劍華注釋：《歷代名畫記》，上海：上海人民美術出版社，1964 年版，第 26 頁。

〔註48〕　〔清〕唐岱撰：《繪事發微》，引自俞劍華編著：《中國古代畫論類編》（下），北京：人民美術出版社，1998 年版，第 847 頁。

〔註49〕　〔清〕王原祁撰：《麓臺題畫稿》，引自王伯敏、任道斌主編：《畫學集成》（明～清），石家莊：河北美術出版社，2002 年版，第 404 頁。

〔註50〕　〔清〕王昱撰：《東莊論畫》，引自俞劍華編著：《中國古代畫論類編》（上），北京：人民美術出版社，1998 年版，第 188 頁。

〔註51〕　〔清〕惲格撰：《南田畫跋》，上海：上海人民美術出版社，1987 年版，第 29 頁。

〔註52〕　劉夢溪主編：《中國現代學術經典・魯迅吳宓吳梅陳師曾卷》，河北教育出版社，1996 年版，第 813 頁。

〔註53〕　劉夢溪主編：《中國現代學術經典・魯迅吳宓吳梅陳師曾卷》，河北教育出版社，1996 年版，第 808 頁。

傳的主客體合一的無限境界，但是「意」不是隨心所欲的情感抒發，其最終的指向是宇宙人生之「大道」。如《周易‧繫辭》中所講的「聖人立象以盡意」〔註54〕，莊子談「意之所隨者」，指的也是無名無形之「道」，因此「道」是「意」的終極目標，而「意」可謂是「道」的審美化的顯現。在繪畫領域，這種「意」又具體落實為對「神」、「氣」、或「氣韻」的追求。

張彥遠在《歷代名畫記》中評價顧愷之的畫風：「顧愷之之跡緊勁聯綿，循環超忽，調格逸易，風趨電疾，意存筆先，畫盡意在，所以全神氣也。」〔註55〕評價宗炳和王微：「宗炳、王微皆擬跡巢由，放情林壑，與琴酒而俱適，縱煙霞而獨往。各有畫序，意遠跡高，不知畫者難可與論。因著於篇以俟知者。」〔註56〕宗炳和王微是「擬跡巢由」的高人逸士，這一點在畫史和史書上均有記載，而顧愷之「癡絕」的獨特性格特徵也是為世人津津樂道的，他們對繪畫的看法超出了前代及同時代「存形勸鑒」的範疇，不是以道德或群體性的觀念為目的，而是以隱逸為高，立足於個人情感的表現，追求個體精神的解脫和自由。

顧愷之最早將「形神」問題引入繪畫領域，並表現出重「神」的傾向，確定了「神」在中國畫藝術中的主體地位，「神」既可以理解為繪畫對象的精神和神采，更是一種是超越於外在形質之上的、自由的人格精神或境界。宗炳和王微將「形神」觀念應用於山水畫中，此時「神」不再侷限於人的精神和生命，而是由宇宙精神而來的自然山水本身微妙難言的生命氣質，以及人的情感與自然山水相契合所產生的神采飛揚的審美愉悅。從某種意義上說，宗炳和王微比顧愷之更注重「神」在繪畫創作和欣賞中的意義，王微甚至將有無「神」看做山水畫與「案城域、辯方州、標鎮阜、劃浸流」之類的地形規劃圖的根本區分。

南齊謝赫發展了顧愷之、宗炳、王微關於繪畫傳神的理念，提出畫有「六法」：「雖畫有六法，罕能盡賅，而自古及今，各善一節。六法者何？一氣韻生動是也，二骨法用筆是也，三應物象形是也，四隨類賦彩是也，五經營位置是也，六傳移模寫是也。」〔註57〕六法的第一點是「氣韻生動」，「氣韻」雖然不等同於「神」，但卻是對顧愷之、宗炳、王微關於「神」的理論的進一

〔註54〕周振甫譯注：《周易譯注》，北京：中華書局，2008年版，第249頁。

〔註55〕〔唐〕張彥遠著；俞劍華注釋：《歷代名畫記》，上海：上海人民美術出版社，1964年版，第34頁。

〔註56〕〔唐〕張彥遠著；俞劍華注釋：《歷代名畫記》，上海：上海人民美術出版社，1964年版，第133頁。

〔註57〕〔南朝齊〕謝赫撰：《古畫品錄》，引自俞劍華編著：《中國古代畫論類編》（上），北京：人民美術出版社，1998年版，第355頁。

步深化。在中國古典美學中，「神」與流動的「氣」有關，並且也具有「生」的涵義。顧愷之講：「荃（筌）生之用乖，傳神之趨失矣。」其中的「荃（筌）生」就和「傳神」是一個意思。〔註58〕徐復觀先生也對「神」和「氣韻」的關係做了分析，他說：「顧愷之所說的『傳神』，正是在繪畫上要表現出人的第二自然。而氣韻生動，正是傳神思想的精密化，正是對繪畫為了表現人的第二自然提出了更深刻的陳述。所以『韻』和骨氣之『氣』一樣，都是直接從人倫品鑒上轉出來的觀念，是說明神形合一的兩種形相之美。」〔註59〕因此「氣韻」和「神」一樣，都是對中國繪畫根本問題的探討，即如何塑造一個生動完滿而富有生命力的形象。

　　唐代畫論家張彥遠將「氣韻」做了具體化的發揮。「氣韻」被衍義為「生氣」、「骨氣」、「神采」、「神韻」等概念，這些都是「神」的另一種說法。此外，張彥遠將書法領域中的「意」的概念引入繪畫，提出「意存筆先」、「得意深奇」、「凝意」等觀點。在中國文化中，「意」的含義非常複雜，從哲學層面上講，「意」指主體的心理活動及其外在表達（欲望、意向、思想、志向等），具有非語言概念所能規定的特點，正因為如此，「意」也具有美學的、感性的色彩，指的是由繪畫筆墨、空間、形象而來的能夠引發人的審美感受和審美想像的無限境界。張彥遠最早有意識地用「意」來評價繪畫藝術，如前面講到他評價顧愷之：「意存筆先，畫盡意在，所以全神氣也」〔註60〕評價宗炳和王微：「各有畫序，意遠跡高。」〔註61〕可見「意」也是和「形」相對的一個概念，是繪畫傳「神」的關鍵。日本學者笠原仲二討論中國人的美意識時曾經指出：「在中國的畫論、畫評裏，真、氣、生命、神、天、造化或精、靈等，都是相通的概念。除此之外，我們還要說明「意」也和這些概念具有同樣的含義。」〔註62〕「是一般所謂南宗畫派以『寫意』為宗旨的『意』，而不是『任

〔註58〕李澤厚、劉綱紀主編：《中國美學史》（第二卷上），北京：中國社會科學出版社，1987 年版，第 481 頁。

〔註59〕徐復觀著：《中國藝術精神》，上海：華東師範大學出版社，2001 年版，第 106 頁。

〔註60〕〔唐〕張彥遠著；俞劍華注釋：《歷代名畫記》，上海：上海人民美術出版社，1964 年版，第 34 頁。

〔註61〕〔唐〕張彥遠著；俞劍華注釋：《歷代名畫記》，上海：上海人民美術出版社，1964 年版，第 133 頁。

〔註62〕〔日〕笠原仲二著；魏常海譯：《古代中國人的美意識》，北京：北京大學出版社，1987 年版，第 145 頁。

意』『師心』……這類單指作者主觀意志的『意』。」〔註63〕

正因為如此，宋代以後，「寫意」成為文人畫創作的主旨。蘇軾在闡釋「士人畫」理論的時候說：「觀士人畫，如閱天下馬，取其意氣所到。」（《東坡題跋·跋宋漢傑畫》）此處的「意氣」也可以理解為「神」或「神韻」，蘇軾以「意氣」作為「士人畫」（文人畫）與畫工畫的重要區分，著重強調文人畫的立意和神韻，真實抒發自我胸中的意境。元代倪瓚「逸筆草草，不求形似，聊以自娛耳。」〔註64〕也是對「意」的另一種詮釋。清代的畫論中也有很多談「意」、「意境」的篇章，如笪重光說：「繪法多門，諸不具論。其天懷意境之合，筆墨氣韻之微，於茲編可會通焉」〔註65〕，張式《畫譚》云：「要之書畫之理，元元妙妙，純是化機。從一筆貫到千筆萬筆，無非相生相讓，活現出一個特地境界來。」〔註66〕可見「意」、「意境」是由筆墨而來的、融入了主觀情思而超越於外在形態之上的「神」或「氣韻」的表達。

總的來說，「文人畫」不把繪畫看作是謀生的工具，也並不以某種功利性的目來規定繪畫，而把繪畫看作是通達宇宙之「道」、獲得個體精神自由的一種方式，正因為如此，文人畫形成了重「神」、「氣」、重「意」、「意境」的核心審美價值，而這些價值觀的形成需要歷史的積澱，是對顧愷之、宗炳、王微等人重修養、重性靈、重「神」的繪畫美學思想的繼承。

二、六朝山水畫論對中國山水繪畫的影響

如上所述，道、寫意是中國山水畫乃至整個中國畫關注的核心問題，但是山水畫的意境並非玄虛不可理解的東西，而是通過繪畫的空間經營和筆墨技巧可以達到的境地，因此空間經營是繪畫意境的物態化的一個重要方面。六朝山水畫論在繪畫空間問題上做出了初步的有意義的探索，對中國畫以大觀小原理及三遠法的空間布局方法的最終形成產生了積極的影響。

〔註63〕〔日〕笠原仲二著；魏常海譯：《古代中國人的美意識》，北京：北京大學出版社，1987 年版，第 146 頁。

〔註64〕〔南朝齊〕謝赫撰：《古畫品錄》，引自俞劍華編著：《中國古代畫論類編》（下），北京：人民美術出版社，1998 年版，第 706 頁。

〔註65〕〔清〕笪重光撰：《畫筌》，見俞劍華編著：《中國古代畫論類編》（下），北京：人民美術出版社，1998 年版，第 817 頁。

〔註66〕〔清〕張式撰：《畫譚》，見俞劍華編著：《中國古代畫論類編》（下），北京：人民美術出版社，1998 年版，第 994 頁。

（一）「以大觀小」的取景方式

　　山水畫要在有限的尺幅中完成對大自然的真山真水的審美傳達，因此在創作過程中首先遇到的問題就是取景。顧愷之在《畫雲台山記》最早觸及到取景的問題，他說：「凡畫人，坐時可七分，衣服彩色殊鮮微，此正蓋山高而人遠耳。」顧愷之這句話是談畫面中人物大小的處理，但是整個大的背景依然是山水，人物是立於山水之中的，因此可視為對山水畫的探討，此處的「山高人遠」，即距離的遠近決定了表現對象的大小。宗炳也意識到了這種遠近大小的取景方式，《畫山水序》云：「且夫崑崙山之大，瞳子之小，迫目以寸，則其形莫睹；迴以數里，則可圍於寸眸。誠由去之稍闊，則其見彌小。」同樣的道理，只是宗炳表述得更為清晰明確，並且運用到純粹的山水畫創作中。王微在《敘畫》中說到：「目有所極，故所見不周。於是乎以一管之筆，擬太虛之體。」山水畫內在地包含了天地自然與人的心靈的關係，有限的尺幅之間體現的是無往不復的天地之際，因此王微提出「擬太虛之體」，即以一種整體的眼光遠取山水之勢。事實上，顧愷之、宗炳、王微的這些言論就是對山水畫「近大遠小」的原理的初步闡述，但這基本上奠定了中國山水畫獨特的取景方式。

　　南北朝時期的繪畫批評家姚最在《續畫品》中評價梁朝蕭賁的山水畫時就說：「咫尺之內，而瞻萬里之遙；方寸之中，乃辨千尋之峻。」〔註 67〕說明南北朝時期的山水畫已經開始有意識地以近大遠小的原理來處理畫面的空間了。傳為唐代王維所著《山水論》講到：「凡畫林木：遠者疏平，近者高密。」〔註 68〕五代荊浩《山水節要》云：「丈山尺樹，寸馬豆人。遠山無皴，遠水無痕，遠林無葉，遠樹無枝，遠人無目，遠閣無基。」〔註 69〕由於距離較遠的景物在視覺上相對較小，因此要採取掠取形勢的方式來表現其氣象。北宋沈括在評價李成所畫的樓閣飛簷時闡述了他對山水畫空間問題的看法，十分精彩：

　　　　又李成畫山上亭館及樓塔之類，皆仰畫飛簷，其說以謂自下望
　　　　上，如人平地望塔簷間，見其榱桷。此論非也。大都山水之法，蓋

〔註67〕　〔南朝陳〕姚最撰：《續畫品並序》，引自俞劍華編著：《中國古代畫論類編》
　　　　　（上），北京：人民美術出版社，1998 年版，第 372 頁。

〔註68〕　〔唐〕王維撰：《山水論》，引自俞劍華編著：《中國古代畫論類編》（上），北
　　　　　京：人民美術出版社，1998 年版，第 596 頁。

〔註69〕　〔五代〕荊浩撰：《山水節要》，引自俞劍華編著：《中國古代畫論類編》（上），
　　　　　北京：人民美術出版社，1998 年版，第 614 頁。

以大觀小，如人觀假山耳；若同真山之法，以下望上，只合見一重山，豈可重重悉見？兼不應見其溪谷間事。又如屋舍，亦不應見其中庭及後巷中事。若人在東立，則山西便合是遠境；人在西立，則山東卻合是遠境。似此，如何成畫？李君蓋不知以大觀小之法，其間折高折遠自有妙理，豈在「掀屋角」也。〔註70〕

李成是北宋著名山水畫家，在山水畫技法上師承五代的荊浩、關仝。他在畫山中的亭館和樓塔之類建築時採用以下望上的視角，因此望屋見屋簷角，望山見局部的一山。沈括對此不以為然，將這種方法譏評為「掀屋角」，沈括認為山水畫的取景在於「以大觀小」，對於「以大觀小」，宗白華先生有一段十分精彩的點評：「沈括以為畫家畫山水，並非如常人站在平地上在一個固定的地點，仰首看山，而是用心靈的眼，籠罩全景，從全體來看部分，『以大觀小』。把全部景界組織成一幅氣韻生動，有節奏，有和諧的藝術畫面，不是機械的照相……畫家的眼睛不是從固定角度集中於一個透視的焦點，而是流動著飄瞥上下四方，一目千里，把握全境的陰陽開合，高下起伏的節奏。」〔註71〕也就是充分調動主觀心靈，以一種全局的、整體的眼光來把握自然山水的生命和節奏，構成一個和諧的整體，形成可望、可遊、可居的空間結構。

此外，沈括用了「觀」這個概念來作為取景手段，是有著深刻的文化基礎的。在中國傳統的哲學和美學中，「觀」具有獨特的審美內涵。孔子的詩學中有「興觀群怨」的命題，使「觀」具有一種由表及裏、透視現實的深層內涵，《周易》更是重視「觀」，有「觀物取象」的命題，《周易》中的「觀」就是仰觀俯察地把握客觀事物的方式：「古者包犧氏之王天下也，仰則觀象於天，俯則觀法於地，觀鳥獸之文與地之宜，近取諸身，遠取諸物，於是始作八卦，以通神明之德，以類萬物之情。」〔註72〕另有「觀乎天文以察時變，關於人文以化成天下」〔註73〕，因此在中國文化中，「觀」不是簡單的靜止的「看」，而是具有本體意義的概念，甚至可以說「觀」是《周易》的基礎。對此，成

〔註70〕〔宋〕沈括著；張富祥譯注：《夢溪筆談》，北京：中華書局，2009 年版，第182～183 頁。

〔註71〕宗白華著：《美學散步》，上海：上海人民出版社，2005 年版，第 165～166頁。

〔註72〕周振甫譯注：《周易譯注》，北京：中華書局，2008 年版，第 256 頁。

〔註73〕周振甫譯注：《周易譯注》，北京：中華書局，2008 年版，第 80 頁。

中英先生有深刻的見解，他認為由《周易》而來的「觀」是描述世界、理解世界和萬物的一種方法論，並且「觀」的第一要義就是「從整體上觀察和俯瞰事物，力圖觀察和俯瞰事物的整體、觀察或者俯瞰作為一個整體的事物。這是一種整體的或者綜合的觀察。」〔註74〕這裡強調的是人們在「觀」物的時候不能侷限於一個固定的角度，也不能侷限於一個孤立的事物，要做到「仰觀」和「俯察」相結合，既觀於大，又觀於小，既觀於遠，又觀於近。唯有如此，才能把握天地之道和萬物之情。所以「觀」不是一種對象化和邏輯化的靜觀或觀照，而是審美主體以一種整體性的思維來俯仰遠近、由此觀彼、由表及裏，進而揭示客觀對象的本質精神，如成中英先生所說：「『觀』是一種普遍的、沉思的、創造性的觀察。」〔註75〕

由此可見，對自然山水以及山水畫而言，「觀」不是被動的欣賞活動，而是人們充分調動主觀心靈，對大自然生命氣韻的整體把握，獲得的是一種形而上層面的「道」的體驗。至此，「觀」被賦予了一種深層的人本意義。在山水畫領域，宗炳最早將這種「觀」的智慧引入山水畫中，《畫山水序》中明確提出「觀畫暢神」的觀點，且「含道應物」、「澄懷味象」、「應目會心」、「應會感神」等概念。在此，審美主體「觀」的不是眼前的客觀景象，而是由整體而來的對象的精神和氣象。王微「以一管之筆，擬太虛之體」同樣與《周易》中「觀」有著內在的聯繫。因此，沈括提出的「以大觀小」實際上就是對顧愷之「山高人遠」，宗炳「圍於寸眸、」「去之稍闊」和王微「擬太虛之體」的山水畫取景方式的理論總結。

（二）「三遠法」的空間法則

前文所講的「以大觀小」原理是從六朝山水畫論發展而來的中國山水畫獨特的取景方式，體現了中國美學一貫的整體性思維。此外，中國山水畫以「以大觀小」的取景方法為起點，還發展出「三遠法」這樣一種空間的處理重要法則。

最早提出「三遠法」的是北宋畫家郭熙，《林泉高致》云：

> 山有三遠：自山下而仰山巔謂之高遠，自山前而窺山後謂之深

〔註74〕〔美〕成中英著：《易學本體論》，北京：北京大學出版社，2006年版，第81頁。

〔註75〕〔美〕成中英著：《易學本體論》，北京：北京大學出版社，2006年版，第90頁。

遠，自近山而望遠山，謂之平遠。〔註76〕

在這段話中，郭熙將山水畫的空間和透視總結為「高遠」、「深遠」、「平遠」。「三遠法」的提出離不開郭熙對自然山水細緻入微的觀察和感受，但同時也是對六朝以來山水畫空間問題的一個總結。事實上，顧愷之、宗炳、王微的山水畫論中就包含了「三遠法」的雛形。顧愷之在《畫雲台山記》中對空間的安排是富有層次感的，他將畫面分為上、中、下三個層次以及東、西兩個方位，在具體安排上，顧愷之採取由下而上，由遠及近，以上下位置來表示遠近距離：

> 山別詳其遠近，發跡東基，轉上未半，……使勢蜿蜒如龍，因
> 抱峰直頓而上，下作積岡，使望之蓬蓬然凝而上。

顧愷之以上、下來表示遠近經營的關係，視角是以「仰視」為基準，這是郭熙「三遠法」中「高遠」的基礎。宗炳在處理真山真水和畫面之間的關係用到了空間透視的基本原理，《畫山水序》中講到：

> 且夫崑崙山之大，瞳子之小，迫目以寸，則其形莫睹；迥以數
> 里，則可圍於寸眸。誠由去之稍闊，則其見彌小。今張綃素以遠映，
> 則昆、閬之形可圍於方寸之內。豎劃三寸，當千仞之高，橫墨數尺，
> 體百里之迥，是以觀畫圖者，徒患類之不巧，不以制小而累其似，
> 此自然之勢。如是，則嵩華之秀，玄牝之靈，皆可得之於一圖矣。

宗炳所說的「今張綃素以遠映」是以長鏡頭的方式將真山真水全部囊括於視線之中，在視覺上是以平視的角度為基準，並且穿透到景物的深處，這一點和顧愷之不同，基本上是後世「深遠」的方式。王微的空間處理方式也有其特點：

> 靈無所見，故所託不動，目有所極，故所見不周。於是乎以一
> 管之筆，擬太虛之體；以判軀之狀，畫寸眸之明。

王微意識到到了人的感官視覺在把握客觀大自然上的侷限性，因而指出要「以一管之筆，擬太虛之體」，即以整體的眼光，通過審美想像去粗存精、去偽存真，將以自然界真山真水為基礎的想像空間集於一幅，這和顧愷之、宗炳的全景式的觀察視角和藝術圖景是一致的。但在具體畫法上，王微並不是採用宗炳「張綃素以遠映」的表現手法，而是「以判軀之狀，畫寸眸之明」，

〔註76〕〔宋〕郭熙、郭思撰：《林泉高致》，引自俞劍華編著：《中國古代畫論類編》（上），北京：人民美術出版社，1998年版，第639頁。

即在整體把握的基礎之上通過平視的方式表現眼前所見的有限的山水形象，並通過以少見多、近取其質的構圖方式來展現自然山水的精華，這是後世所謂「平遠」山水的最早理論來源。為此，馬采先生指出：「後世作為「三遠法」而發展起來的高遠、深遠、平遠三種畫面的經營方法，早在這個時期（六朝）顧愷之、宗炳、王微三人的畫論中具備了它的雛形。」〔註77〕筆者對馬采先生這一觀點深表認同。

　　具體來說，郭熙的「三遠法」中的「遠」具有特殊的審美內涵。從現代漢語的字面上來講，「遠」指的是西方透視學中所說的遠近距離，這是數學和幾何學意義上的客觀存在的距離。但在中國哲學和美學中，「遠」象徵無限的空間意象，《老子》第二十五章云：「大曰逝，逝曰遠。」〔註78〕老子哲學中的「大」是通向「道」的，如：「有物混成，先天地生，寂兮寥兮，獨立而不改，周行而不殆，可以為天下母，吾不知其名吾不知其名，字之曰道，強為之名曰大」。〔註79〕王弼注中說：「名以定形。混成無形，不可得而定，故曰『不知其名』也。夫名以定形，字以稱可。言道取於無物而不由也，是混成之中，可言最大也。吾所以字之曰道，取其可言之稱最大也。責其字定其所由，則繫於大。有繫則有分，有分則失其極矣，故曰『強為之名曰大』。」〔註80〕因此「大」形容「道」沒有邊際，無所不包，「逝」即「行」，意為流行不息，王力解釋為：「萬物並作，已離於道，所謂『逝』也。」〔註81〕《周易》中講「形而上者謂之道，形而下者謂之器」〔註82〕，「道」是萬物的根源，萬物未作的時候它是形而上的抽象形態，萬物並作的時候，「道」便逐漸脫離形而上的本質，體現在無限的萬物之中，因此在道家哲學中，「遠」即指那些可見可感而又無法明確界定的無限的時空和萬物，從這個意義上來講，「遠」也是道之所藏。因此山水畫對遠的理解和追求就不是簡單的物理意義上的「遠近」，而是對有限時空和有限對象的超越，這是一種心理層面和意識層面的體驗，包含了人的主觀感受和情感意象，是一種幽遠的境界和樂趣。正因為如

〔註77〕馬采著：《藝術學與藝術史文集》，廣州：中山大學出版社，1997年版，第253頁。

〔註78〕陳鼓應著：《老子注譯及評介》，北京：中華書局，2007年版，第163頁。

〔註79〕陳鼓應著：《老子注譯及評介》，北京：中華書局，2007年版，第163頁。

〔註80〕〔魏〕王弼著；樓宇烈校釋：《王弼集校釋》，北京：中華書局，1980年版，第63～64頁。

〔註81〕陳鼓應著：《老子注譯及評介》，北京：中華書局，2007年版，第166頁。

〔註82〕周振甫譯注：《周易譯注》，北京：中華書局，2008年版，第249頁。

此，郭熙具體解釋三遠的時候說：「高遠之色清明，深遠之色重晦，平遠之色有明有晦。高遠之勢突兀，深遠之意重疊，平遠之意沖融而縹縹緲緲。」〔註83〕這裡所說的「清明」、「重晦」、「沖融」，都應當指山水畫給人的一種審美意識和心理感受。由此可見，郭熙的「三遠法」是為了使創作者和欣賞者由無限遠的自然景物中獲得整體而生動的空間圖像，達到「以大觀小」的遠視覺效果，同時更準確地描述空間結構中固有的位置關係。「三遠法」中包含了「仰」、「窺」、「望」等整體的動態的「觀」的方式，實質上還是沈括所謂的折高折遠自有妙理的境界。

北宋韓拙以郭熙「三遠法」為基礎，提出新的三遠法：

郭氏云：「山有三遠：自山下而仰山上，背後有淡山者，謂之高遠。自山前而窺山後者，謂之深遠。自近山至遠山謂之平遠。」
愚又論三遠者：有山根邊岸水波互望而遙，謂之闊遠。有野霞暝漠，野水隔而彷彿不見者，謂之迷遠。景物至絕而微茫縹緲者，謂之幽遠。〔註84〕

韓拙的「三遠法」歸納起來就是「闊遠」、「迷遠」、「幽遠」。事實上，韓拙所謂的「闊遠」和郭熙的「平遠」並沒有本質上的差別，而「迷遠」和「幽遠」類似於郭熙所講的「深遠」，並且比「深遠」更強調一種心理上的意境和意趣，可看是做對郭熙「三遠」法的補充。因此，無論是郭熙還是韓拙的「三遠法」，都不是從純粹自然科學角度來討論空間布局的問題，不是單純地強調遠近，而是要通過對遠處自然進行全方位多角度的觀察，表現自然山水整體的氣韻和生氣，從而使欣賞者的思緒遠離塵俗和煩囂，通達自然山水之外更為遼闊的宇宙時空，獲得精神上的充實和情感上的愉悅。

由此可見，郭熙和韓拙所提出的「三遠法」是關於山水畫空間經營的比較成熟的美學理論，基本上決定了中國山水畫的藝術獨特的審美視角和表現方式，因為處理好畫面的空間關係對於山水畫的創作來說是至關重要的，只有畫面中的景物具有縱深的空間感，才談得上是真正的山水畫的創作。所以這一時期的「三遠法」相比顧愷之、宗炳、王微等人的言論而言更為深刻確切。但六朝是山水畫空間經營的探索時期，郭熙或韓拙的「三遠法」，其真正意義和理論依據，

〔註83〕 〔宋〕郭熙、郭思撰：《林泉高致》，引自俞劍華編著《中國古代畫論類編》（上），北京：人民美術出版社，1998 年版，第 639 頁。
〔註84〕 〔宋〕韓拙撰：《山水純全集》，引自俞劍華編著：《中國古代畫論類編》（下），北京：人民美術出版社，1998 年版，第 664 頁。

依然離不開對六朝以來空間經營方式的理解和考察，其中的哲學思想和美學內涵更是一脈相承的，從這一點來講，六朝山水畫論具有開拓性的意義。

除此之外，六朝的山水畫論還注意到了空間處理中的賓主關係、呼應（顧盼）問題，以及開合、虛實、藏露、疏密等問題。如《畫雲台山記》中談布置云：「作紫石如堅雲者五六枚，夾岡乘其間而上，使勢蜿蟺如龍，因抱峰直頓而上，下作積岡，使望之蓬蓬然凝而上。次復一峰，是石東鄰向者，崎峭峰西，連西向之丹崖，下據絕澗。」又有「上為雙碣石，象左右闕。石上作孤遊生鳳，當婆婆體儀，羽秀而詳……其側壁外面，作一白虎匍石飲水，後為降勢而絕。」注意到了山石、鳥獸的主次關係和顧盼呼應關係，最後一段特地指出「凡三段山，畫之雖長，當使畫甚促，不爾不稱」是對畫面整體疏密和諧關係的重視。宗炳「觀畫圖者，徒患類之不巧，不以制小而累其似，此自然之勢」也探討了畫面的疏密及布局的自然問題。王微也談到：「縱橫變化，故動生焉；前矩後方□□出焉。然後宮觀舟車，器以類聚；犬馬禽魚，物以狀分。此畫之致也。然後宮觀舟車，器以類聚；犬馬禽魚，物以狀分。」這是強調整個畫面要相互銜接呼應，形成一種縱橫開合的藝術張力。這些問題實際上就已經構成了一個比較完整的對繪畫空間的理論體系，只是沒有進一步展開，但這對後世的繪畫創作和理論研究而言不失為一種寶貴的借鑒。

第三節　中國山水畫與西方風景畫的比較

中國的山水畫和西方的風景畫都晚於人物畫，是從各自的人物畫中脫胎而出的，但是中國在六朝（公元四世紀左右）便產生了山水畫以及比較完整的山水畫論，而西方真正興起以風景題材為主體的繪畫是在文藝復興之後的17世紀，這一時期，中國的山水畫已經超越了巔峰期並且成為了畫壇主流，在這一點上，中西方差異非常明顯。除了產生和發展的時間差異之外，更重要的是中西方宇宙觀的不同，表現範圍和表現方法上的差異。

一、中西方宇宙觀念的差異

無論是在中國還是在西方，藝術和美學思想的起源，都同早期的宇宙觀念密切相關，如前蘇格拉底時期「美是和諧」的理念，便是基於對宇宙和諧的假定和推論。而泰勒斯、阿那克西美尼、德謨克利特、赫拉克利特等人則直接用水、氣、原子、火這些元素來解釋宇宙的起源和基始。這對中西方的

哲學思想藝術觀念產生了極大的影響。

首先是中國古代的宇宙觀。中國古代的宇宙觀被很多學者稱為「有機的宇宙觀」（相應地，中國傳統美學，也可稱為「有機的美學觀」或「有機主義的美學」），如英國的李約瑟說：「在希臘人和印度發展機械原子論的時候，中國人則發展了有機的宇宙哲學。」〔註85〕方東美說：「根據中國哲學，整個宇宙乃由一以貫之的生命之流所旁通統貫，……『自然』乃是一個生生不已的創進歷程，而人則是這歷程的參贊化育的共同創造者。」〔註86〕因此中國的宇宙觀也可稱為「機體主義」、「生機論」、「萬有含生論」、「萬有在神論」和「普遍生命論」。〔註87〕

所謂「有機的宇宙哲學」、「機體主義」、「生機論」、「萬有含生論」、「萬有在神論」和「普遍生命論」等等，簡單地說是把宇宙視為一個生命有機體，而具體地說則是把宇宙視為一個自我生成、自我發展、自我調節、相互關聯、富有生命並且具有「靈性」或精神的整體。就中國古代的宇宙觀來說，我認為可以從以下幾個方面去理解「有機的宇宙哲學」的含義，即：

第一，中國古人所理解的宇宙，是自我生成、一氣運化、生生不息、充滿生命意味的宇宙。在中國古人看來，宇宙不是由任何人格神「創造」出來的，而是由混沌未分的「氣」一分為二相互「氤氳」、「化育」出來的。因此，宇宙是一個有生命、有意義、有價值的對象，而不是一個毫無生氣的、與人的存在和活動不相干的物質實體。

在中國古人看來，宇宙之所以是一個生命有機體，原因是其中充滿了「生生之氣」。「萬有含生」便是「含氣」。宇宙——包括天地萬物在內——是「氣積」或「積氣」的產物，「氣」是宇宙生成的質料和動因，同時也是宇宙所由生的本體或本源（作為本源的「氣」，過去也稱為「太極」、「太初」和「太一」等，就本源的意義上說，「氣」的概念早於「道」的概念。但「氣」有「充實」萬物的意義，而「道」則有「條理」萬物的意義。因此「氣」是一種質料、動因或能量）。中國古代的宇宙觀，就「氣」這一方面的意義上說，也可以稱之為「氣的宇宙觀」。雖然，首見於甲骨文的「氣」字，本義只是「雲氣」。《說

〔註85〕〔英〕李約瑟：《中國科學技術史》（第3卷），北京：科學出版社，1978年版，第337頁。

〔註86〕方東美：《方東美集》，北京：群言出版社，1993年版，第357～359頁。

〔註87〕參見方東美：《方東美集》，北京：群言出版社，1993年版，第27、81、104、10、70、107頁。

文解字》謂：「氣，雲氣也。象形。凡氣之屬皆從氣。」〔註88〕作為「雲氣」的「氣」的概念的出現，可能與中國有上萬年之久的農耕生產方式有關。但由於「雲氣」同雨水有關，雨水又同農作物的生長有關，繼而同生命的維繫和社會的安定有關，因此引申開來，「氣」便具有生成萬物的意義。或者說，它被逐漸賦予了生命的意義。而且，隨著「氣」的含義的不斷擴大，它也逐漸演變為一個用以表示宇宙和生命本質的概念，一個具有質料、動因、能量等含義並據以解釋宇宙萬物生滅變化（方東美所謂「普遍生命」）的概念。如《莊子》書中所說的「通天下一氣耳」的「氣」，便是具有了抽象意義的哲學名詞。

第二，中國古人所理解的宇宙，是時空一體而以時間為主導的、富有節奏韻律或節律化了的宇宙。它之所以是富有節奏韻律或節律化了的宇宙，是因為這種宇宙觀更重視的是變化和過程，而不是靜態的結構（包括所謂「元素」）。

在古漢語中，「天地」、「宇宙」、「世界」都具有時間與空間合二為一的含義。「天地」一詞出現最早，「宇宙」、「世界」後出而含義相同。「天地」、「宇宙」、「世界」均指一個包括人在內的統整的存在物。但若將它們拆開來講，則「天」具有時間的屬性，而「地」具有空間的屬性。《周易・乾卦・彖傳》謂：「大哉乾元，萬物資始，乃統天。……大明終始，六位時成，時乘六龍以御天。」〔註89〕又《周易・坤卦・彖傳》謂：「至哉坤元，萬物資生，……含弘光大，品物咸亨。」〔註90〕在《周易》的觀點看來，時間與日月諸天體的運行有關，也就是與天有關，空間與萬事萬物的存在或生存有關，也就是與地有關。古人認為，時間是與天體的運行有關的，曆法的制定所依據的正是天體的運行。俗語所謂「天時地利」而不說「天利地時」，也說明「時」與「天」有直接的關聯。又有所謂「天圓地方」的說法，「圓」和「方」並非只有形狀的意義，「方」指方位，「圓」則有天道循環的意義。「宇宙」二字最早出現於《莊子》一書，並多次出現，如《齊物論》曰：「旁日月，挾宇宙。」〔註91〕除此之外，《知北遊》：「若是者，外不觀乎宇宙，內不知乎太初。」〔註92〕《列禦寇》：「若是者，

〔註88〕〔漢〕許慎撰；〔宋〕鄭玄校訂：《說文解字》，北京：中華書局，2009 年版，第 14 頁。

〔註89〕周振甫譯注：《周易譯注》，北京：中華書局，2008 年版，第 2 頁。

〔註90〕周振甫譯注：《周易譯注》，北京：中華書局，2008 年版，第 13 頁。

〔註91〕陳鼓應注釋：《莊子今注今譯》，北京：中華書局，1983 年版，第 85 頁。

〔註92〕陳鼓應注釋：《莊子今注今譯》，北京：中華書局，1983 年版，第 581 頁。

迷惑於宇宙形累，不知太初。」〔註93〕此處的「宇宙」與「太初」對舉，指的是外部客觀世界。《庚桑楚》對於「宇」和「宙」做出解釋：「有實而無乎處者，宇也；有長而無本剽者，宙也。」〔註94〕陳鼓應先生注「宇」、「宙」為：「上下四方曰宇，往古來今曰宙。」〔註95〕「宇」是有實在而無定處可執者，「宙」是有久延而無始末可求者。《管子》也提到了「宙」：「天地，萬物之橐也，宙合有橐天地。」〔註96〕「橐」即袋子，「天地」像一個袋子一樣將客觀事物都囊括其中。這個「天地」又被囊括在「宙合」之中。《說文解字》曰：「合，合口也。」〔註97〕古人常把天地稱為「六合」。陸德明《經典釋文》引《尸子》說：「天地四方曰宇，往古來今曰宙。」〔註98〕「宇」指的是空間，「宙」指的是時間。「宇宙」一詞的合義就是時間和空間。「世界」一詞源出佛典，「世」指世代（包括過去、現在和未來），代表時間；「界」指不同的境界，代表空間。「世」的本義是葉片的生長（如「枼」、「葉」，均指植物的葉片），引申為世代，如《說文》：「世，三十年為一世。」〔註99〕又，「世」也指人世或人生在世，如《後漢書·張衡傳》：「雖才高於世，而無驕尚之情。」〔註100〕以上三義都含有時間的意義。「界」的本義是指田（土地）的分界，引申為範圍、疆界、界限、領域、境界等義，一般來講也都含有空間的意義。但相對來說，在中國古代文化中，時間的意義遠甚於空間的意義。而且，在一定意義上說，空間的觀念，是由時間觀念引發出來的，比如方位的確定，主要是依據天體（日月）的運行。也可以說，它是取決於時間的把握。

對時間的突出、強調，可以從中國早期的許多文化現象看出來。比如中國人很早就有很系統的關於「天文」的知識，至少在商代就有了比較完整的曆法和曆譜。中國古人在歷史的記述方面，在日常生活方面，在重大社會活

〔註93〕陳鼓應注釋：《莊子今注今譯》，北京：中華書局，1983 年版，第 837 頁。

〔註94〕陳鼓應注釋：《莊子今注今譯》，北京：中華書局，1983 年版，第 611 頁。

〔註95〕陳鼓應注釋：《莊子今注今譯》，北京：中華書局，1983 年版，第 611 頁。

〔註96〕〔清〕黎翔鳳撰：《管子校注》卷第一，北京：中華書局，2004 年版，第 206 頁。

〔註97〕〔漢〕許慎撰；〔宋〕徐鉉校定：《說文解字》，北京：中華書局，2009 年版，第 108 頁。

〔註98〕尸佼著，汪繼培輯：《尸子》，中華書局，1991 年版，第 27 頁。

〔註99〕〔漢〕許慎撰；〔宋〕徐鉉校定：《說文解字》，北京：中華書局，2009 年版，第 51 頁。

〔註100〕〔宋〕范曄撰〔唐〕李賢等注：《後漢書》（三），北京：中華書局，2018 年版，第 1517 頁。

動的舉行方面，以及在農業生產、醫藥養生、建築工藝等方面，都非常重視時間的因素。「時」——日、月、年、春、夏、秋、冬、十二時辰，二十四節氣等，在古人的心中，不僅僅是時間的客觀標示，而且是事業和生活成敗得失中必不可少的條件。又比如，中國早期社會非常重視音樂，史書上常常是樂律（呂）並稱，曆法與音樂歸為一起來說，原因除了音樂與曆法皆關聯於祭祀之外，還有一個就是音樂與曆法均包含著時間的秩序。因此，《禮記·樂記》中說：「大樂與天地同和。」〔註101〕這個「和」，便是時間秩序或節律上的類似和對應。

第三，中國古人所理解的宇宙，是各種事物、現象彼此相通且相互關聯的宇宙。這種宇宙觀，即杜維明先生所謂「存有的連續」（Continuity of being）的本體論〔註102〕（張光直引杜維明語），或李澤厚先生所謂「一個世界觀」〔註103〕。換句話說，在中國古人的觀念中，沒有天地、人神、古今、時空、心物的絕對對立，一切的事物和現象皆統歸於一個氣息相通且周流不息的有機整體。

最後，中國古人所理解的宇宙，是一個充滿各種暗示和意義，關聯著人的吉凶禍福的宇宙（《周易·繫辭上傳》所謂「天垂象，見吉凶」），或者說，它是一個具有各種精神意義、包含著各種價值屬性的對象。這種思想源自原始的宗教觀念，在原始宗教的宇宙圖式中，天地是具有神啟（「天啟」）意義的對象物。雖然到了後來，隨著天神觀念的淡化，這種神秘的宗教意義有所減弱，但視宇宙為有意義、有價值的對象的觀念並沒有改變，而只不過是用人性的內容替代了神性的內容罷了，如儒家具有綱常倫理意義的天地觀念。

因此，中國人對自然界的看法，不是把自然界看成是一個純粹客觀和靜止的物質實體（物理世界），而是把它看成是一個具有精神意義的對象，一個宗教的、道德的、審美的對象，一個祭祀禮拜的對象（神性的自然）、道德感悟的對象（德性的自然）或遊憩觀賞的對象（自然性的自然或自由的自然）。中國古代的宇宙哲學並沒有發展出西方近代的自然科學，其原因也在與此。傳統的「天文」和「地理」是一個帶有神秘主義色彩的詮釋系統，而非近代

〔註101〕楊天宇撰：《禮記譯注》（下），上海：上海古籍出版社，2004 年版，第 474 頁。
〔註102〕參見張光直：《青銅揮塵》，上海：上海文藝出版社，2000 年版，第 203 頁。
〔註103〕參見李澤厚：《己卯五說》，北京：中國電影出版社，1999 年版，第 175～177 頁。

西方自然科學意義上的天文學和地理學（嚴格地說，中國古代並沒有「自然界」這樣一個概念，而只有「天地」、「宇宙」、「世界」、「造化」一類的概念）。

以上這些觀念，都對中國傳統藝術，尤其是山水畫觀念產生了深遠的影響。這種影響可以從四個方面來看，即：

第一，中國的山水畫是以「生氣」（即方東美所謂「普遍生命」）——包括「生機」、「生活」、「神氣」、「氣韻」等的表現為目的的，如明代畫家董其昌《畫禪室隨筆》中所說的：「畫之道，所謂宇宙在乎手者，眼前無非生機。」「生氣」或「生機」等之所以能成為中國古代美學對藝術優劣判斷的最高標準，無疑是與上述以「氣」為質料和動力的宇宙觀念密切相關的。

第二，因為重視「生氣」和變化，因此，中國山水畫非常重視時間、節奏和韻律的表現。而且重視時間、節奏和韻律的想法，不但表現在山水畫這種「靜態」的藝術中，也表現在音樂和舞蹈等所謂「動態」的藝術中，中國山水畫家所創造的藝術形式，更接近於符號學美學家蘇珊·朗格所說的「動力形式」。在中國畫家看來，藝術不但要表現靜態的「結構」而且要表現出動態的「節奏」，或者說，它的結構同時也就應當是節奏化的、動態的或「一氣運化」的結構。因此，中國山水畫所表現的境界，是以流動而有序即動態的和諧為其根本特徵的。

第三，如前文所述，六朝時期就已奠定的中國山水畫的「傳神」和「寫意」傳統，也與中國古代的宇宙觀相關。傳神寫意，即是注重精神意義的表達。這種思想的最初根源或許可以追溯到原始的巫術世界觀，但就直接的意義上說，則與上述「有機主義的宇宙觀」之重視宇宙的精神意義的觀點相關。而中國古代的有機主義宇宙觀，本身就留有原始巫術世界觀中「萬物有靈」的觀念痕跡。賀麟先生說，有機主義（他稱為生機主義或生機觀）在很多哲學史家那裡，被稱為「精神的自然主義」或「自然的精神主義」，其實也可以說是「一種不徹底的精神主義」。〔註104〕

除此之外，在中國古代，原始氏族社會的殘餘長期存在，並且中國自古以來是一個農業國家，小農自然經濟的農業在物質生產中佔有極為重要的地位，人的生存一刻也不能脫離自然界，人的生存處處表現出和自然直接合一的特點，如馬克思曾經指出的那樣：「個人把勞動的客觀條件簡單地看做是自己的東西，看做是自己的主體得到自我實現的無機自然。勞動的主要客觀條

〔註104〕賀麟《賀麟選集》，長春：吉林人民出版社，2010年版，第29頁。

件並不是勞動的產物，而是自然」﹝註105﹞因此，「天」與「人」被認為是相通、一致的，這使得人與自然之間產生了一種濃厚的精神情感上的關係。這最早明確表現在孔子說的「仁者樂山，智者樂水。智者樂，仁者壽」之中。中國人把描寫自然風景的畫稱之為「山水畫」，也是從孔子的說法而來的。六朝時期人們把人與自然的關係提升到了人的存在的意義與價值的實現的高度來思考，不僅與儒家，而且與道家、玄學、佛學相聯。這就不僅有力地推動了山水畫的獨立發展，而且給山水畫的創作注入了一種既不能脫離自然，又超越自然的形而上的追求，為之後中國整個山水畫的發展奠定了美學的基礎。因此，中國山水畫的創作是同對天地境界（宇宙意識）不能分離的人生境界的追求緊密相聯的，決不是日常生活中所見到的自然現象的再現。正是這種「天人相通」、「主客統一」的宇宙觀，使得中國古代的山水畫，從六朝開始便呈現出一種「似是而非」、「似與不似之間」的特徵，既不完全照搬自然物象的形與色，但是又不完全脫離自然物象本身，並且始終如一。這和西方繪畫從再現到表現的發展風格完全不同。

　　其次是西方古代的宇宙觀。西方古代的宇宙觀扎根於古希臘的歷史和自然之中。西方文明的源頭在古希臘，古希臘（公元前800年～公元前146年）和中國的春秋戰國時期（公元前770年～公元前221年）在時間上有重合，分別是中西方文明的起源時期。中國幾千年來在政治上分分合合，但是領土基本上是完整的，在自然環境上，古代中國的國土廣袤且自然資源豐富，無需對外謀求便能基本保持自給自足，因而發展成具有自身特色的農業國家，在經濟上重農抑商，在精神上關注人的內心世界，並且注重內心世界和外部世界的和諧統一，雖然春秋戰國時期中國已經處於奴隸社會並即將進入封建社會，人與人的關係是統治與被統治、剝削與被剝削的關係，但是由於中國原始的氏族社會傳統長期存在，人和人之間的關係是以氏族血緣關係為紐帶，統治者和思想家們建立和諧社會的時候將君臣、父子、夫妻等上下尊卑的關係置於親族血緣的關係之中，從而形成以整體為本位、注重整體和諧的價值觀，思想家們多把建立一個人與自然、人與人、人與社會和諧統一的社會為自己的價值追求。

　　古代希臘恰好相反。古希臘位於歐洲南部，地中海的東北部，包括今巴

﹝註105﹞《馬克思恩格斯全集》（第46卷上冊），北京：人民出版社2003年版，第483頁。

爾幹半島南部、小亞細亞半島西岸和愛琴海中的小島，是典型的海洋地理環境。除了被海洋環抱，古希臘平地狹小、地區分散、山阻海隔、土地貧瘠（五分之三的面積不適合農作物生長），因此古希臘沒有發達的農業，而是大力發展工商業，進行海外貿易和海外殖民。一方面，古希臘奴隸社會徹底放棄了原始氏族血緣傳統，統治者和百姓之間、奴隸和奴隸主之間不是親緣上的尊卑關係，而是享有大致平等的權利的公民之間的關係，奴隸主的政治民主制度得到了較為充分的發展，以至於亞里士多德指出「人天然是一種政治的動物」〔註 106〕。這種社會體制促使古希臘形成了開放探索的民族精神和寬鬆自由的社會環境，發展出人與人之間自由、平等、民主的思想萌芽，注重個體的價值、情感和利益，古希臘時期，「主體」、「個人」、「自我」的觀念便已經被大眾熟知和認可，蘇格拉底即以「認識你自己」來展開古希臘的哲學探討，古希臘神話中的提修斯甚至宣布：「將從來沒有限制的國王的權力加以削弱，並答應給他們一種可以保障自由的憲法。」並且對國王說：「在戰時是你們的領袖，在平時則是法律的維護者，除此以外切都與公民平等。」這雖然是神話中的語句，但是卻體現了古希臘早期的民主意願。另一方面，古希臘大力拓展工商業，需要發達的航海業，進而發展出高度成熟的科學和技藝，歐幾里德的幾何學、阿基米德的機械槓桿原理、黃金分割原理到今天都在被人們沿用，數學在古希臘備受推崇，以至於哲學家柏拉圖學園門口的牌子寫著「不懂幾何者不得入內」。由此可見古希臘人對科學技術的崇尚，這也使科學技術滲透到生活中的方方面面，包括藝術。古希臘的建築、雕塑、繪畫都嚴格地遵循科學的原則，如帕提儂神廟的立面圖、米洛的維納斯雕像、擲鐵餅者雕像均即包含了黃金分割的尺寸特徵，西方 19 世紀前的古典繪畫追求寫實的傳統，以科學的方法來摹仿表現的對象，追求外形上對客觀對象忠實地描寫，也與古希臘時期便已奠定的科學精神密不可分。

除此之外，希臘人在運用科學技術探索世界的同時，也擁有一種充滿想像力的超驗觀，進而創造了一個眾神的世界，在神話譜系中，自然山川、智慧、戰爭、食物都有其相應的神靈，如海洋之神、酒神、戰神、愛神、智慧之神等。但是在這種完整而龐大的神話體系中，希臘人並沒有賦予神以完美的德性和至高無上的權威，而是將神和人平等化，神具備的美德，人也具備，

〔註106〕郭大力、王亞南譯：《資本論》（第 1 卷），北京：人民出版社，1963 年版，
　　　　第 345 頁。

而人類身上的缺點，神也有，比如貪婪、嫉妒、爭鬥等，神具有和人「同體同性」的特點，即體格和性格上都一致，唯一不同的是，人的生命是有限的，而神的生命是無限的。或者說，神是人的智慧、美貌、力量等美好特性的集中表現。這種神人同體同性的設定實際上是對人的變相的讚美，正如古希臘政治家伯里克利所說：「人是第一重要的，其他一切都是人的勞動成果。」〔註107〕包括前文所述的科學技術也是人的勞動成果，

因此古代希臘人對人自身的力量、智慧充滿自信且倍感自豪，他們在崇尚科學的同時，十分重視個體的智慧和力量，體現在藝術中，古希臘的繪畫和雕塑都以人為對象，人從內在美德到外在形體都是值得讚美和表現的，而自然在此時便成為了人所探索和征服的對象，體現了古典的人本主義精神。

西方古代的宇宙觀就是在這種科學與人本主義的基礎上形成的。由於重視人的獨立性，古希臘的神話體系並不將天和神看得高於一切，人也需要供奉神，但不必處處聽命於神，神接受人的供奉，有義務為人類社會服務，保護人的安全並給予人以勇氣和力量，適當的時候，神也需要為人類做出讓步，人和神，人和天之間，並不是一種合二為一的關係，而是平等的契約的關係。儘管古希臘時期對於宇宙和自然的起源有多重解釋，但無論是唯心的解釋還是唯物的解釋，基本上都是以「主客二分」、「天人相分」為主導。一方面，儘管古希臘人對自然的探索和認知並未達到近代科學的完善，自然也充滿了神秘的意味，但由於人神平等的觀念，希臘人沒有像古代中國人那樣崇拜神靈和自然，甚至於，人在自然面前有一種征服的欲望和優越感，因此自然界在他們眼中是對象性的存在，為人們提供生活資料和食物來源，而不是和人的精神密切相關的存在。

另一方面，儘管古希臘的神話創造了一個眾神的世界，但是由於全民崇尚科學技術，古希臘思想家從一開始便放棄了神創造現實世界的觀念，而嘗試用實體的自然物和理性的方式來分析宇宙的基始和世界的本源。儘管在荷馬史詩對諸神的記載中，人們曾以海神奧啟安和德修斯為創世之主，但是諸神卻指水為誓，在古希臘的觀念裏，大家所指誓的事物又是最為尊貴和原初的事物，因此宇宙的起源實質上還是回到了客觀事物的層面。對此，亞里士多德做過總結：「初期哲學家大都認為萬物唯一的原理就在物質本性。萬物始所從來，與其終所從入者，其屬性變化不已，而本體常如，他們因而稱之為

〔註107〕〔古希臘〕修昔底德著；謝德風譯：《伯羅奔尼撒戰爭史》，北京：商務印書館，1960 年版，第 103 頁。

元素，並以元素為萬物原理。」〔註108〕如古希臘米利都學派的代表人物泰勒斯就認為宇宙萬物起源於水，水造萬物，最後萬物又復歸於水。米都斯學派是樸素的唯物主義學派，對於泰勒斯的這一觀點，亞里士多德解釋道：「大概他從這些事實得其命意：如一切種籽皆滋生於潤濕，一切事物皆營養於潤濕，而水實為潤濕之源。他也可以從這樣的事實得其命意：如由濕生熱，更由濕來保持適度的現象（凡所從來的事由就是萬物的原理）。」〔註109〕

羅馬帝國時代的希臘思想家普魯塔克也維持這種觀點，並進一步指涉到水與氣的轉換對萬物的滋養：「泰勒斯猜想，一切事物都由水發生而又復歸於水，因為一：像一切生物的種子都以濕潤為其原則一樣，一切動物也都以濕潤為其原則；二，一切植物都由水得到養料，由水而結果實，如果缺乏水，它們就要枯萎……三，甚至太陽與星辰的火，以致世界本身，也都是由於水的蒸發而得到滋養的。」〔註110〕這種觀點在我們今天看來也是平常俗稱的水是生命之源。但是米都斯學派的另一位代表性人物阿那克西曼德認為，如果如泰勒斯所言，水是萬物的起源，但是水本身卻不是永恆不變的存在，水可以與土、氣等元素相互轉換（類似於中國古代陰陽五行哲學所講的「金生水，水生木，木生火，火生土，土生金」），這樣一來，土或者氣也可以成為宇宙的初始，所謂的「初始」就不是恆定的了。在此基礎上，阿那克西曼德認為只有「無定」（又稱「無限定」）本身才是永恆不變的基始，它沒有具體的形態和大小，也沒有具體的性質和功能，只是包含了冷、熱兩種對立的狀態，這兩種對立通過永恆的運動形成火圈，火圈破裂產生其他的星體，而空氣、水、生命物質則由對立中的「冷」所產生，宇宙萬物始於「無定」，最終也歸於「無定」，「無定」具有守恆的定律，在這個定律中，一物如果損害其他事物，也會得到相應的自損的懲罰。

米都斯學派的這種思想影響深遠，希巴索和赫拉克利特認為火比水先，赫拉克利特說這個世界「過去、現在、未來永遠是一團永恆的活火。」〔註111〕

〔註108〕〔古希臘〕亞里士多德著；吳壽彭譯：《形而上學》，北京：商務印書館，2007年版，第8頁。

〔註109〕〔古希臘〕亞里士多德著；吳壽彭譯：《形而上學》，北京：商務印書館，2007年版，第8頁。

〔註110〕汪子嵩：《古希臘哲學史》（第一卷），北京：人民出版社，1988年版，第160頁。

〔註111〕北京大學哲學系外國哲學史教研室：《西方哲學原著選讀》（上卷），北京：商務印書館，1981年版，第25頁。

阿那克西米尼和第歐根尼認為氣先於水，指出：「我們的靈魂是氣，這氣使我們結成整體，整個世界也是一樣，由氣息和氣包圍著。」〔註112〕恩培多克勒主張四元素（水、火、土、氣）共同為萬物的基始，這四個元素出於一又入於一，「古今一如，長存不變」〔註113〕。原始的宇宙論在現在看來有牽強的地方，但是其中包含了古希臘時期就奠定的西方的理性精神，即從可見可感的物質本身來探索宇宙的起源，而不是訴諸超自然的力量，因為無論是水，還是氣、火、土，都是被人類熟知的自然實體，並不神秘。因此，西方人很早就「意識到『自然』與『超自然』之間的區分，即認識到自然現象不是隨意或任意影響的後果，而是規則影響的後果，受可確定的因果序列所支配」〔註114〕，他們不是把自然看作是與自己親密無間的精神對象，而是可以理解、感知、探索甚至征服的對象。

由此可見，由於中西歷史條件的差異，古希臘人眼中的自然從一開始就是科學認識的對象和物質生產所需要的材料，人與自然之間不存在中國古代所特有的那種濃厚的精神情感上的關係，所以在古希臘羅馬的藝術中既沒有中國人所說的山水畫，也沒有後來西方所說的風景畫。到了中世紀，基督教的神學世界觀將大自然貶低為上帝的創造物：「基督教的唯意志論認為宇宙的產生是依賴於上帝的意願的，而不是什麼原初準則的必然產物；世界既是有秩序的又是偶然的，因為上帝既是理智的又是隨意的，所以自然界的詳細情況只有通過觀察才能夠認識。」〔註115〕進一步將人和自然分離開來，由於上帝遠遠高於自然，所以也沒有風景畫的位置。直至十六世紀文藝復興時期，人文主義思潮興起之後，自然風景才開始作為人物畫的背景出現在繪畫中，這個中國古代山水畫的出場十分相似。但是，由於西方的宇宙觀以「主客二分」為主導，西方的風景畫也呈現出兩種面貌，一是從十七世紀到十九世紀初的風景畫，側重再現客觀對象，如巴爾扎克所說：「表現色彩、光、中間色與濃淡色度，真實地傳達某個明確的場面、海洋或景色、人或紀念碑──

〔註112〕北京大學哲學系外國哲學史教研室：《西方哲學原著選讀》（上卷），北京：商務印書館，1981 年版，第 18 頁。

〔註113〕〔古希臘〕亞里士多德著；吳壽彭譯：《形而上學》，北京：商務印書館，2007 年版，第 9 頁。

〔註114〕G. E. R. Lloyd, Early Greek Science: Thales to Aristotle, W. W. No. on & Company, 1970, P.8.

〔註115〕〔美〕伊安·巴伯著；阮煒等譯：《科學與宗教》，成都：四川人民出版社，1993 年版，第 58～59 頁。

這就是畫家的任務。」〔註116〕；二是十九世紀中期到二十世紀的風景畫，側重主觀情感的表達。

十六世紀尼德蘭畫家約阿希姆・帕提尼爾的代表作有《逃亡埃及途中的休息》、《聖哲羅姆》、《逃往埃及》、《卡隆渡過冥河》等，這些作品中大面積地表現了河流、森林、山峰等自然風光。另一位尼德蘭畫家老彼得・勃魯蓋爾也畫過很多寧靜純美的田園風光，如《雪中獵人》、《牧歸》、《收割乾草》等，構圖宏大，意境開闊，生動而富有激情，然而，這些畫作的主題畢竟是宗教或農民，儘管風景的比重大過人物，但還是被人們普遍當做是人物畫的配景。如貢布里希說的：「說到底，十六世紀的風景畫不是『景色』（View），絕大多數只是各種特徵的堆積；它們是概念化的，而不是視覺化的。」〔註117〕

從十七世紀開始，隨著資本主義在荷蘭的發展，西方才開始出現真正獨立的風景畫。概括地說，西方風景畫大致經歷了這樣幾個時期：

第一階段，十七世紀荷蘭的田園風味的風景畫。其中最有成就的畫家是雅各布・凡・魯伊斯達爾（Jacob van Ruysdal，1628～1682），魯伊斯達爾一生畫了 500 多幅風景畫，尤其熱愛河岸風光，其代表作是《埃克河邊的磨坊》（1670 年，現藏阿姆斯特丹美術館），磨坊是專門加工輾磨麵粉的，以風車帶動，是荷蘭鄉村的典型景觀，該作品構圖緊湊，描繪了大面積的濃密的雲層，雲層之下是微波粼粼的埃克河，巨大的風車磨坊屹立在河岸右側，左邊的埃克河中迎面駛過來一條白色帆船，象徵著荷蘭麵粉工業的繁榮以及人們生活的恬靜安寧。畫面筆法堅實、描繪細膩，然而畫面的色彩比較暗沉，代表了十七世紀古典風景畫的特色。

此外，還有邁因德特・霍貝瑪（Meindelt Hobbema，1638～1709），他在 1657 年的時候成為魯伊斯達爾的學生，許多畫作也是表現荷蘭的風車磨坊，如《水車磨坊與巨大的紅屋頂》、《水車磨坊風景》，但是 1663 年之後，他在創作方法上做了較大的調整，逐漸形成自己的藝術風格，他的作品《米德爾哈尼斯的道路》（又稱《林蔭道》1689 年）展現了荷蘭鄉野景色的平遠透視之美，畫面對稱、平穩、細膩而充滿節奏感，被稱為十七世紀荷蘭風景畫最後

〔註116〕程代熙譯：《歐美古典作家論現實主義和浪漫主義》（二），北京：中國社會科學出版社，1981 年版，第 106 頁。

〔註117〕范景中選編：《藝術與人文科學：貢布里希文選》，杭州：浙江攝影出版社，1989 年版，第 150 頁。

的傑作,「風景畫發展到這時,已經非常成熟,完全成了獨立的畫種」〔註118〕。

第二階段,十八世紀至十九世紀的風景畫(英國學院派、法國巴比松畫派,含俄國畫家,如列維坦)。十八世紀的風景畫是在十七世紀風景畫的基礎上發展而來的,但是十八、十九世紀風景畫在歐洲繪畫中的地位得到了很大的提高,狄德羅評價:「歷史畫的地位最高,其次是風景畫、肖像畫、最後是靜物畫。」〔註119〕英國學院派畫家約瑟夫・馬洛德・威廉・透納(1775~1851)對此作出了巨大的貢獻。他擅長把握自然的光色和空氣之間的微妙變化,對水氣的描繪出神入化,如《霧晨》、《霜晨》、《諾勒姆城堡日出》等,為日後印象派的畫風奠定了基礎。同樣推動風景畫發展的還有英國畫家約翰・康斯泰布爾(1776~1837),18、19世紀的歐洲社會,肖像畫能給畫家帶來更多的物質利益,但是康斯泰布爾一生中絕大部分作品是風景畫,他沉迷於家鄉的優美風光,並很快意識到,臨摹古典的風景畫,遠比不上向大自然學習來得真實(這一觀點和中國清代畫家石濤的「師造化」有類似之處),他以生動的筆觸和明快的色調表現瞬息萬變的自然風光,這些自然風光大部分是鄉村的景色,如《斯托爾小景》《乾草車畫》、《斯特拉福特磨坊》等。這種明快的色調對法國浪漫主義風景畫有較大的啟發。俄國畫家伊薩克・列維坦(1860~1900)的風景畫偏愛表現季節變化下的大自然,畫風穩健且具有較強的抒情性,如《金色的秋天》、《白樺叢》(見附圖十三)、《春潮》、《弗拉基米爾卡》、《墓地上空》、《湖》等,既有歡快明朗的色塊,又有沉思憂鬱的景象,情感充沛且細膩真實,充滿詩意,其畫作中對光感和空氣的探索具有鮮明的印象派氣息。十九世紀三、四十年代,一批對政治不滿且厭惡學院派繪畫方式的畫家陸續來到法國巴黎楓丹白露森林進口處的巴比松,在此定居作畫,他們沉醉於巴比松的自然風光,摒棄學院派程式化的作畫風格和虛構的風景畫,以真實的感受描繪自然風景,並且力圖展現自然界內在的生命力,這一畫派後來被人們稱為「巴比松畫派」,代表性人物有泰奧多爾・盧梭(1812~1867)、讓・弗朗索瓦・米勒((1814~1875)、康斯坦・特羅揚(1810~1865)、柯羅(1796~1875)、杜比尼(1817~1878)。巴比松畫派的主張是「回歸大自然」,並且這種回歸十分徹底,帶有顛覆性,他們將繪畫的方式由室內轉換到室外,

〔註118〕李維世:《西洋風景畫百圖》,北京:人民美術出版社,1995年版,第8頁。
〔註119〕陳平:《西方美術史學史》,北京:中國美術學院出版社,2008年版,第64頁。

在室外自然光線的作用下長期觀察真實的大自然，同時賦予畫面鮮亮的效果和質感，使繪畫擁有了全新的面貌，被看做是「印象派精神之源」。

第三階段，十九世紀末至二十世紀初的城市風景畫和少數田園風景畫（以印象派、新印象派和後印象派的風景畫為主要代表）。在十九世紀的最後三十年，印象派成為西方風景畫的主流，代表人物主要是克勞德‧莫奈（1840～1926）、皮埃爾‧奧古斯特‧雷諾阿（1841～1919）、卡米耶‧畢沙羅（1830～1903）、埃德加‧德加（1834～1917）。和巴比松畫派的主張一樣，印象派也認為風景畫應該在室外進行，不同的是，他們表現的題材更為豐富，不僅是鄉村，街頭巷尾、城市、教堂火車站都可以成為風景畫表現的對象，畫什麼並不是最重要的，重要的是怎麼畫。受到物理學家牛頓光色實驗（1666年）的影響，印象派意識到物體的「固有色」是不存在的，任何色彩都是由光的照射、折射和反射而形成的，因此，在不同的位置、不同的時間段、不同的天氣情況下，同一個景物所呈現出來的色彩感受是不一樣的，並且這種色彩的感覺隨著時間推移轉瞬即逝，因此印象派的畫作沒有清晰的輪廓線，用短促而豐富的筆調記錄下色彩的瞬間變化。

新印象派出現在十九世紀八十年代之後，代表人物有保羅‧西涅克（1863～1935）（見附圖十四）和喬治‧修拉（1859～1891）。新印象派脫胎於印象派，進一步從事風景光與色的實驗，他們用更科學和精確的方法，即分割法和數理構造來作畫，所謂的分割，即是把色調分為七原色（色光七原色，非色料七原色），作畫的時候這七種色調不做混合，而是單純地運用，並且不做大面積地色塊塗抹，也不講色彩連成線條，而是用小點將原色排列開來，近看都是小點，遠觀的時候，利用欣賞者的眼睛，將小點聚合成風景畫面，這樣一來，不同色相的原色在畫面的結合處，會自然地相互影響，在欣賞者的視覺中形成混合的效果。由於運用的是七原色，沒有經過混合，所以每個色彩在運用的時候都最大限度地保持了自身的明度和純度，畫面對比強烈，鮮豔活潑。又由於作畫的時候不用線條和色塊，用短小的筆觸，新印象派又被稱為「點彩派」。除此之外，新印象派重新運用了古希臘時期的「黃金分割」原理來處理畫面的整體與部分之間的布局，在形態上富有節奏和韻律感，同時比例適度，給人以舒適的視覺效果。

後印象派始於十九世紀末，到了二十世紀以後才得到認可。代表性的畫家是保羅‧塞尚（1839～1906）、文森特‧威廉‧梵高（1853～1890）和保羅‧

高更（1848～1903）。這一畫派不是對印象派或新印象派的繼承，而是對他們的突破和反叛，如前所述，印象派主張對自然界光和色的科學描繪，儘管採用短小的筆觸，取消了西方十八世紀以前古典繪畫追求寫實的傳統，但實際上印象派還是一種寫實，只是古典的寫實對象是人物或風景本身，而印象派的寫實對象是自然界的光和色。後印象派徹底反對對客觀事物的再現和寫實，哪怕是光和色。他們主張繪畫應該表達畫家的主觀情感和思想，因此不再強調畫面的完整和逼真，而是用誇張變形的手法表達主觀情感，色彩、線條、形狀都是表達主觀情感的手段。在梵高的風景畫中，向日葵、絲柏樹、玫瑰、鳶尾花、麥田、星空線條粗壯，色彩明快，具有原始的生命力，體現了梵高思想中理性與感性交織的主觀特徵，具有超自然的體驗。高更的作品不受傳統繪畫技法和理性思維的約束，畫面平塗，色彩深沉，充滿了宗教的隱喻意味和哲學的體驗，體現了他內心中對現代文明的厭惡以及對原始單純生活的強烈嚮往。後印象派實質上開啟了西方繪畫從再現客觀對象向表現主觀情感轉變的先河，深刻地影響到西方二十世紀的繪畫，因而後印象派三位代表人物被稱為「西方現代主義之父」。

　　二十世紀藝術流派紛呈，戰爭和科技在極大地破壞之中又以極快的速度重建著世界的秩序，然而隨著工業文明和資本主義經濟的深入，自然遭到了前所未有的破壞，現代主義繪畫在走向表現的同時，多以解構、變形、重構、誇張等方式來表達內心世界，這一時期表現純粹自然的風景畫明顯趨於衰微。

　　西方所有這些風景畫的成功之作，以西方特有的繪畫技法，生動真實地描繪了在西方資本主義社會不同發展階段上，人們所感受到的自然風景的美。高度接近於日常現實生活中人們對自然美的感受，是這些作品的重大優點。但與此同時，它又缺乏中國山水畫中那種不離自然又超越自然，對人生某種理想境界的追求和由此而來的對人生意義與價值的深層情感體驗。其原因在於自西方古希臘以來，人與自然是被明確地區分開來的，自然僅僅被看做人類生存的外在環境，除此之外別無其他意義。雖然少量作品也有某種形而上的追求，但目的是求之於超自然的人格神，請求其幫助人類越過那人與自然之間不可超越的鴻溝。如十九世紀德國著名風景畫家勃克林所作的死亡島，就是表達這種思想的代表作。其他即使是描寫日常現實自然風景的作品，也經常不同程度地、間接曲折地流露出這種思想。

二、表現範圍和表現方法的差異

（一）表現範圍不同

「風景」一詞是英語「landscape」翻譯過來的，它的釋義比較寬泛，《劍橋英文詞典》解釋 landscape: A large area of countryside, usually one without many buildings or other things that are not natural. 即大片的鄉村，通常沒有很多建築物或其他不自然的東西，這就將「風景」限定在「鄉村」，類似於荷蘭風景畫所體現的內容。但是《柯林斯詞典》的解釋更為寬泛：a picture representing a section of natural, inland scenery, as of prairie, woodland, mountains, etc. 即一幅體現自然或內陸風光的圖畫，如草原、林地和山脈等。這裡的「風景」沒有提到江河湖海。顯然未涵蓋十七至十九世紀歐洲風景畫家們的藝術實踐。字典的解釋常常不具有針對性，十七世紀英國藝術家亨利・皮查姆對「landscape」做出過具體的解釋：「landscape 一詞來源於荷蘭詞彙 landtskip，它表達了我們在英語詞彙中對土地描繪的所有內容，或者說它對土地的表述包括了山脈、森林、城堡、河谷、廢墟、飛岩、城市、鄉鎮等等——只要是我們視野範圍內所展示的東西。」〔註 120〕風景即人們「視野範圍內所展示的東西」，這一說法是皮查姆列舉了山脈、鄉鎮等一系列事物之後總結的，因此這個「視野範圍」實際上限定在了自然及人文景觀之內。

也就是說，西方的風景畫不僅包括山川、河海、森林、花草、天空等自然風光，也包含了城市、建築、車站、道路、船隻等人文景觀。反觀西方風景畫的創作，這種對「風景」表現對象的分析是中肯的。

相比之下，中國山水畫的「山水」範圍比「風景」窄得多。從中國山水畫現存的作品來看，山水畫中的「山」指的是自然山川，而且山川在畫面上總是佔據著絕對重要的地位，基於中國地大物博，南北方山川的體量、氣質和風貌不同，通常北方山水勢壯雄強、巨石當空、石多土少，如五代後梁荊浩的《匡廬圖》〔註 121〕（見附圖十一）、北宋范寬的《溪山行旅圖》（見附圖十二）；而南方的山水細潤平緩、層巒疊嶂，如五代南唐董源的《瀟湘圖》（見

〔註 120〕〔英〕馬爾科姆・安德魯斯著；張翔譯：《風景與西方藝術》，上海：上海人民出版社，2013 年版，第 38 頁。

〔註 121〕中國江西廬山的別名曰「匡廬」，故有些文獻解釋《匡廬圖》描繪的是廬山風光，但荊浩是今河南人，別名「太行山洪穀子」，洪谷位於今河南省林縣境內，屬於太行山脈的一部分，《匡廬圖》中所描繪的山形地貌更符合北方太行山的風貌。

附圖九）、北宋巨然的《秋山問道圖》、《山居圖》、元代黃公望的《富春山居圖》（見附圖十）等，還有根據顧愷之《畫雲台山記》一文描摹出來的《雲台山圖》（見附圖 5～7），均有此特點。山水中的「水」泛指江、河、湖、海，但是中國山水畫中的水通常是河面或細流，或與山平分秋色，或作為山的陪襯出現。中國山水畫中常常是山水林木皆而有之，並且不是完全不允許人物的介入，甚至有鞍馬、屋木、小橋流水和亭臺樓閣，靜謐之中體現了生活的氣息，但是這些事物僅僅點到為止，在畫面上十分細微，絕不會喧賓奪主，不僅如此，它們通常是想像出來的，不是在山水之間真實存在的，中國的山水畫家對山水的愛好在於，山水是他們心靈的棲居地，哪怕沒有親自遊歷，哪怕並不存在，也可以臥以遊之而心意相通。

但是在西方的風景畫中，一切的景觀，無論是自然景觀還是人文景觀都是現實存在的，是身體可以安放的場域，它們也可以引起畫家的情感和熱愛，但不會和畫家形成一種天人合一、物我交融的審美體驗。

（二）表現方法不同

除了表現範圍，中國山水畫和西方風景畫在空間構圖、線塊運用、色彩表達上也具有較大的差異。

1. 空間構圖

空間處理是繪畫的第一步，中國的山水畫中稱為「經營位置」，六朝時期便已做了較多探索。顧愷之在《畫雲台山記》中從全景出發敘述山水的畫法，重視畫面的總體氣勢以及畫面的起承轉合，以全景式的山水為主體將自然山水的空間分為東、中、西三段山，每段山中又分為上、中、下三個層次，強調了賓主、顧盼、呼應、開合、虛實、藏露、疏密、簡繁等空間處理的方法。宗炳進一步意識到了視覺上「近大遠小」的基本原理，以全景式的觀察視角來構建山水圖景，提出「張綃素以遠暎」的觀念和「豎劃三寸，當千仞之高；橫墨數尺，體百里之迥」的表現方法，以長鏡頭的方式將真山真水全部囊括於視線之中，初步涉及到了中國山水畫透視法的基本問題。王微也提出「以一管之筆，擬太虛之體」的全景式構圖方式，將以自然界真山真水為基礎的想像空間集於一幅。

六朝山水畫論中奠定的全局式構圖方法在北宋郭熙、郭思的《林泉高致》中得到系統的拓展，他們提出「三遠法」，即高遠、深遠、平遠。「自山下而

仰山巔，謂之高遠；自山前而窺山後，謂之深遠；自近山而望遠山，謂之平遠。高遠之色清明，深遠之色重晦，平遠之色有明有晦。高遠之勢突兀，深遠之意重疊，平遠之意沖融而縹縹緲緲。」〔註122〕在中國山水畫的構圖中，一幅畫之中「三遠法」常常是兼而有之的，畫家觀察山水的時候不是站在一個固定的位置不變，「目有所極，故所見不周」〔註123〕，如果固定不動，所見到的景象是十分有限的，如北宋沈括所解釋：「大都山水之法，蓋以大觀小，如人觀假山耳。若同真山之法，以下望上，只合見一重山，豈可重重悉見，兼不應見其溪谷間事。又如屋舍，亦不應見其中庭及後巷中事。若人在東立，則山西便合是遠境；人在西立，則山東卻合是遠境。似此如何成畫？」〔註124〕因此要用活動的視點，以一種全局的、整體的眼光觀察景物，強調「景隨人移」（塞尚的靜物畫在觀察的視角上也有這個特點），以形成迂迴連貫的空間，如宗炳所說「身所盤桓，目所綢繆」。所構成的畫面具有多視域特徵和空間的跨越、時間的遷移性。並且畫家要充分調動主觀心靈，來把握自然山水的高下起伏和節奏，構成一個和諧的整體。三遠法中的「遠」，非簡單的物理意義上的「遠近」，是對有限時空和有限對象的超越，是一種心理、意識層面的體驗。欣賞者通過對「遠」的體驗，通達對「有限」和「無限」的體驗，表現無往不復的天地之際和大自然整體的和諧秩序。

西方風景畫體現了理性的精神和科學的方法，首先，西方風景畫以固定化的視角觀察景物。通常在選好的地點支開畫布，設定一條視平線（與眼睛高度平行的假設線）、一條視中線（兩個眼睛中間和視平線垂直的線），視平線與視中線最後相交於心點，因而又被稱作「焦點透視」。人的視覺能達到的範圍是有限的，而且由於生理的結構，視覺常常會出現近大遠小的感性偏差，比如平行的道路，站在一段望向另一端的時候，會感覺道路的相交。焦點透視就是利用人的這種視覺錯誤來達到一種藝術的真實的效果，讓人如同身臨其境。為了達到極致的逼真和準確，西方的風景畫很早就使用「暗箱」（一種光學儀器，在密封的箱體壁鑽一個小孔，景物光影通過該孔在內壁形成倒影，

〔註122〕〔北宋〕郭熙、郭思：《林泉高致》，見俞劍華：《中國畫論類編》（上卷），北京：人民美術出版社，2007 年版，第 639 頁。

〔註123〕〔南朝·宋〕王微：《敘畫》，見俞劍華：《中國畫論類編》（上卷），北京：人民美術出版社，2007 年版，第 585 頁。

〔註124〕〔宋〕沈括著；張富祥譯注：《夢溪筆談》，北京：中華書局，2009 年版，第 182 頁。

畫家在倒影處鋪紙描摹圖像）加以輔助。其次，西方風景畫以幾何形來構圖。如古希臘時期就沿用下來的三角形構圖，體現出單純和靜穆感；十七、十八世紀對角線式的構圖，表達動態的美；還有一字型、十字型、倒三角形等，都具有幾何的特點。

此外，由於西方風景畫遵循「焦點透視」構圖原則，追求「實境」的空間，所以在視角上通常比較平緩，類似於中國山水畫中的「平遠」，很少有高險的崇山峻嶺。即便是梵高的《星空》、《麥田》等風景畫，處於一種俯視的視角，展現出寬廣深遠的景觀，但是也不同於中國山水畫那種全景式的磅礴氣勢。

2. 線塊運用

對於中國山水畫來說，任何外在的、可感覺的「形」的描繪只有在它表現了內在的「神」的情況下才是必要的、有價值的。而這裡所說的「形」又不是只指在一定的距離之外看到的形狀，還包含只有在近處才能看清的對象上的紋理、花紋、結構、質地、色彩等，因為所有這些都是同「神」的表現分不開。從人物畫來說，做到這些的必要性是十分清楚的，因為自古以來中國人的服飾是與人們不同的身份等級地位相關的，為了要表現人物的「神」，就需要把在近處才能看清楚的每一個人物的服飾的花紋、色彩都都清晰地描繪出來。從山水畫來說，為了傳山水之「神」，也需要把在近處才能看清的、在不同的季節、氣候下的山石樹木的結構、紋理、色彩一一清晰地描繪出來。這就使得中國的山水畫採取了一種遠觀與近察相結合的方法來描繪對象。這就是《林泉高致》中所說的「遠望之以取其勢，近看之以取其質」〔註125〕，放棄了西方繪畫按站在一定距離上看到的對象的明暗、光影、色彩來造型的方法。這使得西方的一些學者（如歌德）覺得不可思議。「五四」以後中國也有個別研究中國繪畫的學者因此指責中國畫不「科學」，這都是不懂得中國畫的特徵的錯誤看法。實際上，中國畫的造型方法雖然在日常感覺的真實感上不及西方，但同樣能在造型上取得不遜於西方繪畫造型的藝術效果，並能使觀者更切近地去把握感知對象的質地、結構、色彩等的美。

其次，這樣一種造型方式很自然地使中國畫把線條的應用放到了最重要的地位，從而又推動了中國繪畫與中國書法的結合。即使在通過唐代王洽潑墨成畫的嘗試，至五代荊浩掌握了墨以分其陰陽，助成了山水畫描繪對象的體積以

〔註125〕〔宋〕郭熙、郭思撰：《林泉高致》，見俞劍華編著：《中國古代畫論類編》（上），北京：人民美術出版社，2007年版，第634頁。

及大自然中空氣、雲氣的表現之後，線條（亦即「用筆」）仍處在主導的地位，造型的方式同樣是遠觀與近察相結合的。強調「寫意」的宋代文人畫及其後元代倪瓚倡導的「逸筆草草，不求形似」的畫風，是在從六朝開始到唐、宋的工筆劃的基礎上發展起來的，其特徵是將「傳神」與「寫意」相結合，同時又把抒發表達作為作為創作主體的「意」提到了更為重要的地位。就這一點來說，它在一定程度上可通向西方重表現的現代繪畫。最後，中國的山水畫力求表現整個天地、大自然之美，使人能如宗炳所說「臥遊」天下名山大川，因此它在發展中最終打破了宗炳所說的焦點透視的觀點，而採取散點透視的方法，把在不同視點上所看到的山水集於一幅之中，使東西南北、山前山後的景物都能看到，就像在生活中游覽真山水一樣。這也就是如沈括所說「如人觀假山」，把一個置於盤中的假山石放在桌上，當然山前山後、四面八方都可以看到。這是中國人為了表現整個天地山川之美，在空間處理方式上的一大創造。與此相關，中國山水畫還經常採取一種化實為虛的表現方法。如西方風景畫經常將天空的雲彩也詳細地畫出來，中國畫則只留出大片空白，以顯示宇宙的悠遠無盡。同時，繪畫所描繪的景物的四時寒暑陰陽的變化就可使人聯想推知到天空的變化，無需將它的一時一刻的變化詳盡地描寫出來了。

3. 色彩表達

中國山水畫在色彩上天才性的探索便是對「墨」的運用。現存東晉顧愷之《洛神賦圖》（宋摹本）中的山水部分是由線條勾勒之後再設色的。六朝時期的謝赫（南朝齊人）在《古畫品錄》中第一次提出繪畫的藝術標準，即「六法」：一氣韻生動是也，二骨法用筆是也，三應物象形是也，四隨類賦彩是也，五經營位置是也，六傳移模寫是也。〔註126〕六法之中就有繪畫的用筆和賦彩，雖然謝赫的言論是針對人物畫而言，但也說明彼時的繪畫還是一個賦彩的時代。隋代展子虔的《遊春圖》（見附圖八）在山水的構圖和意境上已大大超越了《洛神賦圖》中的山水表現，但是依然是有筆、有彩，但是卻無墨。筆用來勾勒物體輪廓，色彩和墨凸顯物體的質感和明暗，賦予物體以靈性。從物理的角度來講，山水本身都是有色彩的，色彩的運用說明了在繪畫產生之初，人們本能地想去還原事物的本來面貌，人物如此，山水也不例外，追求「形似」是造型藝術共同的追求之一。但是如果只是停留於此，

〔註126〕〔南齊‧宋〕謝赫撰：《古畫品錄》，見俞劍華編著：《中國古代畫論類編》（上），北京：人民美術出版社，2007 年版，第 355 頁。

中國古代的山水畫很可能和西方繪畫走上同一條路徑，只是用不同的顏料去追求形似。

但是中國山水畫在唐代迎來了筆墨兼備的時代。唐代的王維創立水墨山水，與此同時，李思訓、李昭道父子進一步鞏固了青碧山水，但是水墨山水的影響力大大超越青碧山水，並逐漸成為山水畫主流，後世的文人畫皆以水墨山水為旨要。王維的山水畫已無真蹟傳世，但是唐代著名的繪畫理論家張彥遠在《歷代名畫記》中談山水畫的色彩：「草木敷榮，不待丹碌之彩；雲雪飄揚，不待鉛粉而白。山不待空青而翠，鳳不待五色而彩。」〔註127〕此處的「五色」指「青黃赤白黑」五種顏色，中國古代有「尚五」傳統，「五色」不侷限於五種顏色，而泛指「多」。在張彥遠看來，草木、雲雪、山、鳳鳥的生機和美麗，不是依賴物理的色彩而存在的，重在「意」的傳達，如何達意？「運墨而五色具，謂之得意。意在五色，則物象乖矣。」〔註128〕關鍵在於對「墨」的運用。唐代的山水畫家便已經很明確地意識到，「墨」不是單純的黑色，它具有延伸性和包納性的特點，五色不是五種色彩，而是繪畫時對墨的靈活運用，使畫面中的山水之形產生「焦、濃、重、淡、清」或者「濃、淡、乾、濕、黑、白」（六彩，清唐岱語〔註129〕）的審美效果，從而傳達出山水生動的氣韻和趣味。唐代以後，山水畫「水墨為上，墨分五色」的色彩觀基本成為中國繪畫的共識。「墨分五色」實際上是一種少勝多、絢爛之極而歸於平淡的智慧，它一方面源於中國古代「書畫同源」的藝術實踐，另一方面和先秦道家「一」的哲學、魏晉玄學中「言象意」之辯以及佛教「色空」觀念不無關係。這使得中國的山水畫在形色之外含有哲學思辨的特徵，得以獨步於世界繪畫之林。

西方的繪畫，無論是人物還是山水，無論是十九世紀以前的再現性繪畫還是之後的表現性繪畫，都是色彩繪畫。一方面，古希臘時期所奠定的科學和理性的精神不僅影響了人物畫的表達，也影響著風景畫的技法，風景畫和人物畫一樣追求寫實，不光是形狀，也包括色彩，尤其是十九世紀之後，風

〔註127〕〔唐〕張彥遠著；俞劍華注釋：《歷代名畫記》，上海：上海人民美術出版社，1964 年版，第 37 頁。
〔註128〕〔唐〕張彥遠著；俞劍華注釋：《歷代名畫記》，上海：上海人民美術出版社，1964 年版，第 37 頁。
〔註129〕〔清〕唐岱著：《繪事發微》；見俞劍華編著：《中國古代畫論類編》（下），北京：人民美術出版社，2007 年版，第 852 頁。

景畫對色彩寫實的追求勝於對外形的寫實。十七、十八世紀的早期風景畫竭力地在形和色兩個方面再現自然景觀，十五世紀油畫顏料產生之後，色彩的著色力、耐光力和遮蓋力比之前丹培拉顏料大為增強，能突破顏色深淺的表現順序逐層覆蓋，從而增強的繪畫的立體感和真實感，對細節和質感的描繪可以達到以假亂真的程度。十九世紀印象派和新印象派的風景畫雖然突破了物體輪廓的限制，不再追求外形的寫實，但是在色彩上卻是比任何時候都強調科學和真實，畫家通過對光的研究，竭力捕捉色彩在光線作用下的細微變化，然後快速作畫，試圖記錄下光影的瞬間變化，這種風景畫的色彩在常人眼中或許會失真，但實際上是更為深入細緻的光色寫實。後印象派畫家反對這種光色的實驗，也反對對事物客觀地描繪，色彩在他們的作品中不是一種視覺的真實，但卻變成心靈的真實。色彩既不是常人眼中的色彩，也不是光色實驗中的色彩，而是藝術家內心世界的映像。因此後印象派畫家十分重視和懂得運用色彩來傳達情感，梵高對黃與藍兩種強對比色的偏好體現了他內心對生活的憧憬、熱愛、偏執，面對挫折時的蔑視、痛苦，理性與感性的交織、平衡內心世界的努力，色彩主觀化了，變成梵高性格和生活的一部分。高更風景畫中的色彩通常是平塗，喜歡使用紅色、紫色、褐色、藍色等顏色，色彩略顯灰暗陰沉，注重和諧而少有鮮強的對比，這和高更哲人般的純粹思辨密切相關。由此可見，西方的風景畫一直都是寫實的，只是這種寫實不侷限於對物象體積和結構的寫實，而是逐漸轉變為對光色的寫實、對藝術家心靈的寫實。寫實的特性決定了西方風景畫對色彩豐富性的重視，從而有別於中國山水畫的水墨情結。

三、傳統山水繪畫美學與現當代中國山水繪畫

中國傳統的山水畫經歷了四個比較鮮明的發展階段，第一階段是六朝時期，這一時期雖然是山水畫的初創期，山水創作的實踐水平有限，但是在顧愷之、宗炳、王微的倡導下，山水畫的創作形成「傳神」的基本觀念，並使山水畫脫離了「圖形」、「狀物」的工具範疇，昇華為文人士大夫「臥遊」和「暢神」的生活方式，為後世山水畫奠定了基調。第二階段是唐朝至五代十國時期，王維和李思訓、李昭道分別創立水墨山水畫和青碧山水畫，並成為山水畫史中南北分宗的起點；張璪將「天人合一」的哲學觀轉化為「外師造化，中得心源」的山水畫創作觀；荊浩的「筆墨兼具」完成了山水畫的系統

化集成。第三個階段在宋元時期，這是中國山水畫的高峰期，除了技巧更為純熟之外，「林泉之志」、「自娛」、「逸氣」等山水觀賦予山水畫靈魂和精神，使之區別於院體畫而獲得獨立的人文品格。第四階段是明清時期，這一時期山水畫的技法高度自覺，「四王」的影響如日中天，但是在意境的創造、性靈的抒發上陷入停滯。

　　清末社會動亂，辛亥革命之後，新文化運動興起，外來思想的輸入給暮氣沉沉的山水畫帶來致命的打擊，包括山水畫在內的中國畫被視為「王畫」而被要求改革，如陳獨秀：「若想把中國畫改良，首先要革王畫的命，因為改良中國畫，斷不能不採用洋畫寫實的精神。」〔註130〕之所以發出這種呼聲，是因為陳獨秀家中有藏畫，但是他未必是一位懂中國畫創作規律之人，而是從繪畫的形式以及破除封建權威的革命角度來談的，為此他說「我家所藏和見過的王畫，不下兩百多件，內中有『畫題』的不到十分之一，大概都用那『臨』『摹』『仿』『撫』四大本領，複寫古畫，自家創作的，簡直可以說沒有；這就是王派留在畫界最大的惡影響……像這樣的畫學正宗，像這樣社會上盲目崇拜的偶像，若不打到，實是輸入寫實主義、改良中國畫的最大障礙。」〔註131〕持此觀點的還有梁啟超、蔡元培等一批革命家和教育家。但是陳獨秀自身沒有繪畫創作的實踐，革命家所要求的改革畢竟是非專業性的，他們希望將中國山水畫改造成以寫實和入世為主的繪畫，實際上無異於摧毀山水畫的根基，因此一開始在專業畫家內部並未得到真正的實施。

　　二十世紀初，隨著維新運動的推進，留學之風漸起，過去皇家專屬的書畫資源也得以公布於世，給中國畫壇注入了生機，逐漸形成兩種路線，一種是在中國原有的山水畫的各種不同流派風格的基礎上進行綜合變化、創新；另一種是在保持中國山水畫原有的基本特徵的前提下，吸收西方繪畫的素描、水彩以至西方現代派繪畫的表現手法來進行創新。兩者都取得了不可否認的成就。前者以金城、張大千、黃賓虹、齊白石、陳師曾、潘天壽、吳湖帆等人為代表，後者以嶺南畫派的高劍父、關山月、陶冷月、徐悲鴻、李可染、張仃、林風眠、吳冠中、周韶華等人為代表。

　　首先，在繼承傳統基礎上進行革新的創新派。從英國皇家書院留學歸來的金城，對西方的藝術有濃厚的興趣，但是卻將中國山水畫視為國粹，並竭

────────────────────

〔註130〕陳獨秀：《美術革命——答呂澂》，載於《新青年》第六卷第一號，1918年。
〔註131〕陳獨秀：《美術革命——答呂澂》，載於《新青年》第六卷第一號，1918年。

力倡導保存山水畫傳統，他反對明清「摹古」的流弊，提倡弘揚宋元風格，創立了聞名遐邇的中國畫學研究會，匯聚了一批北方山水畫家，如劉子久、秦仲文、陳少梅等，他們的山水畫筆墨嚴謹，以工帶寫，重視丘壑的表現和意境的營造。在南方，張大千從描摹開始，師古人亦師造化，從清代石濤、梅清、八大山人等野逸派畫家回溯到宋元的董巨、王蒙，並直指晉唐，最後達到「師心為的」的自由境界，在此基礎上，張大千進一步發展了潑墨的傳統，創造了潑彩和潑彩墨山水藝術。黃賓虹一生致力於山水畫，他有著極其深厚的傳統文化底蘊，信奉畫品如人品的傳統文人畫觀念，黃賓虹曾說：「畫之優劣，關於人品，見其高下……必須胸中廓然無物，然後煙雲秀色，與天地自然湊合。若是營營世念，澡雪未盡，即日對丘壑，日摹妙跡，到頭只與坊墁之工爭巧拙於毫釐。急於沽名嗜利，其胸襟必不能寬廣，又安得有超逸之筆墨哉？」〔註132〕這完全是傳統道家哲學所強調的「滌除玄鑒」、「心齋」的人生修養。正因為如此，黃賓虹對的繪畫技巧的研習也是遵循傳統的路徑，如他借明代文人畫家李日華的言論表示：「學畫必在能書，方知用筆。其學書又須胸中先有古今；欲博古今，作淹通之儒，非忠信篤敬，植立根本，則枝葉不附。」〔註133〕書法與詩文，這是傳統文人的修養，在此基礎上，黃賓虹重視對古畫的臨摹，遊藝於南北宗之間，批判性地繼承前人筆墨的得失，將筆墨格趣以及山水之「道」視為山水畫的靈魂，但是他在技法上並不拘泥於摹古，而是強調摹古的優先性，認為這是山水畫的基礎。他同樣強調師造化，但是師造化不是西方繪畫所說的「寫生」，而是面對山水時人與境諧、物我兩忘、得其環中的境界，山水為畫家自己所有，這樣一來，作畫時也就突破了臨摹、寫生的窠臼，轉而達到創造的層面，體現出山川的精微氣象與大自然的內在精神。因此黃賓虹的山水畫看上去沒有謹嚴的筆法和程式化的特點，實是「極工而後寫意」，具有厚重的審美歷史感，代表了當時的最高成就。難能可貴的是，身處社會變革、東西方思想碰撞時期，黃賓虹對西方現代繪畫也頗有研究，他說：「泰西繪事，亦由印象而談抽象，因積點而事線條。藝力既臻，漸與東方契合。惟一從機器攝影而入，偏拘理法，得於物質文明居多；一從詩文書法而來，專重筆墨，得於精神文明尤備。」〔註134〕中西繪畫的區

〔註132〕黃賓虹：《論中國藝術之將來》，載於《美術雜誌》第一卷第一冊，1934年。
〔註133〕黃賓虹：《論中國藝術之將來》，載於《美術雜誌》第一卷第一冊，1934年。
〔註134〕黃賓虹：《論中國藝術之將來》，載於《美術雜誌》第一卷第一冊，1934年。

別，在於物質文明與精神文明的分野，從而表現為理法與趣味的分殊。總之，這一類型的中國山水畫基本上在繼承傳統的基礎上尋求創新，重新梳理、整合了古代山水畫的藝術資源。

其次，吸收西方繪畫對中國山水畫加以革新的創新派。海派畫家吳石仙最初襲承的是元代王蒙的筆法和構圖，後遊歷日本時接觸到西方的繪畫，在畫房屋、建築時開始有了西方透視的趣味，並且將西方水彩的技法用於山水的皴擦之中。可謂融匯中西畫法的第一人。在他之後，嶺南畫派的高劍父、關山月，高奇峰、陳樹人、何香凝等人的山水畫也都體現了西方繪畫的技法，但是基本路徑還是傳統山水畫的理路。真正大刀闊斧引西方繪畫於山水畫的是陶冷月、徐悲鴻、張仃、李可染、林風眠、吳冠中等人，他們又分為兩類，一類是將西方透視等技法和傳統水墨結合起來加以創新，追求寫實的山水畫，如徐悲鴻的山水畫，徐悲鴻留學法國，繪畫題材極為豐富，在山水畫領域，他推崇董源、范寬、石濤等人，但是他自己的山水畫從不摹古，而是追求寫實的精神。如《灕江春雨圖》用筆靈動輕快，傳統筆法中的「提、按、頓、挫」運用得爐火純青，也十分熟悉傳統水墨和宣紙的特性，用墨溫潤淋漓，概括而凝練，但是在構圖和取景上都是西方焦點透視的方法，並且用水墨的乾濕濃淡來呈現西方繪畫中素描的光影感。李可染曾經師從齊白石和黃賓虹等人，他的山水畫前期繼承傳統，後期大刀闊斧地改革，在保存傳統山水畫宏大飽滿的構圖、細密遒勁的筆觸的同時，積極探索「光」與「墨」的融合與變換，從而營造出新時代的氣象，如《萬山紅遍層林盡染》、《北國風光》等，畫面滋潤明亮，既寫實又具有詩意色彩，體現了新時代詩畫結合的審美趣味。此外，張仃的山水畫以「焦墨」獨步於世，繼承了傳統的章法、筆墨、氣勢、意境及「三遠法」的透視表現，但是他的山水畫沒有因為繼承傳統而表現出陳腐氣息，而是具有強烈的時代感，他的《房山十渡焦墨寫生》系列作品將傳統的焦墨和西方的素描結合起來，突破了中國畫程式化的弊端，生動而有意趣。

另一類是將西方技法、色彩和傳統水墨結合起來，追求寫意的山水畫。比如林風眠與吳冠中。林風眠從小對色彩十分敏感，他早年去到法國學習繪畫的時候，正好是馬蒂斯、莫奈、畢加索等人齊集法國之時，他的山水畫不僅吸收了西方繪畫構圖的因素，還融合了印象派的色彩、色光的元素，實現了山水畫色、墨、光的融合，拓寬了傳統山水畫的表現力，也造就了一種中西共通的藝術語言，如《山水》系列、《漁舟暮歸》、《蘆蕩飛雁圖》等，在

形式上，林風眠也喜歡用西方繪畫中近於方形的畫框，畫面簡潔，色彩富於感染力。吳冠中是林風眠的學生，他的作品將西方油畫的色彩和細膩性與中國傳統山水畫的審美理想結合起來，重視作品的抒情性，吳冠中大膽地突破對山水外形的描繪，既不用西方寫實的手法，也不用傳統山水畫嚴謹細膩的筆鋒，而是用概括、簡練，甚至抽象的筆墨（有時候只剩下點、線、面的形式美）展現江南山水的氤氳與光華，開創了一種新的藝術起點。但是，吳冠中在突破傳統的同時，始終強調要保留山水畫的風骨和中國傳統的文人情懷。

目前中國山水畫繼續發展的道路，基本上就是將前面所說的兩派所取得的成就再做一次新的綜合與擴展，並且更加注意吸取西方繪畫中可以融入中國山水畫的各種手法、技巧、形式，以促進中國山水畫的現代化。在這個時代裏，沒有再形成海上畫派、新金陵畫派、嶺南畫派等地域性畫家群體，但是畫家的個性化特徵得到了較為充分的發揮。劉國松、石魯、周韶華、董欣賓、常進、董繼寧、陳平、楊延文等畫家以各自的個性化特徵推進了山水畫藝術性、實驗性、開放性、原創性、前瞻性的反思和改革。當然，在前進的道路上，曲折也難以避免，二十世紀五十至七十年代，由於政治的因素，新山水畫的探索被注入了意識形態的因素，加上這一時期美術學院畢業的學生，都需要學習素描、色彩等西方繪畫的基礎，因而許多山水畫也帶有概念化、現實化、模擬化的傾向，顯得寫實有餘而意境不足，缺乏深厚的傳統文化根基，甚至是反傳統文化的。二十世紀八十年代之後，人們才逐漸對這一現象進行理性化反思，重新遵循山水畫的創作規律，也是在這之後，黃賓虹、傅抱石等人的傳統山水畫的價值才開始得到應有的重視。此外還要注意到，中國古代山水畫的天才創造者有許多人都是隱逸之士，或出於個人對山水的鍾愛，或出於社會的原因而選擇隱逸的生活，無論政局和個人境遇如何，他們山水畫的情調都不是純粹消極悲觀的，相反，其中常常表現出他們對生活、對自然和國家山川之美的熱愛和讚美，在山水畫之中表達了一種極其純粹的對人生的積極精神。從五代十國時期到元代的山水畫，如董源的《瀟湘圖》、荊浩的《匡廬圖》、黃子久的《富春山居圖》以及倪瓚、吳鎮、王蒙的作品都是如此。這是包含在傳統山水畫中的最可貴的精神和永恆的價值。

不論時代如何變化，中國的山水畫都凝練了對自然、對宇宙、對人生、對社會的宏觀思考。一方面，在當代條件下，應當努力繼承中國古代山水畫

以天人合一為哲學基礎，以表現人與整個宇宙、自然的和諧統一為最高境界，高度重視通過這種統一去實現人的生命存在的意義與價值，抒發與此相聯的真摯充沛、使人玩味不盡、并與中華民族的生存發展密切相聯的情感，在技巧上吸取西方繪畫中一切可以為我所用的成分，由此創造出與中國特色社會主義現代化發展相一致的、走向世界的山水畫。另一方面，我們也應當看到，西方自古希臘以來就形成的「主客二分」的哲學，對人高度重視、極盡讚美，到了文藝復興之後，人的尊嚴問題成為人類文明的共識，極大地提高了人的地位，卻也孕育了人類中心主義的思想，為生態危機埋下隱患。隨著科學技術的不斷進步，工業文明興起，人與自然的對立日益顯著，全球的生態環境發生了巨大的改變，20 世紀以來，在思考生態問題的道路上，西方思想家摒棄主客二分的思維模式，積極地借鑒中國古代傳統文化中的生態智慧。中國古代是一個農耕社會，自然環境的變化對國家的發展起著決定性的作用，古代思想家從未將作為主體的人與作為客體的自然割裂開來，以《周易》為源頭，中國的儒、道、禪三家思想都以「天人合一」為旨歸，追求心與物、情與景、性與神以及人與自然的統一，包含了樸素的生態觀念。生態美學是在歷史與邏輯中展開的，作為傳統的農耕國家，先民們對自然山水有著深深地依賴和崇敬，因而先秦時期產生了天人合一、萬物平等的生態價值取向和生生為易的生命論美學內涵，這是中國傳統生態智慧的第一個高峰。六朝時期特殊的政治環境、玄學思想和人物品藻的盛行使士人與自然山水之間的關係達到一種親密無間的審美狀態，形成了區別於先秦的山水精神，六朝的文人志士在山水賞會之中以人與自然為出發點，努力追求人與社會、人與人、身與心、言與行、情與理之間的生態和諧和生態共生，中國的山水詩和山水畫即創生於這一時期，其中的山水精神既有哲理的深思，又有活潑的形色，包含了細膩而豐富的生態美學思想，實為中國傳統生態智慧發展的又一高峰。因而當代的山水畫不僅要繼承傳統，還要進一步尋求中西方的共通和獨立品格的保持，同時也面臨著調整繪畫藝術與生態變化之間的關係，積極地探索時代的新命題。

結　語

　　「六朝」是中國歷史上繼先秦之後思想上異常活躍、且極富藝術精神的一個時代。在繪畫藝術上，中國的山水畫即萌芽於東晉，並且在南朝獲得了相對獨立的發展。由於時代久遠，六朝的山水畫作早已不復存在，但是根據文獻資料的記載，這一時期的畫家大多數能畫山水畫，且山水畫的數量十分可觀，這說明山水已經作為獨立的審美對象走入了人們的視野。

　　中國的山水畫萌芽於六朝並非偶然，而是人們的審美意識發展到一定階段的自然選擇。事實上，早在山水畫產生之前，古人就有了對自然山水豐富而細膩的感受。雖然這些感受大部分不是審美意義上的，至少不是直接關乎審美的，但是這為六朝山水審美意識的覺醒和山水畫的最終產生奠定了思想上的基礎。六朝特殊的政治環境造就一批有閒的文化階層，國家的混亂和政治的黑暗使他們固有的儒學價值觀受到強烈的衝擊，老莊、玄學思想逐漸佔據士人們的心靈，人物品藻和玄學思想使士人與山水之間的關係達到一種親密無間的狀態。在崇山秀水之中，六朝人士獲得一種精神的寄託和感情的慰藉，逐漸發現自然景色中的包含的美，並自覺地在藝術創作中再現這種美妙的感受，山水畫便是在這種背景下產生並發展起來的。不僅如此，在哲學思想的影響下，自然山水所具有的靈氣還容易激發人們對宇宙自然的抽象思考，人們通過山水的形質來體悟宇宙自然之「道」，在感受山水之美的同時獲得一種超越了山水本身的深層意義，這也使中國的山水畫從產生之初便具有特殊而深刻的美學內涵。

　　東晉顧愷之著有畫論三篇，即《論畫》、《魏晉勝流畫贊》和《畫雲台山記》。在前兩篇畫論中，顧愷之高屋建瓴地提出「傳神」的觀念，並具體化為

「以形寫神」、「神儀在心」、「遷想妙得」三個層面，形成了一個相對完整的傳神理論，奠定了中國畫的美學基礎。顧愷之的「傳神」理論最初是針對人物畫而提出來的，「神」指的是客觀對象的精神氣質。顧愷之在畫史上第一次將「傳神」提到理論的高度，使之成為後世繪畫的審美理想，並且這一審美理想也自然而然地滲透到了山水畫的創作和欣賞之中，《畫雲台山記》就流露出他對山水傳神的基本態度。《畫雲台山記》是一篇有關山水畫的文字構思，在具體討論山水畫的構圖、布局等技法之外，該畫論力圖通過高峻的山勢、棱嶒的岩石和隱現的水流等物象來營造某種特殊的精神境界和神秘氛圍，這實際上就是對山水「傳神」的初步要求。這在中國山水畫史上具有開創性的意義。

和顧愷之《畫雲台山記》相比，宗炳的《畫山水序》對山水美的本質有更為深入和自覺的論述。《畫山水序》將「道」的概念引入山水、山水畫的創作和欣賞之中，把握到了山水的本體性問題，即自然山水的感性形式之美不僅僅停留在事物的形式本身，而在於它是某種超感性、超自然的精神性的體現，確立了山水畫的「道」本體論。此外，宗炳對「形神」問題作了進一步的拓展，以「神」為中心提出「澄懷味象」、「以形寫形、以色貌色」、「應目會心」、「暢神」等理論，強調山水畫創作是畫家借助自然形象，以抒寫意境的一個過程，使顧愷之的「傳神」理論從人物畫領域真正進入到山水畫領域。在繪畫技法上，宗炳開始重視山水畫創作中的觀察寫生問題，初步闡釋了中國畫的遠近法和透視原理，比意大利畫家勃呂奈萊斯克（Pmilippe Brunlles co，1377～1446 年）創立的遠近法大約早一千年。因此宗炳的《畫山水序》是中國山水畫真正的理性起點。

王微的《敘畫》繼承和發展了前人的繪畫美學思想。首先，王微認為繪畫當與《易》象同體，從根本上提升了山水畫的地位、功能和價值，並明確揭示山水畫異於地圖。其次，在形神問題上，王微也更側重於「神」的發掘和表達，這和顧愷之、宗炳的看法是一致的，但是不同於顧愷之、宗炳從客觀對象和宗教精神角度闡述「傳神」，王微是從人的精神世界來探求山水畫的藝術價值，將繪畫主體的內在精神作為山水畫的傳神基礎。再次，王微首次將人的主體之「情」納入「神」的範疇，使山水融「靈」，包含了創作者和欣賞主體的情感和想像。並且，王微提出了一種更為積極主動、情感灌注的欣賞過程，這種欣賞過程不僅體現了山水之美，還體現了欣賞者以生命對山水

之美的熱烈擁抱，以至於山水畫所帶來的審美愉悅甚至超越了人們對真山真水的欣賞，這是對藝術美與自然美的深刻體認。最後，《敘畫》對山水畫的取象構圖、用筆方法、藝術想像和藝術構思等問題也做了相應的探討，為山水畫成為一門獨立的藝術畫科鋪平了道路。

六朝是山水畫萌芽與探索時期，同時也是劇烈變化的時期，因為它沒有深厚的傳統可以繼承，也沒有成型的規則可以傚仿，因此六朝山水畫論中每一個問題的提出同時也是開拓創新的過程。六朝山水畫論一個突出的特點在於它們不是對山水畫具體技法的羅列和總結，而是對於山水畫理、山水畫思想的發掘，它們根植於中國的傳統哲學思想和人們內心深處渴望與自然山水合二為一的原初觀念，因而具有深層的哲理性和邏輯性，體現了中國傳統文化的精神。

徐復觀先生認為中國藝術精神在老莊，這一看法是極有見地的，老莊哲學中包含了深刻的藝術思想和審美精神，契合藝術發展的本質規律。但是老莊哲學畢竟不是專門探討藝術的理論，並且自秦漢以來，儒家哲學是封建皇權社會中占主導地位的意識形態，影響到社會的方方面面，以至於藝術為社會服務成為一種根深蒂固的主流觀念，因此老莊哲學中許多寶貴的關於藝術創造本質和規律的觀點並沒有被充分發掘。最早將老莊的哲學思想運用到繪畫藝術上來的是六朝的山水畫論。對自然山水的親近本身就是道家「道法自然」、「與天地精神相往來」等觀念的實踐，而六朝山水畫論中對山水畫精神內核的重視、對山水畫藝術構思、自由創造、審美欣賞心理等問題的探討更是對老莊思想中藝術哲學觀的深度發掘，開啟了老莊哲學作為中國藝術精神影響中國古代藝術創作、藝術理論建構的先河，為後世山水畫的發展奠定了美學理論基礎。

參考文獻

一、主要相關典籍

1. 《十三經注疏》，上海：上海古籍出版社，2007 年版。
2. 顧頡剛，劉起釪著：《尚書校釋譯論》，北京：中華書局，2005 年版。
3. 周振甫譯注：《詩經譯注》，北京：中華書局，2002 年版。
4. 〔清〕劉寶楠撰；高流水點校：《論語正義》，北京：中華書局，1990 年版。
5. 楊伯峻譯注：《論語譯注》，北京：中華書局，2008 年版。
6. 吳毓江撰，孫啟治點校：《墨子校注》，北京：中華書局，1993 年版。
7. 楊伯峻譯注：《孟子譯注》，北京：中華書局，2003 年版。
8. 陳鼓應著：《老子注譯及評價》，北京：中華書局，2007 年版。
9. 〔魏〕王弼著；樓宇烈校釋：《老子道德經注校釋》，北京：中華書局，2008 年版。
10. 陳鼓應著：《莊子今注今譯》，北京：中華書局，2001 年版。
11. 陳鼓應著：《老莊新論》，上海：商務印書館，2008 年版。
12. 王先謙著：《莊子集解》，北京：中華書局，1987 年版。
13. 葉舒憲著：《莊子的文化解析》，武漢：湖北人民出版社，1997 年版。
14. 〔清〕郭慶藩輯：《莊子集釋》，北京：中華書局，2006 年版。
15. 周振甫譯注：《周易譯注》，北京：中華書局，2008 年版。
16. 〔清〕王先謙撰；沈嘯寰、王星賢點校：《荀子集解》，北京：中華書局，1988 年版。
17. 〔清〕王先慎撰，鍾哲點校：《韓非子集解》，北京：中華書局，2003 年版。
18. 〔漢〕高誘注：《呂氏春秋》，上海：上海書店，1992 年版。

19. 蘇輿撰，鍾哲點校：《春秋繁露義證》，北京：中華書局，1992 年版。

20. 黎翔鳳撰，梁運華整理《管子校注》，北京：中華書局，2004 年版。

21. 楊伯峻撰：《列子集釋》，北京：中華書局，1985 年版。

22. 王明著：《抱朴子內篇校釋》，北京：中華書局，1996 年版。

23. 何寧撰：《淮南子集釋》，北京：中華書局，1998 年版。

24. 〔漢〕韓嬰撰；許維遹校釋：《韓詩外傳集釋》，北京：中華書局，1980 年版。

25. 〔漢〕劉向撰，向宗魯校證：《說苑校證》，北京：中華書局，2000 年版。

26. 〔宋〕朱熹撰：《四書章句集注》，北京，中華書局，1983 年版。

27. 黃暉撰：《論衡校釋》，北京：中華書局，1990 年版。

28. 〔東漢〕許慎著，徐鉉校定：《說文解字》，北京：中華書局，2009 年版。

29. 〔清〕王念孫著；鍾宇訊整理：《廣雅疏證》，北京：中華書局，1983 年版。

30. 袁珂校注：《山海經校注》，上海：上海古籍出版社，1980 年版。

31. 〔魏〕劉劭著；梁滿倉譯注：《人物志》，北京：中華書局，2009 年版。

32. 〔漢〕司馬遷撰：《史記》，北京：中華書局，1963 年版。

33. 〔晉〕司馬彪撰；〔梁〕劉昭注補：《後漢書志》，北京：中華書局，1973 年版。

34. 〔南朝宋〕范曄撰、李賢等注：《後漢書》，北京：中華書局，1973 年版。

35. 〔南朝梁〕沈約撰：《宋書》（五），北京：中華書局，2008 年版。

36. 〔南朝梁〕蕭子顯撰：《南齊書》，北京：中華書局，1972 年版，第 913 頁。

37. 〔唐〕房玄齡等撰：《晉書》，北京：中華書局，1974 年版。

38. 〔唐〕姚思廉撰：《梁書》，北京：中華書局，1973 年版，第 159 頁。

39. 〔唐〕李延壽撰：《南史》，北京：中華書局，2008 年版，第 1310 頁。

40. 〔清〕嚴可均輯：《全上古三代秦漢三國六朝文》，北京：商務印書館，1999 年版。

41. 〔清〕嚴可均輯；馬志偉審訂：《全晉文》，北京：商務印書館，1999 年版。

42. 〔清〕嚴可均輯；馬志偉審訂：《全宋文》，北京：商務印書館，1999 年版。

43. 〔清〕嚴可均輯；馬志偉審訂：《全梁文》，北京：商務印書館，1999 年版。

44. 〔北魏〕酈道元撰；陳橋驛譯注：《水經注》，北京：中華書局，2009 年版。

45. 逯欽立輯校：《先秦漢魏晉南北朝詩》，北京：中華書局，1988 年版。

46. 樓宇烈校釋：《王弼集校釋》，北京：中華書局，1980 年年版。

47. 余嘉錫撰：《世說新語箋疏》，北京：中華書局，2007 年版。

48. 周振甫著：《文心雕龍今譯》，北京：中華書局，1986 年版。

49. 〔南朝梁〕鍾嶸著，周振甫譯注：《詩品譯注》，北京：中華書局，1998 年版。

50. 隋樹森編著：《古詩十九首集釋》，北京：中華書局，1957 年版。

51. 〔唐〕歐陽詢撰：《藝文類聚》，上海：上海古籍出版社，1985 年版。

52. 〔南朝梁〕蕭統編；〔唐〕李善注：《文選》，上海：上海古籍出版社 1986 年版。

53. 〔南朝梁〕釋慧皎撰；湯用彤校注：《高僧傳》，北京：中華書局，1992 年版。

54. 〔南朝梁〕鍾嶸著；周振甫譯注：《詩品譯注》，北京：中華書局，1998 年版。

55. 王利器集解：《顏氏家訓集解》，北京：中華書局，1993 年版。

56. 朱金城箋校：《白居易集箋校》，上海：上海古籍出版社，1988 年版。

57. 〔清〕彭定求等編；中華書局編輯部點校：《全唐詩》（第四冊），北京：中華書局，1999 年版。

58. 王明編：《太平經合校》，北京：中華書局，1960 年版。

59. 〔宋〕李昉等編：《太平廣記》，北京：中華書局，1961 年版。

60. 〔北宋〕李昉等編撰；孫雍長、熊毓蘭校點：《太平御覽》，石家莊：河北教育出版社，2000 年版。

61. 〔宋〕張君房編，李永晟點校：《雲笈七籤》（第五冊），北京：中華書局，2003 年版。

62. 〔宋〕樂史撰；王文楚等點校：《太平寰宇記》，北京：中華書局，2007 年版。

63. 〔宋〕沈括著；張富祥譯注：《夢溪筆談》，北京：中華書局，2009 年版。

二、繪畫、藝術類著作

1. 潘天壽著：《中國繪畫史》，上海：商務印書館，1936 年版。

2. 馬采著：《顧愷之研究》，上海：人民美術出版社，1958 年版。

3. 張安治著：《顧愷之》，北京：中華書局，1961 年版。

4. 俞劍華等編著：《顧愷之研究資料》，北京：人民美術出版社，1962 年版。

5. 俞劍華著：《中國山水畫的南北宗論》，上海：上海美術出版社，1963 年版。

6. 〔唐〕張彥遠著；俞劍華注釋：《歷代名畫記》，上海：上海人民美術出版社，1964 年版。

7. 王伯敏著：《黃賓虹畫語錄》，上海：上海人民美術出版社出版，1978 年版。

8. 潘天壽著：《顧愷之》，上海：上海美術出版社，1979 年版。

9. 郭因著：《中國繪畫美學史稿》，北京：人民美術出版社，1981 年版。

10. 中國畫研究院編：《中國畫研究》（1～3 冊），北京：人民美術出版社，1981 年版。

11. 葛路著：《中國古代繪畫理論發展史》，上海：上海人民美術出版社，1982 年版。

12. 于安瀾編：《畫史叢書》（1～5 冊），上海：人民美術出版社 1982 年版。

13. 伍蠡甫著：《中國畫論研究》，北京：北京大學出版社，1983 年版。

14. 溫肇桐著：《顧愷之新論》，成都：四川美術出版社，1985 年版。

15. 鄭午昌編著：《中國畫學全史》，上海：上海書畫出版社，1985 年版。

16. 〔唐〕張彥遠輯；洪丕謨點校：《法書要錄》，上海：上海書畫出版社，1986 年版。

17. 葉宗鎬選編：《傅抱石美術文集》，南京：江蘇文藝出版社，1986 年版。

18. 于安瀾編：《畫論叢刊》，北京：人民美術出版社 1989 年版。

19. 陳傳席著：《六朝畫家史料》，北京：文物出版社，1990 年版。

20. 金登才著：《中國動態藝術哲學》，上海：上海社會科學院出版社，1991 年版。

21. 姜澄清著：《中國繪畫精神體系》，瀋陽：遼寧教育出版社，1992 年版。

22. 馮曉著：《中西藝術的文化精神》，上海：上海書畫出版社，1993 年版。

23. 江宏等著：《中國畫心性論》，上海：上海書畫出版社，1993 年版。

24. 盧輔聖主編：《中國書畫全書》，上海：上海書畫出版社，1993 年版。

25. 劉綱紀著：《文徵明》，長春：吉林美術出版社，1996 年版。

26. 何楚熊著：《中國畫論研究》，北京：中國社會科學出版社，1996 年版。

27. 馬采著：《藝術學與藝術史文集》，中山：中山大學出版社，1997 年版。

28. 朱玄著：《中國山水畫美學研究》，臺北：臺灣學生書局，1997 年版。

29. 李來源，林木編：《中國古代畫論發展史實》，上海：上海人民美術出版社，1997 年版。

30. 俞劍華編：《中國古代畫論類編》（上、下），北京：人民美術出版社，1998 年版。

31. 陳傳席著：《中國山水畫史》，天津：天津人民美術出版社，2001 年版。

32. 徐書城著：《中國繪畫藝術史》，北京：人民美術出版社，2001 年版。

33. 鄧喬彬著：《中國繪畫思想史》，貴陽：貴州人民出版社，2002 年版。

34. 王伯敏、任道斌主編：《畫學集成》（六朝──元），石家莊：河北美術出版社，2002 年版。

35. 王伯敏、任道斌主編：《畫學集成》（明、清），石家莊：河北美術出版社，2002 年版。

36. 潘運告編著：《漢魏六朝書畫論》，長沙：湖南美術出版社，2002 年版。

37. 劉墨著：《中國美學與中國畫論》，北京：人民美術出版社，2003 年版。

38. 陳竹、曾祖蔭著：《中國古代藝術範疇體系論》，武漢：華中師範大學出版社，2003 年版。

39. 謝稚柳著：《中國古代書畫研究十論》，上海：復旦大學出版社，2004 年版。

40. 徐建融著：《元明清繪畫研究十論》，上海：復旦大學出版社，2004 年版。

41. 袁有根等著：《顧愷之研究》，北京：民族出版社，2005 年版。

42. 陳傳席著：《中國山水畫史》，天津：天津人民美術出版社，2008 年版。

43. 王伯敏著：《中國繪畫通史》（上下冊），上海：三聯書店，2008 年版。

44. 盧聖輔主編：《朵雲》第 67 集《中國美術史學研究》，上海：上海書畫出版社，2008 年版。

45. 韋賓著：《宋元畫學研究》，蘭州：甘肅人民出版社，2008 年版。

46. 童書業著，童教英整理：《童書業繪畫史論集》（上、下），北京：中華書局，2008 年版。

47. 石守謙著：《風格與世變：中國繪畫十論：Studies on the history of Chinese painting》，北京：北京大學出版社，2008 年版。

48. 陳良運著：《中國藝術美學》，南昌：江西美術出版社，2008 年版。

49. 韋賓著：《漢魏六朝畫論十講》，北京：中國社會科學出版社，2009 年版。

50. 周積寅編著：《中國畫論輯要》，南京：江蘇美術出版社，2009 年版。

51. 葛路著：《中國繪畫美學範疇體系》，北京：北京大學出版社，2009 年版。

52. 陳傳席著：《中國繪畫美學史》（上、下），北京：人民美術出版社，2009 年版。

53. 陳師曾著：《中國繪畫史》，南京：江蘇古籍出版社，2010 年版。

54. 鄒清泉主編：《顧愷之研究文選》，上海：上海三聯書店，2011 年版。

55. 〔日〕大村西崖著；陳彬和譯：《中國美術史》，上海：商務印書館，1926 年版。

56. 〔俄〕普列漢諾夫著，曹葆華譯：《論藝術》，上海：三聯書店，1973 年版。

57. 〔法〕丹納著,傅雷譯:《藝術哲學》,北京:人民文學出版社,1983 年版。

58. 〔美〕蘇珊・朗格著,騰守堯、朱疆源譯:《藝術問題》,北京:中國社會科學出版社,1983 年版。

59. 〔美〕高居翰著,李渝譯:《中國繪畫史》,臺北:雄獅圖書股份有限公司,1984 年版。

60. 〔英〕克萊夫・貝爾著,周金環、馬鍾元譯:《藝術》,北京:中國文聯出版公司,1984 年版。

61. 〔美〕蘇珊・朗格著,劉大基等譯:《情感與形式》,北京:中國社會科學出版社,1986 年版。

62. 〔俄〕瓦・康定斯基著,查立譯:《論藝術的精神》,北京:中國社會科學出版社,1987 年版。

63. 〔日〕鈴木敬著,魏美月譯:《中國繪畫史》(上、中),臺北:國立故宮博物院,1987 年版。

64. 〔日〕高木森著:《中國繪畫思想史》,臺北:東大圖書公司,1992 年版。

65. 〔美〕方聞著,李維琨譯:《心印》,西安:陝西人民美術出版社,2004 年版。

三、哲學、美學、思想類著作

1. 馮友蘭著:《中國哲學史》,北京:中華書局,1961 年版。

2. 呂澂著:《中國佛學源流略講》,北京:中華書局,1979 年版。

3. 石峻、樓宇烈編:《中國佛教思想資料選編》,北京:中華書局,1981 年版。

4. 張岱年著:《中國哲學大綱:中國哲學問題史》,北京:中國社會科學出版社,1982 年版。

5. 方穎嫻著:《先秦道家與玄學佛學》,臺北:臺灣學生書局,1986 年版。

6. 葛兆光著:《道教與中國文化》,上海:上海人民出版社,1987 年版。

7. 余英時著:《士與中國文化》,上海:上海人民出版社,1987 年版。

8. 李澤厚、劉綱紀主編:《中國美學史》(第一卷,第二卷上、下),北京:中國社會科學出版社,1987 年版。

9. 葛兆光著:《禪與中國文化》,上海:上海人民出版社,1988 年版。

10. 湯用彤著:《魏晉玄學論稿》,上海:上海古籍出版社,1988 年版。

11. 敏澤著:《中國美學思想史》,濟南:齊魯書社,1989 年版。

12. 蔡尚思著:《中國古代學術思想史論》,廣州:廣東人民出版社,1990 年版。

13. 韓廷傑著：《三論玄義校釋》，臺北：文津出版社，1991 年版。

14. 趙書廉著：《魏晉玄學探微》，石家莊：河南人民美術出版社，1992 年版。

15. 羅宏曾著：《中國魏晉南北朝思想史》，北京：人民出版社，1994 年版。

16. 侯外廬主編：《中國思想通史》，北京：人民出版社，1995 年版。

17. 方立天著：《魏晉南北朝佛教論叢》，北京：中華書局，1995 年版。

18. 蒲震元著：《中國藝術意境論》，北京：北京大學出版社，1995 年版。

19. 韓林德著：《境生象外──華夏審美與藝術特徵考察》，北京：三聯書店，1995 年版。

20. 朱良志著：《中國藝術的生命精神》，合肥：安徽教育出版社，1995 年版。

21. 吳功正著：《六朝美學史》，南京：江蘇美術出版社，1996 年版。

22. 胡適撰：《中國哲學史大綱》，上海：上海古籍出版社，1997 年版。

23. 劉綱紀、范明華著：《周易與美學》，瀋陽：瀋陽出版社，1997 年版。

24. 鄧以蟄著：《鄧以蟄全集》，合肥：安徽教育出版社，1998 年版。

25. 陳望衡著：《中國古典美學史》，長沙：湖南教育出版社，1998 年版。

26. 張法著：《中國美學史》，上海：上海人民出版社，2000 年版。

27. 蕭萐父、李錦全編：《中國哲學史》，北京：人民出版社，2001 年版。

28. 陳寅恪著：《金明館叢稿初編》，上海：三聯書店，2001 年版。

29. 梁啟超著：《論中國學術思想變遷之大勢》，上海：上海古籍出版社，2001 年版。

30. 徐復觀著：《中國藝術精神》，上海：華東師範大學出版社，2001 年版。

31. 古風著：《意境探微》，南昌：百花洲文藝出版社，2001 年版。

32. 鄒其昌著：《中國美學與藝術學探微》，北京：崇文書局，2002 年版。

33. 吳中傑著：《中國古代審美文化論》，上海：上海古籍出版社，2003 年版。

34. 李澤厚著，《美學三書》，天津：天津社會科學院出版社，2003 年版。

35. 陳望衡著：《當代美學原理》，北京：人民出版社，2003 年版。

36. 朱良志著：《曲院風荷：中國藝術論十講》，合肥：安徽教育出版社，2003 年版。

37. 王曉毅著：《儒釋道與魏晉玄學形成》，北京：中華書局，2003 年版。

38. 李建中著：《玄學與魏晉社會》，石家莊：河北人民出版社，2003 年版。

39. 葛兆光著：《中國思想史》（上、下），上海：復旦大學出版社，2004 年版。

40. 宗白華著：《美學散步》，上海：上海人民出版社，2005 年版。

41. 陳望衡著：《中國美學史》，北京：人民出版社，2005 年版。

42. 彭富春著：《哲學美學導論》，北京：人民出版社，2005 年版。

43. 彭富春著：《哲學與美學問題——一種無原則的批判》，武漢：武漢大學出版社，2005 年版。

44. 葉朗著：《中國美學史大綱》，上海：上海人民出版社，2005 年版。

45. 唐君毅著：《中國哲學原論（原道篇）》，北京：中國社會科學出版社，2006 年版。

46. 劉綱紀著：《傳統文化、哲學與美學》，武漢：武漢大學出版社，2006 年版。

47. 劉綱紀著：《藝術哲學》，武漢：武漢大學出版社，2006 年版。

48. 朱良志著：《中國美學十五講》，北京：北京大學出版社，2006 年版。

49. 朱良志著：《扁舟一葉：理學與中國畫學研究》，合肥：安徽教育出版社，2006 年版。

50. 張節末著：《禪宗美學》，北京：北京大學出版社，2006 年版。

51. 勞思光著：《中國哲學史》（一、二），桂林：廣西師範大學出版社 2007 年版。

52. 劉綱紀著：《中國書畫、美術與美學》，武漢：武漢大學出版社，2007 年版。

53. 劉綱紀著：《美學與哲學》，武漢：武漢大學出版社，2007 年版。

54. 湯用彤著：《漢魏兩晉南北朝佛教史》，武漢：武漢大學出版社，2008 年版。

55. 范明華著：《張彥遠〈歷代名畫記〉繪畫美學思想研究》，武漢：武漢大學出版社，2009 年版。

56. 牟宗三著：《才性與玄理》，長春：吉林出版集團有限責任公司，2010 年版。

57. 彭富春著：《論中國的智慧》，北京：人民出版社，2010 年版。

58. 祁志祥著：《中國佛教美學史》，北京：北京大學出版社，2010 年版。

59. 彭富春著：《美學原理》，北京：人民出版社，2011 年版。

60. 〔德〕黑格爾著，朱光潛譯：《美學》（第 1、2 卷），上海：商務印書館，1979 年版。

61. 〔日〕安田二郎著：《六朝政治史研究》，東京：京都大學學術出版會，2003 年版。

62. 〔日〕福永光司著：《魏晉思想史研究》，東京：岩波書店，2005 年版。

附錄：關於梁元帝《山水松石格》的真偽問題

　　《山水松石格》傳為梁元帝蕭繹所作。在中國的畫論和史籍中，北宋韓拙的《山水純全集》最早引述梁元帝《山水松石格》中的文字，並且韓拙在引述的時候無任何質疑的語氣，彷彿《山水松石格》乃蕭繹所做是自然而然、毋庸置疑的。然而，蕭繹是南朝梁著名的帝王藝術家，但是梁至北宋韓拙之前的典籍對《山水松石格》沒有任何記載〔註1〕，加之全篇舛誤頗多，導致韓拙之後的畫論家、史學家和文學家對這篇畫論既疑惑重重，又難以割捨，真偽之辯，殊難判別。

　　如上所述，《山水松石格》的爭議源於北宋韓拙《山水純全集》曾引《山水松石格》中的句子，並認定該畫論乃蕭繹所作，清嚴可均輯《全上古三代秦漢三國六朝文》也將此畫論歸於《全梁文》梁元帝名下，除此之外，凡對梁元帝或《山水松石格》有記錄的書中均懷疑該畫論為偽託附會之作，如明王王紱《書畫傳習錄》言：「此文與長史筆法等篇，俱有古人傳習相承之意。其託名贗作，所勿計也。」〔註2〕清永瑢、紀昀主編《四庫全書總目提要》：「其文凡鄙，不類六朝人語。」〔註3〕余紹宋《書畫書錄解題》：「則偽託者至遲亦為北宋人，猶是古書。」〔註4〕黃賓虹、鄧實《美術叢書》：「此篇……大率為

〔註1〕《續畫品》、《貞觀公私畫史》、《歷代名畫記》等著作無一提及。

〔註2〕〔明〕王紱：《書畫傳習錄》，見盧聖輔主編：《中國書畫全書》（第3冊），上海：上海書畫出版社，2000年版，第123頁。

〔註3〕〔清〕永瑢、紀昀主編《四庫全書總目提要》卷114（藝術類存目），北京：中華書局，1965年版，第972頁。

〔註4〕余紹宋：《書畫書錄解題》，杭州：浙江人民美術出版社，2012年版，第688頁。

宋明人偽託。」于安瀾在存疑的同時，並沒有完全否定該畫論乃梁元帝所做，《畫論叢刊》曰：「疑舊傳元帝本有是書，其後已佚，故後人搜集相傳口訣而偽為之。必謂元帝擅長人物，即不作《山水松石》，稍嫌武斷。」〔註 5〕而俞劍華則認為該畫論雖然不是梁元帝所作，但流傳時間非常長，並且在畫法上有很精彩的說明，文字要言不煩，極富精義，有一定的價值。〔註 6〕

在此基礎之上，陳傳席根據《山水松石格》中「設粉壁」、「隱隱半壁」、「高墨猶綠」、「筆妙而墨精」等文字，斷定該畫論和水墨畫有關，作於盛中唐之際，此外，畫論文風是駢文，時有「雅語」和對仗工整的句子，確實是六朝文風，因此陳傳席先生認為，《山水松石格》既有六朝語，又有隋唐語，既有文人語，又有畫工語，在繪畫史實上既反映了六朝山水畫面貌，又反映了隋及唐中前期的面貌，據此斷定《山水松石格》起於梁，可能本是梁元帝所作，後來於流傳中屢次經過改篡、增添，直到唐初，其基本面貌有了很大改動。〔註 7〕

徐復觀在《山水松石格》成文時間的問題上看法和陳傳席接近，他也認為《山水松石格》是唐代的產物，但徐復觀並不認為該畫論是梁元帝本人所作，而應該是某一個畫家將相傳的若干經驗、口訣，撮錄在一起，以為傳授之資，其中即使有幾句名言精句，也是取之於他人，絕不是出自一個偉大的畫家之手。徐復觀斷言此人缺乏根本的畫史常識，只是受到姚最《續畫品》的影響（《續畫品》特別推崇梁元帝），於是便附會到梁元帝身上。以上陳、徐二人的觀點基本上代表了當前學術界對此問題的看法。

除此之外，近年來也有對《山水松石格》進行證實的論文，證實的論調又略顯匆忙，且相互牴牾，如有的評價《山水松石格》「精練概括……乃絕妙之文」〔註 8〕有的認可《四庫全書總目提要》對該畫論「凡鄙」的評價，遂斷言蕭梁文學的整體特點乃「鄙俗」，蕭繹的文辭本就「鄙俗」。此外，視「茂林幽趣」、「雜草芳情」等句為「輕豔」之「宮體」，釋「竊愛丹青」、「慚遊藝」

〔註 5〕于安瀾：《畫論叢刊》（上卷），北京：人民美術出版社，1989 年版。第 3 頁。

〔註 6〕俞劍華：《中國古代畫論類編》（上），北京：人民美術出版社，1998 年版，第 589 頁。

〔註 7〕陳傳席：《六朝畫論研究》，天津：天津人民美術出版社，2006 年版，第 251 ～253 頁。陳傳席：《中國繪畫美學史》，北京：人民美術出版社，2009 年版，第 205～208 頁。

〔註 8〕韓剛：《梁元帝〈山水松石格〉證實》，見《南京藝術學院學報》（美術與設計），2017 年第 7 期。

有輕視藝術之意，〔註9〕等等，難免有強行證實之嫌，實難令人信服。

通過對資料的考察，筆者認為，《山水松石格》不可能是六朝的畫論，也非梁元帝所作或唐人所託。第一，六朝的山水畫，在畫法上是先以線勾勒出形體，然後著色，尚不會用墨。至隋展子虔《遊春圖》、唐李思訓青綠山水依然如此。在繪畫史上，墨之應用始於唐王洽（至張璪又推崇水墨），到五代荊浩才明確提出筆墨並重論，而《山水松石格》中談到了「筆精墨妙」等用墨方法，因此，該文當成於荊浩之後。第二，《山水松石格》是體例類似於口訣，像師傅教弟子的經驗之談。而南朝齊梁之際的君主在文學和藝術上造詣都比較高。如在思想深度上，梁武帝蕭衍為著名的經史大家，親自撰寫《周易講疏》、《春秋答問》等二百餘卷，太子蕭統編纂了《昭明文選》，將歷代詩文精華集於一冊。簡文帝蕭綱有《玉臺新詠》。而就梁元帝蕭繹一度被稱為「文壇領袖」，文筆凝練、構思巧妙，「在鍊字、對偶、白描、格律以及意境營造等方面則為唐代近體詩的形成和發展奠定了基礎。」〔註10〕因此《四庫全書總庫提要》認為其非梁元帝所作，「不類六朝人語」，是很有道理的。因此，此作當時五代荊浩之後，北宋韓拙之前的人所寫（韓拙《山水純全集》引用了《山水松石格》的句子）。第三，梁元帝之後，在韓拙之前，中國畫史上著述頗豐，但是沒有一本畫論和史籍提及《山水松石格》，尤其是姚最，所處的時代去梁不遠，又尤其推崇梁元帝，記載了梁元帝數幅畫作，稱其尤其擅長道釋人物畫及外來賓客朝貢圖，但是隻字未提梁元帝的山水畫造詣。劉宋之後，山水畫開始脫離人物畫而逐漸獨立，在當時是比較罕有的，如若梁元帝有山水畫論傳世，那麼在山水畫的理論層面，它將是上承劉宋宗炳、王微，下啟盛唐王維的重要畫論，其中部分文字的思想價值和實踐意義甚至超過宗炳和王微的《畫山水序》及《敘畫》。在山水畫的技法領域，「破墨」的提出也打破了歷來認為六朝山水畫「有筆而無墨」的成見。這樣一來，不僅是理論，歷史上山水畫技法的成熟時間也將提前。不僅如此，其中的文字「格高而思逸」在繪畫品評領域亦有上承謝赫，下啟朱景玄之功，影響力是非常大的，但是梁之後這麼長的歷史時期，畫史集體失語。第四，從梁元帝的書啟及文辭來看，他最推崇的繪畫表現還是寫真，如《謝上畫蒙敕褒賞啟》、《謝東宮

〔註9〕劉玉龍：《〈山水松石格〉考徵》，見《文藝研究》，2018年第2期。
〔註10〕陳志平，熊清元校注：《蕭繹集校注》，上海：上海古籍出版社，2018年版，第11頁。

賾陸探微畫啟》，這兩篇雖然不是畫學著述，但是反覆提到「雲臺之像，終微彷彿」、「成蠅罕術，畫馬疏工」〔註11〕等畫史典故，體現了梁元帝欣賞的是形極其逼真（寫真）的人物畫和花鳥畫，絲毫未論及山水畫。

之所以偽託為梁元帝所作，是因為梁元帝是一位帝王畫家，名氣大，並且善於「寫真」（見《續畫品：圖制雖寡，聲聞於外。）由於帝王的身份和時代的積累，梁元帝得以朝觀夕覽歷代共寶的名畫珍跡，〔註12〕畫作的整體質量遠在民間私人收藏之上，這當中必然包含了六朝時期的山水畫（如若六朝有獨立意義上的山水畫作）。不僅如此，這些畫跡在公元555年1月10日晚焚於江陵〔註13〕，名畫幾近毀散。〔註14〕後人無緣得見。因此，說梁元帝蕭繹是歷史上最熟悉六朝山水畫創作水平和審美特徵的人也不為過。中國歷史上許多帝王擁有較高的繪畫鑒賞水平，但是能鑒賞不代表會執筆，在北宋徽宗趙佶之前，既懂鑒賞又最擅長繪畫的帝王只有梁元帝蕭繹而已。綜上，梁元帝主要是一位人物畫家，雖不排斥他也可能畫山水，至少也以山水為人物背景，但他所處的時代還是不能知道如何用墨的，他即便作了山水畫，其畫法頂多大致如展子虔的《遊春圖》。

雖然學術界沒有因為《山水松石格》作者和成書存在問題而放棄對它的思想本身的探討，俞劍華、王世襄、陳傳席、楊成寅等學者在對《山水松石格》進行文本解讀的基礎上對其美學思想進行發掘，並充分肯定其對山水畫創作的意義和影響。但是，如果該畫論是後人託偽，那麼全篇中許多看起來富有開創性的見解，如「格高而思逸」、「筆精墨妙」等便有了拾人牙慧之嫌，不宜過於拔高。故本書沒有將《山水松石格》列入研究範疇。

〔註11〕陳志平，熊清元校注：《蕭繹集校注》，上海：上海古籍出版社，2018年版，第643頁。

〔註12〕中國古代的皇室收藏始於漢武帝和漢明帝，至六朝，數位君王皆有書畫收藏雅好。（《歷代名畫記，敘畫之興廢》）。梁武帝重視文化，加上江南維持了四十多年的安定局面，民間的書畫收藏也大量增加。在平定侯景之亂後，梁元帝將將文德殿和首都建康收集到的公私書畫珍藏全部運回江陵。接著找史書

〔註13〕今湖北荊沙市江陵區。

〔註14〕「元帝將降，名畫法書及典籍二十四萬卷」（見張彥遠《歷代名畫記，敘畫之興廢》）。

附　圖

圖一：（東晉）顧愷之《洛神賦圖》局部（宋摹）

絹本設色　27.1×572.8cm　北京故宮博物院

圖二：（東晉）顧愷之《洛神賦圖》局部（宋摹）

絹本設色　27.1×572.8cm　北京故宮博物院

圖三：（東晉）顧愷之《洛神賦圖》局部（宋摹）

絹本　設色　26.3×641.6cm　遼寧省博物院

圖四：（東晉）顧愷之《洛神賦圖》局部（宋摹）

絹本　設色　26.3×641.6cm　遼寧省博物院

圖五：傅抱石先生擬《雲台山圖》

傅抱石先生擬《云台山图》

圖六：王伯敏先生擬《雲台山圖》

王伯敏先生擬《云台山图》

圖七：李霖燦先生擬《雲台山圖》

李霖燦先生擬《云台山图》

圖八：（隋朝）展子虔《遊春圖》

絹本　青綠設色　43×80.5cm　北京故宮博物院

圖九：（五代・南唐）董源《瀟湘圖》

絹本設色　50×141.4cm　北京故宮博物院

圖十：（元代）黃公望《富春山居圖》（局部）

紙本水墨　33×636.9cm　臺北故宮博物院

圖十一：（五代・後唐）荊浩《匡廬圖》

絹本水墨　185.8×106.8cm　臺北故宮博物院

圖十二：（元代）范寬《溪山行旅圖》

絹本淺設色　206.3×103.3cm　臺北故宮博物院

圖十三：（俄）伊薩克・列維坦《白樺叢》

1888 年　布面油畫　50 x 70 cm　莫斯科特列恰科夫美術博物館

圖十四：（法）保羅・西涅克《馬賽港巡禮》

1905 年　油彩畫布　88.9×116.2cm　美國紐約大都會美術館